	書類名	参照ページ
怪我・病気・死亡	健康保険 被保険者 家族 療養費支給申請書（立替払等）	248
	健康保険 被保険者 家族 療養費支給申請書（治療用装具）	250
	海外療養費支給申請書	251
	健康保険 負傷原因届	252
	健康保険 被保険者 被扶養者 世帯合算 高額療養費支給申請書	256
	健康保険 限度額適用認定申請書	257
	健康保険 傷病手当金支給申請書	268
	健康保険 被保険者 家族 埋葬料（費）支給申請書	279
各種の変更	健康保険・厚生年金保険 被保険者区分変更届	224
	健康保険・厚生年金保険 適用事業所 名称／所在地変更（訂正）届	321
	健康保険・厚生年金保険 事業所関係変更（訂正）届	323
	健康保険・厚生年金保険 適用事業所全喪届	339
届け出の修正	厚生年金保険 被保険者・国民年金 第3号被保険者住所一覧表提供申出書	345
	健康保険・厚生年金保険 資格取得時報酬訂正届	353
	健康保険・厚生年金保険 事業所関係変更（訂正）届	354
	健康保険・厚生年金保険 被保険者氏名変更（訂正）届	355
	健康保険・厚生年金保険 被保険者生年月日訂正届	355

【巻頭付録】

間違わないための
業務別チェックリスト・
手続き一覧表

社会保険・労働保険の手続きを間違いなく行うための
「最低限チェックすべき項目」がわかります！

Appendix 1 算定基礎届 作業チェックリスト

算定基礎届の作業を行うときに確認しておきたい項目をチェックリストとしてまとめています。実際の作業を行うときの確認作業にご利用ください。

チェック	確認事項
☐	6/1以降の資格取得者を対象者から除いたか
☐	6/30以前の退職者（7/1以前の資格喪失者）を対象者から除いたか
☐	7月月変（産休・育休終了時月変を含む）該当者を除いたか
☐	8月月変予定者（5月固定的賃金変動）、9月月変予定者（6月固定的賃金変動）を確認したか
☐	70歳以上被用者の記載漏れはないか
☐	その他、対象者の漏れはないか（休職中、休業中、7/1以降の退職予定者は算定対象）
☐	各月の報酬は4～6月の支払月のものが記載されているか（勤怠月ではない）
☐	月給者で欠勤等がある月は、欠勤控除の計算の基礎となる日数から欠勤日数を引いた日数にしているか
☐	正社員・フルタイムは支払基礎日数17日以上の月のみを集計対象にしているか
☐	パートで支払基礎日数17日以上の月がない場合、15日以上の月のみを集計対象にしているか
☐	短時間労働者は支払基礎日数11日以上の月のみを集計対象にしているか
☐	賃金計算期間の途中で入社した人がいる場合、日割で計算された月を対象から除いたか

チェック	確認事項
☐	産休・育休に入った月、復帰した月が日割支給や欠勤控除で通常よりも少ない給与だったとしても、支払基礎日数が17日以上ある月については集計対象にしているか
☐	4～6月に支払われた報酬のうち、3月以前に遡って支払われた額を除いたか
☐	6か月定期代が払われているときは、月割額にして集計しているか
☐	通勤定期を現物で渡している場合、その金額は「現物」の欄に記入されているか
☐	食事・住宅等の現物給付がある場合、被保険者の自己負担額を確認し、都道府県現物給与の標準価額の表により計算した額を「現物」の欄に記入したか
☐	賞与が年4回以上支払われる場合、前年7/1～当年6/30まで支給の賞与合計額を12で割った額を各月の報酬に含めたか
☐	休職、休業の場合に通常の給与よりも低い給与が払われるとき、その低額休職給が払われた月を除いて集計したか
☐	4～6月の報酬平均と前年7～当年6月の年間報酬の平均に2等級以上の差がある被保険者がいて、それが業務の性質上毎年のことであり、当該被保険者が年間報酬の平均により算定を行う希望があるかどうかを確認したか
☐	年間報酬の平均により算定を行う場合、申立書と同意書を準備したか
☐	前年の算定以降、月変の漏れはないか
☐	備考欄に該当するものがある場合、〇をつけたか
☐	備考欄に現物給与の名称、昇降給差額が支給されたときに昇降給月・昇降給額、育休・休職等の記載、パート・短時間労働者の記載、年間平均の記載、入社月の日割があるときの資格取得年月日の記載等に漏れはないか

このチェックリストはエクセルのデータとしてダウンロードすることもできます。ダウンロードについてはP.002とP.366を参照してください。

Appendix 2　月額変更届 作業チェックリスト

月額変更届の作業を行うときに確認しておきたい項目をチェックリストとしてまとめています。実際の作業を行うときの確認作業にご利用ください。

チェック	確認事項
☐	固定的賃金の変動があるか
☐	3か月の全ての基礎日数が17日（短時間労働者は11日）以上か
☐	従前の標準報酬月額と比較して2等級以上の差があるか
☐	固定的賃金が昇給の場合、3か月の平均額による標準報酬月額が2等級以上上がっているか
☐	固定的賃金が降給の場合、3か月の平均額による標準報酬月額が2等級以上下がっているか
☐	1等級差でも月変に該当するケースを見落としていないか（上限・下限）
☐	昇（降）給分が遡って支給されたとき、3か月の分ではない昇降給差額を除いて集計したか
☐	6か月定期代が払われているときは、月割額にして集計しているか
☐	通勤定期を現物で渡している場合、その金額は「現物」の欄に記入されているか

チェック	確認事項
☐	食事・住宅等の現物給付がある場合、被保険者の自己負担額を確認し、都道府県現物給与の標準価額の表により計算した額を「現物」の欄に記入したか
☐	賞与が年4回以上支払われる場合、前年7/1～当年6/30まで支給の賞与合計額を12で割った額を各月の報酬に含めたか
☐	3か月の報酬平均と年間報酬の平均（固定的賃金変動月前の9か月と固定的賃金変動月以後3か月）に2等級以上の差がある被保険者がいた場合、それが業務の性質上毎年のことであり、当該被保険者が年間報酬の平均により月変を行う希望があるかどうかを確認したか
☐	年間報酬の平均により算定を行う場合、申立書と同意書を準備したか
☐	固定的賃金変動に漏れはないか（昇給・降給の他、時給・日給から月給への変更等、所定労働時間・日数の変更、現物給与の価額の変更も固定的賃金の変動）
☐	備考欄に該当するものがある場合、〇をつけたか
☐	備考欄に昇降給の理由（基本給の昇給、交通費の減額、時給制から月給制への変更等）を記入したか

このチェックリストはエクセルのデータとしてダウンロードすることもできます。
ダウンロードについてはP.002とP.366を参照してください。

Appendix 3 出産・産休・育児手続き一覧

出産・産休・育児に関して必要となる手続きの概要をまとめたものです。

手続きの内容		提出先	書類名称
産休中の社会保険料免除		年金事務所・健保組合	産前産後休業取得者申出書
産休中の社会保険料免除（変更）			
出産育児一時金（直接支払制度を利用しないまたは差額がある場合）		協会けんぽまたは健保組合	出産育児一時金支給申請書
			出産育児一時金内払依頼書・差額申請書
出産手当金			出産手当金支給申請書
子の健康保険扶養追加		年金事務所または健保組合	被扶養者（異動）届
育休中の社会保険料免除		年金事務所・健保組合	育児休業等取得者申出書
	1歳まで		
	延長・変更：1歳まで		
	1歳6か月まで		
	延長・変更：1歳6か月まで		
	2歳まで		
	延長・変更：2歳まで		
休業開始時賃金登録・資格確認育児休業給付初回申請		ハローワーク	休業開始時賃金月額証明書 受給資格確認票・（初回）育児休業給付金支給申請書 受給資格確認票・出生時育児休業給付金支給申請書
育児休業給付申請（2回目以降）		ハローワーク	育児休業給付金支給申請書
育児休業給付延長		ハローワーク	※育児休業給付金支給申請書に延長事由と期間を記載
育休中の社会保険料免除（終了：予定より早い復帰の場合）		年金事務所・健保組合	育児休業等取得者終了届
養育特例申し出		年金事務所	養育期間標準報酬月額特例申出書
産前産後休業終了時月変		年金事務所・健保組合	産前産後休業終了時報酬月額変更届
育休終了時月変			育児休業等終了時報酬月額変更届

この管理表はエクセルのデータとしてダウンロードすることもできます。
ダウンロードについてはP.002とP.366を参照してください。

提出時期	添付書類・確認書類
産休中または休業終了後1か月以内	
出産後	・医療機関証明 ・出産費用領収・明細書・直接支払制度契約文書
産休終了後一部出産前も可	・医療機関証明・賃金台帳・出勤簿
出生後	・配偶者収入確認
育休中、出生時育休中または休業終了後1か月以内	
育休中または休業終了後1か月以内	
	・賃金台帳・出勤簿・母子手帳写し ・通帳写し、雇用契約書確認（期間雇用）
	・賃金台帳・出勤簿
	・保育所に入れないことの市区町村の証明書写し 等
育休終了後	
出生後休業する場合は休業終了後	・住民票、戸籍謄（抄）本 　※世帯主の場合は戸籍謄本省略可能
復帰月から4か月目	・賃金台帳・出勤簿

Appendix 4 高年齢者の手続き一覧

高年齢者に関する年齢ごとの手続きの一覧です。

年齢／該当者	保険	提出書類	概要
60歳到達／従業員	雇用	・高年齢雇用継続給付受給資格確認票・(初回)高年齢雇用継続給付支給申請書 ・六十歳到達時等賃金証明書	高年齢雇用継続給付金の受給開始。60歳以降の賃金低下の収入補助
60歳以上65歳未満／従業員	雇用	・高年齢雇用継続給付支給申請書	高年齢雇用継続給付金の受給。60歳以降の賃金低下の収入補助。2か月ごとに手続き
60歳以上／従業員	健康・厚生	・被保険者資格喪失届 ・被保険者資格取得届	同日得喪。更新等で給与が下がったとき本人の希望により行う手続き
70歳到達／従業員	厚生	・70歳到達届	厚生年金保険資格喪失、70歳以上被用者該当。厚生年金被保険者ではなくなるが報酬と老齢年金との調整は行われる
75歳到達／従業員・被扶養者	健康	・被保険者資格喪失届 ・被扶養者(異動)届	75歳に到達すると後期高齢者医療制度に加入するため、被保険者も被扶養者も健康保険の資格を失う

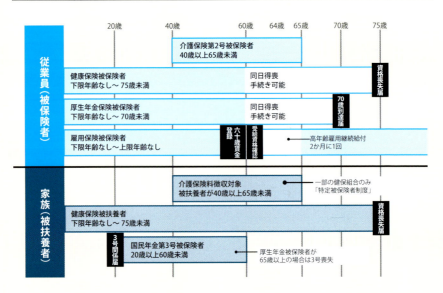

増補改訂

知識ゼロでも大丈夫!!

ミスが防げる！
業務別チェックリスト・手続き一覧表付き！

社会保険・労働保険の手続きが
ぜんぶ自分でできる本

特定社会保険労務士
池田 理恵子 著

ソシム

ダウンロードデータについて

本書で取り上げている管理書類は、下記のサイトからダウンロードして使用することができます。ファイルはエクセルもしくはワードで作成されているので、ご使用にあたってはこれらのソフトとソフトが稼働するパソコンが必要となります。収録されているファイルについてはP.366を参照してください。

●ダウンロードのURL

https://www.socym.co.jp/book/1468/

社会保険・労働保険の料率は変更されることもあるので、実務に当たっては必ず最新のものを使用するようにお願いします。

- 本書の内容は2024年10月末現在の情報を元に解説しています。本書で取り上げている制度や法律、税率・料率等の情報は変更されることがあります。実際に業務を行う際には、必ず最新の情報を確認するようにしてください。
- 本書の内容の運用によって、いかなる損害や障害が生じても、ソシム株式会社、著者のいずれも責任を負いかねますのであらかじめご了承ください。
- 本書の一部または全部について、個人で使用するほかは、著作権上、著者およびソシム株式会社の承諾を得ずに無断で複写／複製することは禁じられております。
- 本書に記載されている社名、商品名、製品名、ブランド名、システム名などは、一般に商標または登録商標で、それぞれ帰属者の所有物です。
- 本文中には、®、©、TMは明記していません。

はじめに

　社員の入社や退社、パートの労働条件変更、出産、労災発生、移転など、会社では毎日のようにさまざまなことが起こり、それに応じた社会保険の手続きが必要になります。さて、どんな手続きが必要？　届け出用紙はどこにある？　集めなきゃならない情報は何？

　学校では社会保険のことは習いません。税金なら簿記がありますが、社会保険を学ぶには社会保険労務士の資格取得講座しかありません。

　行政の窓口で相談する方法もあります。ただ、労働・社会保険の窓口は1つではありません。まずは、どの窓口に行くのかを考えなければなりません。また、困ったことに、たまたま対応してくれた窓口の担当者が間違うことだってあります。

　実際には、中小企業の担当者が手続きの方法を教えてもらう相手は、ほとんどが会社の先輩ではないでしょうか。その先輩もその前の担当者から教えてもらったのかもしれません。でも、少し考えてみてください。その知識は本当に正しいでしょうか。実はずっと間違っているのに、誰も気づいていないだけかもしれません。まして、ここ数年は大幅な法改正が繰り返し行われています。以前は正しかった方法が今では古くなっている可能性もあります。

　この本は、手続きの場面ごとに、まず全体の流れを把握し、その後に個別の手続きの詳細について理解できるような構成にしています。最初のページから順番に読んでいく必要はありません。目次を見て、知りたいと思うことが書かれているページから読んでも大丈夫。用紙の入手方法、記入見本、提出先の他、ポイントや間違いやすい注意点など、初めての人がひとりで手続きできることを念頭にこの本を作りました。さらに、なるべく多くの情報を盛り込み、ある程度手続きに慣れた方にもご利用いただける本にしています。

　仕事をするにあたって、ただ受け身ではなく、自分で調べたい。きっとあなたはそんな思いでこの本を手に取ったのではないでしょうか。そんなあなたにこの本がお役に立てれば、心から嬉しく思います。

令和6年7月　著者

CONTENTS

巻頭付録　業務別チェックリスト・手続き一覧表

Chapter 01　社会保険・労働保険の基本 …… 013

- **01**　健厚労雇　職場で加入する社会保険と労働保険 …………………… 014
- **01-1**　健厚労雇　国の医療保険の種類と加入先 …………………………… 016
- **01-2**　健厚労雇　国の年金制度のしくみ ……………………………………… 018
- **01-3**　健厚労雇　労災保険と雇用保険の役割 ……………………………… 020
- **02**　健厚労雇　社会保険と労働保険の加入義務がある事業所 ……… 022
- **02-1**　健厚労雇　業種によって加入方法が変わる労働保険 …………… 024
- **03**　健厚労雇　社会保険と労働保険に加入義務がある役員・従業員 … 026
- **03-1**　健厚労雇　会社の規模で変わるパートタイマーの加入基準 …… 028
- **03-2**　労　労災対象外の人のための特別加入制度 ………………………… 030

Chapter 02 保険料の決め方・納め方 ……… 033

01 健厚労届	社会保険料の決定の流れをつかもう	034
02 健厚労届	社会保険料が決まるしくみ	036
03 健厚労届	報酬月額の算出方法	038
04 健厚労届	報酬月額に含める賞与と現物給与の扱い	040
05 健厚労届	定時決定（算定基礎届）年1回の社会保険料の見直し	042
05-1 健厚労届	定時決定（算定基礎届）① 対象者と届出書類の確認	044
05-2 健厚労届	定時決定（算定基礎届）② 算定基礎届の集計の基本	046
05-3 健厚労届	定時決定（算定基礎届）③ パートの集計ルール	048
05-4 健厚労届	定時決定（算定基礎届）④ 算定基礎届の作成	050
05-5 健厚労届	定時決定（算定基礎届）⑤ 保険者算定	054
06 健厚労届	随時改定（月額変更届）固定的賃金に変動があったとき	058
06-1 健厚労届	随時改定（月額変更届）① 月額変更届の集計	060
06-2 健厚労届	随時改定（月額変更届）② 月額変更届の作成	062
07 健厚労届	産前産後休業終了時改定 育児休業等終了時改定	066
08 健厚労届	社会保険料を給与天引きするときのルール	070
09 健厚労届	賞与支払時の社会保険の手続き	072
10 健厚労届	ダブルワークと社会保険（二以上事務所勤務）	078

11	健厚労	社会保険料の納付の手続き	082
12	健厚労雇	労働保険の納付の流れをつかもう	084
12-1	健厚労雇	労働保険① 保険料決定のしくみ	086
12-2	健厚労雇	労働保険② 対象となる労働者と事業所別集計	088
12-3	健厚労雇	労働保険③ 継続事業の年度更新	090
12-4	健厚労雇	労働保険④ 一括有期事業の年度更新	096
12-5	健厚労雇	労働保険⑤ 年度更新 納めすぎた保険料の還付請求	102

Chapter 03 従業員の入社・退社の手続き … 105

01	健厚労雇	従業員の入社に伴う手続きの流れをつかもう	106
02	健厚雇	加入する保険の種類	112
03	健厚雇	マイナンバーの取り扱い	114
04	健厚	健康保険・厚生年金保険の加入手続き	116
05	健厚	健康保険・厚生年金保険被保険者資格取得届の作成	118
06	雇	雇用保険の加入手続き	122
07	健厚雇	外国人が入社したときの手続き	124
08	健厚雇	従業員の退社に伴う手続きの流れをつかもう	130
09	健厚雇	退職経緯の確認と必要な書類	132

10	健 厚 労 雇	健康保険・厚生年金保険の喪失手続き　…………………… 134
11	健 厚 労 雇	雇用保険の喪失手続き　………………………………………… 140
12	健 厚 労 雇	離職証明書の作成　……………………………………………… 146

Chapter 04　出産・育児に伴う手続き ………… 155

01	健 厚 労 雇	従業員の出産・育児に伴う手続きの流れをつかもう ……… 156
02	健 厚 労 雇	出産・育児の休業中の社会保険料免除 …………………… 158
02-1	健 厚 労 雇	従業員の産前産後休業中の社会保険料免除 …………… 160
02-2	健 厚 労 雇	従業員の育児休業中の社会保険料免除 ………………… 164
03	健 厚 労 雇	従業員と被保険者の出産費用の給付 …………………… 168
04	健 厚 労 雇	従業員の産休中の生活費の給付 ………………………… 172
05	健 厚 労 雇	退職後に受けられる出産・育児に伴う給付 …………… 178
06	健 厚 労 雇	従業員の育児休業中の生活費の給付 …………………… 180
06-1	健 厚 労 雇	育児休業給付金①　受給資格確認・初回申請 ………… 184
06-2	健 厚 労 雇	育児休業給付金②　2か月ごとに行う手続き ………… 190
07	健 厚 労 雇	従業員の将来の年金額の優遇措置 ……………………… 192

Chapter 05 年齢ごとに発生する手続き …… 195

01	健厚雇	年齢ごとに発生する手続きの全体像をつかもう …… 196
02	健	40歳以上65歳未満　介護保険料の徴収年齢 …… 198
03	健厚	70歳・75歳　社会保険の上限年齢 …… 202
04	厚	厚生年金保険 70歳以上被用者 …… 206
05	厚雇	60歳以降の雇用保険と老齢年金の調整 …… 208
05-1	雇	60歳以上65歳未満の雇用保険の高年齢雇用継続給付 … 212
05-2	健厚	60歳以降の標準報酬月額変更と同日得喪 …… 220
06	健厚	従業員や家族が自分で行う手続き …… 226

Chapter 06 怪我、病気、死亡に伴う手続き … 229

01	健労	健康保険と労災保険の給付 …… 230
02	健労	従業員や被扶養者が病院等で治療を受けるとき …… 234
03	健労	従業員や被扶養者が医療費を立て替えたときの処理 …… 242
04	健労	従業員や被扶養者の治療費が高額になるとき …… 254
05	健労	従業員の傷病による休業のため収入が減ったとき …… 258

06	健厚労雇	従業員に障害が残ったとき	272
07	健厚労雇	従業員や被扶養者が亡くなったとき	274
08	健厚労雇	事業所で、死亡者、休業者が発生したときの報告	282
09	健厚労雇	従業員の介護休業のため収入が減ったとき	286

Chapter 07 従業員の届出内容の変更手続き … 289

01	健厚労雇	氏名が変わったとき	290
02	健厚労雇	扶養する家族が増えたとき・減ったとき	294
02-1	健厚労雇	扶養する家族が増えたときの手続き	298
02-2	健厚労雇	扶養する家族が減ったときの手続き	302
03	健厚労雇	国内の別の会社へ出向・転籍するとき	304
04	健厚労雇	海外赴任するとき	306
05	健厚労雇	健康保険証や年金手帳をなくしたとき	310

Chapter 08 会社に変更があったときの手続き … 315

01	健厚労雇	社名や所在地が変わったとき	316
02	健厚	代表者が変わったとき	322
03	労雇	支店等を開設するとき	324
04	労雇	支店等の手続きをひとつにまとめたいとき	328
05	健厚労雇	支店等を移転・廃止するとき	334
06	健厚労雇	会社が社会保険をやめるとき	338

Chapter 09 届出状況の確認と訂正手続き … 343

01	健厚労雇	現在の届出状況を確認する方法	344
02	健厚労雇	届出が遅れたときの手続き	348
03	健厚労雇	間違った届出をしたときの訂正方法	352
04	健厚労雇	番号が重複しているときの統一方法	360

ダウンロードデータについて … 366

本書の使い方

● 本書の構成

本書は次の9つの章から構成されています。

章	名称	概要
1	社会保険・労働保険の基本	社会保険と労働保険の業務を行うために必要な基本的な知識を解説します。
2	保険料の決め方・納め方	社会保険と労働保険の保険料の決定の方法について解説します。
3	従業員の入社・退社の続き	従業員の入社・退社に伴う社会保険と労働保険の手続きについて解説します。
4	出産・育児に伴う手続き	従業員とその家族の出産・育児に伴う手続きについて解説します。
5	年齢ごとに発生する手続き	社会保険と労働保険には従業員の年齢に伴う手続きがいくつかあります。これらの手続きについて解説します。
6	怪我、病気、死亡に伴う手続き	従業員とその家族の怪我や病気、死亡に伴う手続きを解説します。
7	従業員の届出内容の変更手続き	従業員の氏名や住所が変更になったとき、家族が増えたとき、出向・転籍したとき、保険証や年金手帳を紛失したときなどの手続きについて解説します。
8	会社に変更があったときの手続き	社名や所在地の変更、支店の開設・移転、廃止などの手続きについて解説します。
9	届出状況の確認と訂正手続き	年金事務所や労働基準監督署にどのような届け出がなされているかの確認や訂正の方法について解説します。

本書の水先案内人

本書のいろいろなところで左のキャラクターが登場します。社会保険・労働保険の業務に精通していて、「業務のポイント」「作業上注意したいところ」「ちょっとした効率化のアイディア」「無駄話」などをつぶやいています。たまに乱暴な言葉遣いもあるかもしれませんが、耳を傾けてみてください。

●本書の紙面構成

本書では、さまざまな業務を解説するために、次のように2種類の紙面を用意しています。

業務の流れをつかもう ➡ どんな業務で必要なものや何日かかるかが把握できる！

社会保険と労働保険の業務では、保険料の決定、入社・退社の手続きなどの一連の流れに沿った業務が数多くあります。これらの業務の概要やスケジュールを確認できます。細かい個別の作業にとりかかる前に、その業務が何日ぐらい必要で、大まかにどのような処理が必要なのかを把握するのに便利です。

業務をくわしく知ろう ➡ 具体的な書類の書き方や提出先、注意点がわかる！

書類の作成やさまざまな手続きなど、細かい作業の詳細を1セクション1テーマで詳しく解説します。原則1テーマ1見開きで解説しています。

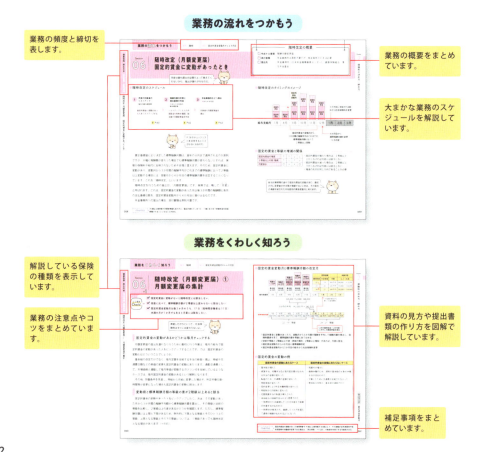

Chapter 1

社会保険・労働保険の基本

Keyword

社会保険／健康保険／厚生年金保険／労災保険／雇用保険／協会けんぽ／健康保険組合／年金事務所／ハローワーク／労働基準監督署

業務をくわしく知ろう　頻度：　—　　締切：　—

Section 01 職場で加入する社会保険と労働保険

- ✔ 会社で加入するのは労働保険（労災保険・雇用保険）と狭義の社会保険（健康保険・介護保険・厚生年金保険）。
- ✔ 会社で加入する社会保険（広義）の手続きの大半は、会社を通して行う。
- ✔ 労災保険を除き、保険料は給与天引きされ、事業主負担分と併せて納付する。

「社会保険」って広い意味のものと狭い意味のものがあるんだニャ。

5つのリスクに備える保険

職場で加入する社会保険（広義）には、労働保険と社会保険（狭義）とがあります。

労働保険は労災保険（労働者災害補償保険）と雇用保険の2つ。通勤災害や業務災害など、労働災害のリスクに備えるのが労災保険、失業等のリスクに備えるのが雇用保険です。

社会保険（狭義）は健康保険、介護保険、厚生年金保険の3つ。これに加えて厚生年金保険に加入している人に扶養される配偶者が加入する国民年金（第3号被保険者）があり、傷病、介護、高齢・障害・死亡のリスクに備えます。

保険料の負担

これらの社会保険には、職場（適用事業所）を通して加入します。保険料は被保険者負担分を給与から天引きし、事業主負担分と併せて事業主が納付します。ただし、労災保険は業務災害が発生したときの事業主の補償義務を肩代わりする性質の保険ですので、保険料は全額事業主が負担します。

国民年金第3号被保険者は保険料を徴収されません。第3号被保険者分の保険料というものはなく、その分の財源は厚生年金保険制度全体の保険料や国庫負担により賄われています。

職場で加入する社会保険の種類

保険の種類			対象となるリスク	保険料の負担	行政窓口
広義の社会保険	狭義の社会保険	健康保険	業務災害・通勤災害以外の事由による傷病等	事業主と被保険者で負担	日本年金機構（適用）全国健康保険協会（健保給付）健康保険組合
		介護保険	介護		
		厚生年金保険	高齢・障害・死亡		日本年金機構
	労働保険	労災保険	業務災害や通勤災害が原因の傷病・障害・死亡	事業主が負担	労働基準監督署
		雇用保険	失業・高齢、介護休業・育児休業による収入減	事業主と被保険者で負担	ハローワーク

保険ごとの窓口と書類の提出先

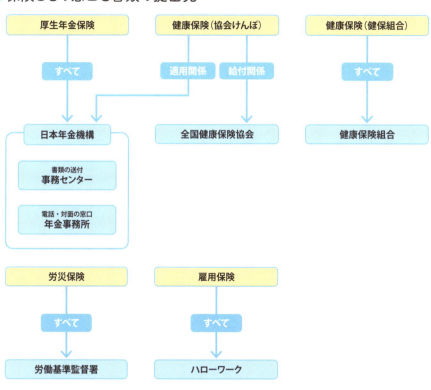

ものすごくざっくりいうと、「被保険者」は保険に入る社員、「保険者」は協会けんぽ、健康保険組合、ハローワーク、労働基準監督署などの組織なのだ。

memo 「被保険者」とは、保険に加入し、保険の給付対象となっている人のことで、社会保険に加入している従業員や役員個人を指す（個人ごとに加入しない労災保険には被保険者の概念はない）。

業務をくわしく知ろう

Section 01-1 | 国の医療保険の種類と加入先

- 日本に住む日本人と一定の外国人は公的医療保険制度に加入する義務がある。
- 職場で加入する医療保険制度は健康保険。給付・保険料は国保に比べ有利。
- 健康保険組合には協会けんぽにはない独自給付（付加給付）があるところがある。

市町村で加入するのが国民健康保険、職場で加入するのが健康保険なのニャ。

健康保険と国民健康保険

日本に住むすべての国民は、なんらかの公的医療保険に加入することが義務付けられています。75歳未満の人のうち、健康保険適用事業所で働く一定の要件を満たした人が職場経由で加入するのが健康保険、自営業者や無職の人、健康保険の要件を満たさないパートタイマーなどが市区町村で加入するのが国民健康保険（国保）です。

健康保険は標準報酬月額・標準賞与額で保険料が決まり、事業主と被保険者で保険料を折半（一部の健康保険組合では事業主が多く負担）します。国保は健康保険の加入者を除いて世帯単位で加入し、保険料は加入者の前年の所得や加入者人数などで決まり、健康保険のような被扶養者の概念はありません。

全国健康保険協会と健康保険組合

健康保険の加入先（保険者）には全国健康保険協会（協会けんぽ）と健康保険組合があります。健康保険組合は企業単独で設立する単一型、同じ業種の企業が集まって共同で設立する総合型、健保組合が合併した地域型があります。

協会けんぽの保険料は適用事業所の所在地の都道府県ごとに料率が異なり、健康保険組合は健保組合ごとに料率を決定しています。給付に関しては、健康保険組合には法定給付に上乗せした付加給付があり、高額医療費がかかったときの自己負担の上限が低く設定されていたり、傷病による休業、出産、死亡等の給付が上乗せされているところもあります。

国の医療保険の種類と加入先

制度名称	健康保険	船員保険	共済組合	国民健康保険	後期高齢者医療制度
保険者（運営主体）	協会けんぽ 健康保険組合	協会けんぽ	各種共済組合	市区町村	後期高齢者医療広域連合
加入者	民間会社等の役員・従業員等 （75歳未満）	船員 （75歳未満）	公務員 教職員 （75歳未満）	自営業者 自営業者の家族 無職等 （75歳未満）	75歳以上 65～74歳の障害者等
保険料の負担	労使折半	労使折半	労使折半	全額世帯主負担	全額被保険者負担
扶養制度	あり	あり	あり	なし	なし
傷病手当金 出産手当金	あり	あり	あり	なし	なし

職場で加入する医療保険は 保険料の半分を事業主が負担するから本人の負担は軽くなるんだね。

健康保険の保険者

健康保険と国民健康保険

健康保険と国民健康保険を比較すると、国民健康保険の方が低収入の加入者が多い上、高齢者の割合が高く医療費がかかることから保険料は割高となっています。

給付に関しても健康保険には傷病手当金や出産手当金などの所得補償の制度があるのに対し、国保には原則ありません。

協会けんぽと健保組合

同じ健康保険でも協会けんぽより健康保険組合（健保組合）の方が被保険者にとっては有利なことが多くあります。

協会けんぽにはどの事業所も加入できますが、健保組合には業種や事業所の平均年齢・平均年収、被扶養者の割合、協会けんぽの加入年数などの健保組合が求める条件をクリアしないと加入できません。

> **memo** 後期高齢者医療制度は都道府県ごとの広域連合が運営し、高齢者の保険料（1割）と国民健康保険や健康保険からの支援金（4割）、公費（5割）によって賄われています。

業務をくわしく知ろう

Section 01-2 | 国の年金制度のしくみ

- 20歳以上60歳未満の人は国民年金に加入しなければならない。
- 第1号被保険者は自営業者や無職、第2号被保険者は会社員等、第3号被保険者は第2号被保険者に扶養される配偶者。
- 職場で加入する年金は厚生年金保険。同時に国民年金にも加入している。

国民年金に加入している人には1号と2号と3号がいるニャ。

国民年金

公的年金には、国民年金と厚生年金保険があります。国民年金は、日本国内に住む20歳以上60歳未満のすべての人が加入を義務付けられ、65歳以上の高齢、一定の障害、死亡の支給事由に該当すると基礎年金の受取りができます。

国民年金の加入者には3種類あります。厚生年金保険の被保険者（65歳以上で老齢年金の受給権が発生している人を除く）である「第2号被保険者」、第2号被保険者の被扶養配偶者のうち20歳以上60歳未満の「第3号被保険者」、自営業者や無職の人など、20歳以上60歳未満で第2号被保険者にも第3号被保険者にも該当しない「第1号被保険者」の3つです。

厚生年金保険

職場で加入するのは、厚生年金保険です。厚生年金保険の被保険者は老齢年金の受給権を得る65歳までは同時に第2号被保険者として国民年金にも加入しています。

自営業者などの第1号被保険者の国民年金保険料は定額なのに対し、厚生年金保険の保険料は標準報酬月額に応じた額となっており、賞与にも保険料がかかります。しかし、被保険者と同額の保険料を事業主も負担し、給付も基礎年金（国民年金保険）に加えて報酬に応じた年金額を受け取ることができる上、障害年金の対象となる障害等級も国民年金は2級までしかないのに対し厚生年金保険は3級まであるなど、第1号被保険者に比べ有利な制度となっています。

● 国の年金制度のしくみ

		国民年金 第1号被保険者	国民年金 第2号被保険者		国民年金 第3号被保険者
年金制度 2階部分			厚生年金保険		
年金制度 1階部分					
加入者		自営業者 自営業者の家族 無職　等	会社員 公務員　等	会社員 公務員　等	第2号 被保険者に 扶養される 配偶者
年齢		20歳以上 60歳未満	・65歳未満 ・65歳以上70歳未満 （老齢年金受給権なし）	65歳以上 70歳未満 （老齢年金受給権あり）	20歳以上 60歳未満
保険料の負担		被保険者本人が負担	被保険者と事業主が折半して負担	被保険者と事業主が折半して負担	負担なし

● 国の年金制度のしくみ

制度名称	国民年金	厚生年金保険
加入方法	個人で市区町村窓口で加入	職場を通して加入
保険料	収入に関わらず　定額 2024年度　16,980円／月	給与分 　標準報酬月額×保険料率 賞与分 　標準賞与額×保険料率
老齢年金	【1階建て年金】 基礎年金のみ ※金額は加入年数（40年上限）で決まる 　上限額　2024年度（満額） 　　s31.4.2以降生、新規裁定者　816,000円／年 　　s31.4.1以前生、既裁定者　813,696円／年	【2階建て年金】 基礎年金（国民年金）＋老齢厚生年金 ※金額は加入年数と加入期間中の収入で決まる
障害年金	1級～2級	1級～3級
遺族年金	受給できる遺族の範囲が限定的	受給できる遺族の範囲が広い

Chapter 1 社会保険・労働保険の基本

キーワード　国民年金、厚生年金保険

Section 01-3 労災保険と雇用保険の役割

ここだけ Check!
- 労災保険は、事業主の労基法上の災害補償義務を肩代わりする保険。
- 労災保険は、労基法の災害補償義務の対象とならない通勤災害も対象。
- 雇用保険の給付には、失業の際の給付の他、教育訓練、雇用継続給付等がある。

労災保険と雇用保険の総称が労働保険だニャ。

業務中や通勤中の怪我や病気を補償する労災保険

事業所が労災保険に加入していなかったとしても、業務災害により従業員が怪我や病気になったとしたら、会社（使用者）は従業員やその遺族に補償を行わなければなりません。これは労働基準法に災害補償義務が定められているからです。しかし、義務はあっても、使用者に支払い能力がない場合、その補償は完全に履行されないかもしれません。そのようなことがないよう、国は労働者を雇用する者に労災保険の加入を義務付け、保険料を徴収し、業務災害が起こった場合に、労災保険制度が事業主に代わって給付を行っているのです。

通勤災害の場合は事業主には補償義務はありませんが、労災保険では業務災害とほぼ同様に給付されます。

労働者の雇用の安定を支える雇用保険

雇用保険は、労働者の雇用の安定を支える制度です。失業した場合の生活費としての給付以外にも、就職の促進、労働者のスキルアップのための教育訓練費用への給付、60歳以降の賃金の減少や育児休業・介護休業取得の際の収入減を補填する給付などがあります。

労働者に対する給付だけでなく、事業主に対する給付も行われています。失業の予防や雇用機会の創出、労働者への教育訓練などを行った事業主への助成金です。その他、職業紹介や職業訓練などの事業も行われています。

労災保険の役割

●労働基準法の災害補償義務

事業主 → 労働者（従業員）
- 業務災害については事業主に補償責任あり（業務災害）
- 通勤災害は補償義務はない

●労災保険の役割

事業主 → 労災保険（保険料を支払う） → 労働者（従業員）（給付（通勤災害にも給付））
- 事業主の補償責任を労災保険が肩代わり（業務災害・通勤災害）

労災は業務災害に対する事業主の補償義務を肩代わりするだけじゃなくて、さらに通勤災害についても給付してくれるのだ。

雇用保険の役割

失業等給付・育児休業給付（被保険者・事業主折半で保険料負担）

在職中
- 在職中の収入減少
  - 育児休業給付 → 育児休業
  - 介護休業給付 → 介護休業
- 高年齢雇用継続給付 → 60歳以降

退職後
- 在職中・退職後のキャリア形成支援
  - 教育訓練給付 → 教育訓練
- 求職者給付
  - 基本手当
  - 就職促進給付
  - 求職活動支援費

雇用保険二事業（事業主のみ保険料負担）

雇用安定事業
- 助成金
- 再就職支援
- 就労支援

能力開発事業
- 職業訓練
- ジョブ・カード

雇用保険は失業したときの給付だけじゃなくて働いているときの雇用維持のための支援や就職活動の手助けもしてくれるのだ。

キーワード：労災保険、雇用保険

> **memo** 健康保険も労災保険も怪我や病気の医療費の給付や所得補償などを行うが、同じ傷病で両方からは給付されない。労災保険は業務災害や通勤災害による傷病、健康保険は労災保険の対象外の私傷病が対象。

業務をくわしく知ろう

Section 02 | 社会保険と労働保険の加入義務がある事業所

ここだけCheck!

- 労働保険は個人・法人ともに、労働者がいれば原則として加入義務がある。
- 法人の場合、役員報酬や給与の支払いがあれば、社会保険の加入義務がある。
- 個人事業は特定の業種を除き、常時5人以上の雇用で社会保険の加入義務あり。

労働者を一人でも雇用する会社は労働保険も社会保険も加入義務があるニャ。

労働者を雇用していれば強制加入の労働保険

　労働保険は、労働者を一人でも雇用していれば、法人であっても個人事業であっても強制加入が原則です。ただし、常時使用する労働者数が一定の人数に満たない農林水産業の個人経営の事業に限り、加入は任意となっています。

　同居親族以外の従業員がいない場合や役員しかいない法人は労働保険には加入できません。また、労働者を雇用していても、雇用保険の被保険者の要件を満たす人がいない場合は雇用保険の適用事業所にはならず、労災のみ加入することになります。

役員・従業員がいれば法人は強制加入の社会保険

　健康保険・厚生年金保険は、一人でも報酬・給与を支払われている役員・従業員がいれば、法人の事業所はすべて強制加入です。個人事業であっても法定17業種に該当する従業員5人以上の規模の事業所は加入が義務付けられています。これらに該当しない農林水産業、旅館や飲食業などサービス業、宗教業の個人事業は従業員が何人であっても加入は任意となっています。

　社会保険の強制適用ではないサービス業などの個人事業であっても、被保険者の要件を満たす労働者の半数以上が同意すれば、社会保険に任意加入することができます。厚生労働大臣の認可を受けて適用事業所となった後は、労働時間等の要件を満たせば同意しなかった人も含めて被保険者となります。ただし、個人事業主本人は被保険者となれません。

事業所の加入義務

> 法人の場合は人数は関係なし。1人でも対象者がいたら労働保険も社会保険も入らなきゃならないんだ。

		業種	労働者数	事業所の加入義務
労災保険	個人経営	農業(危険・有害な事業以外)・畜産・養蚕・水産業	5人未満	なし
		林業	年延300人未満	
		農林水産業	上記の人数以上	あり
		上記以外の業種	1人以上	
	法人	全業種	1人以上	
雇用保険	個人経営	農林水産業	5人未満	なし
		農林水産業	5人以上	あり
		上記以外の業種	1人以上	
	法人	全業種	1人以上	
社会保険	個人経営	農林水産畜産業、飲食業、旅館・宿泊業、クリーニング・理美容・銭湯、清掃等サービス業、映画・娯楽業、宗教業	人数にかかわらず	なし
		法定17業種(上記以外の業種)	5人未満	なし
			5人以上	あり
	法人	全業種	1人以上(役員のみの場合を含む)	あり

> 個人事業の方は、労働保険は法人と変わらないけど、社会保険は製造業や小売業などの法定17業種の場合に、対象者が5人以上だと加入する決まりなんだね。法定17業種に該当しない個人事業は対象者が何人いても加入義務は発生しないのだ。

Section 02-1 業種によって加入方法が変わる労働保険

- 労災保険・雇用保険の申告・納付を一括して行うのが一元適用事業。
- 建設業など労災・雇用保険を別々に申告・納付を行うのが二元適用事業。
- 事業の期間が予定されているものが有期事業、予定されていないものが継続事業。

建設業は労災保険と雇用保険の申告を別々に行う二元適用事業なのニャ。

一元適用事業と二元適用事業

労働保険の事業には、業種によって「一元適用事業」と「二元適用事業」とがあります。労災保険料と雇用保険料の申告・納付を一元的にまとめて行うのが「一元適用事業」、労災保険と雇用保険で別個に二元的に行うのが「二元適用事業」です。「二元適用事業」は一般的に一部の港の港湾運送業、農林水産業、建設業などの業種で、それ以外の業種が「一元適用事業」になります。

一元適用事業は1枚の申告書で労災保険と雇用保険の申告を行うのに対し、二元適用の場合は労災保険の申告書と雇用保険の申告書は別の用紙です。例えば、元請工事があり、事務員がいるような建設業の会社なら、工事の現場用の労災分、事務所の労災分、雇用保険の分の3種類の申告を行うことになります。

継続事業と有期事業

労働保険の事業は、継続事業と有期事業に分けられます。建設業の工事のように期間が決まっている事業を「有期事業」、小売業や製造業のように事業の期間を予定せず、継続的に行われる事業を「継続事業」といいます。

有期事業のうち「単独有期事業」は、工事ごとに労災保険料の申告・納付を行います。これに対し、一定の要件を満たせば、複数の工事をまとめて年1回の申告で済ませることができるのが「一括有期事業」です。

● 労働保険の一元適用事業と二元適用事業

一元適用事業
二元適用事業以外の業種

二元適用事業
・港湾運送業　・建設業
・農林水産業　など

↓

労働保険・雇用保険の申告・納付

労働保険と雇用保険を一括で手続き

↓　↓

労災保険の申告・納付　**雇用保険の申告・納付**

労働保険と雇用保険を別々に手続き

● 労働保険継続事業と有期事業

継続事業
事業の期間を予定せずに継続的に行われる事業

有期事業
期間が決まっている事業

↓

一般的な小売業や製造業など

↓

建設業など

単独有期事業
工事ごとに申告・納付を行う

一括有期事業
複数の工事をまとめて申告・納付を行う

キーワード　一元適用事業、二元適用事業

業務をくわしく知ろう

Section 03 | 社会保険と労働保険に加入義務がある役員・従業員

- 雇用保険は週労働時間20時間以上・31日以上の雇用見込みの場合は加入。
- 社会保険は週労働時間と月所定労働日数がどちらも通常の労働者の4分の3以上なら加入。
- 昼間学生や他社で加入している人は雇用保険では加入対象外。

雇用契約書の内容で加入義務を判断するのが原則だけど、契約内容と実態の内容が違うときは実態で判断されることもあるニャ。

労働者であれば全員が対象となる労働保険

労災保険には被保険者という概念はなく、労働者全員を対象としています。

雇用保険は、国内の適用事業所に、所定労働時間（雇用契約で定めた労働時間）が週20時間以上かつ31日以上継続して雇用されることが見込まれる場合は被保険者となります。ただし、学生（夜間・通信を除く）や他社で雇用保険に加入中の人は加入できません。なお、65歳以上で複数の事業所に雇用される人に限り、各事業所では加入要件を満たさなくても2つの事業所の労働時間を合計すれば要件を満たす場合に特例的に雇用保険に加入できる「マルチジョブホルダー」という制度があります。

労働時間や日数などの基準を満たす人が対象となる社会保険

健康保険・厚生年金保険は、適用事業所の常勤役員（無報酬を除く）と正社員は全員被保険者となります。パート・アルバイトは週の所定労働時間と月の所定労働日数がどちらも正社員の4分の3以上であれば被保険者となります。

ただし、日雇労働者、更新の可能性のない2か月以内の期間雇用者、所在地が一定しない事業所に使用される者、4か月以内の季節的業務に使用される者、6か月以内の臨時的事業の事業所に使用される者は被保険者の対象から外れます。これらの人についても一定期間を超えて使用されると被保険者となります。

社会保険の場合は、昼間の学生でも基準を満たせば被保険者となります。また、他社で社会保険に加入していても、要件を満たせば被保険者となります。

● 役員・従業員の加入義務

	雇用保険	健康保険・厚生年金保険
役員	原則、加入できない 労働者性の強い使用人兼務役員は加入可能（加入時にハローワークに雇用実態証明書を提出）	原則加入 無報酬の役員、非常勤役員（実態で判断）は加入できない
正社員	加入	加入
正社員以外	所定労働時間が週20時間以上かつ31日以上継続雇用される見込みがあれば加入	週所定労働時間と月所定労働日数が正社員の4分の3以上であれば加入 週20時間以上・月収88,000円等の場合は50人超事業所では加入（→ P.29）
他社で加入済	加入できない	労働時間等の要件を満たせば加入 （二以上事業所勤務届を提出。保険料は按分）
学生	通信、夜間、休学中等の場合を除き、加入できない	労働時間等の要件を満たせば加入 ※特定適用事業所等の短時間労働者の場合は加入できない

● 雇用保険マルチジョブホルダー制度

要件	①複数の事業所に雇用されている ②65歳以上 ③2つの事業所の週所定労働時間の合計が20時間以上 　（各事業所の週所定労働時間は5時間以上20時間未満） ④2つの事業所の雇用見込みがそれぞれ31日以上ある
手続き	上記要件をすべて満たす労働者が雇用保険の加入を希望する場合に、労働者自身が住所管轄のハローワークに申し出る。 加入は任意だが、自由に脱退はできない。

Column

取締役や事業主の同居親族の労災保険と雇用保険の加入

　取締役や事業主の同居親族は労働者ではないため、労働保険の対象外ですが、兼務役員や就労実態・賃金等が他の労働者と同様と認められる同居親族等は、労災保険や雇用保険の対象となることがあります。
　兼務役員や同居親族を雇用保険に加入させようとするときは、ハローワークに雇用実態証明書に実態を証明する書類を添付して提出します。

---

memo　労働時間等が正社員の4分の3に満たないパートであっても、50人を超える規模の事業所で使用される場合は、より広い範囲での適用基準となる（→ P.29）。

業務をくわしく知ろう

Section 03-1 会社の規模で変わるパートタイマーの加入基準

- ✓ 年のうち6か月以上50人を超える事業所は特定適用事業所となる。
- ✓ 50人以下の事業所でも労使が合意すれば、任意特定適用事業所になれる。
- ✓ 特定適用事業所では、月に8万8,000円以上の給与で週20時間以上働く契約で2か月を超える雇用が見込まれるときは、学生を除き社会保険に加入する。

企業規模の人数は全従業員じゃないよ。正社員や労働時間・日数が正社員の3/4以上のパート等の被保険者数で判断する。

特定適用事業所・任意特定適用事業所

「特定適用事業所」と「任意特定適用事業所」では、パート・アルバイトが社会保険に加入する範囲が一般の適用事業所よりも広くなっています。

「特定適用事業所」とは、健康保険・厚生年金保険の被保険者数（「短時間労働者」となる人を除く人数）が50人を超える企業等をいいます。1年で6か月以上、企業単位で被保険者数が50人を超えることが見込まれる事業所が該当します。

「任意特定適用事業所」は、被保険者数が50人以下で、労使合意（従業員の2分の1以上と事業主とが合意）に基づき、申出をした企業等のことです。任意特定適用事業所となった後は、適用に合意しなかった人も含め、「短時間労働者」の要件に該当するパート等は全員、社会保険に加入することになります。

短時間労働者

労働時間や労働日数が正社員の4分の3未満で従来は社会保険の加入資格を満たさなかったパート・アルバイトも、右ページの要件をすべて満たす場合は「短時間労働者」として、健康保険・厚生年金保険に加入します。

● 会社の規模で変わるパートタイマーの加入基準

50人を超える規模
特定適用事業所
加入義務のあるパートタイマー等
❶パートタイム労働者
❷短時間労働者

50人以下規模
任意特定適用事業所
（労使合意に基づき申出をした事業所）
加入義務のあるパートタイマー等
❶パートタイム労働者
❷短時間労働者

50人以下規模
適用事業所
（任意特定適用事業所ではない事業所）
加入義務のあるパートタイマー等
❶パートタイム労働者

● パートタイマーの健康保険・厚生年金保険の加入要件

	要件（それぞれの要件をすべて満たす場合に加入義務あり）
パートタイム労働者	❶１週間の所定労働時間が正社員等の３/４以上 ❷１か月の所定労働日数が正社員等の３/４以上
短時間労働者	❶特定適用事業所または任意特定適用事業所で働いていること ❷１週間の所定労働時間が20時間以上かつ正社員の3/4未満 ❸給与が月８万8,000円以上あること（残業代、精皆勤手当、通勤手当、家族手当、賞与、臨時的な賃金を除く） ❹２か月を超える雇用見込みがあること ❺昼間の学生でないこと（休学中、定時制、通信制は加入対象）

短時間労働者に該当するかどうかの判断では残業代や通勤手当、家族手当などは給与額に含めないけど、資格取得届に記入する標準報酬月額の計算には一般の被保険者同様、残業代見込額や各種手当は含めて計算するのだ。

memo 月額８万8,000円は年収換算で約106万円。年収130万円未満で家族の被扶養者になっていた人も、特定適用事業所等で短時間労働者に該当する場合は、扶養ではなく社会保険の加入義務が発生する。

業務をくわしく知ろう

Section 03-2 労災対象外の人のための特別加入制度

- 中小事業主等・一人親方等・特定作業従事者・海外派遣者は通常は労災の対象外だが、任意で加入できる「特別加入」という制度がある。
- 特別加入の保険料は実際の賃金額ではなく、「給付基礎日額」で算定する。
- 休業や障害などの給付額も特別加入の場合は「給付基礎日額」で算定する。

社長でも労災保険に加入できるケースがあるニャ。

労災保険の特別加入とは

　労災保険は日本国内で働く労働者でなければ適用されません。大企業の役員と違って、小さな会社では社長であっても労働者と同じような業務に従事していることも少なくありませんが、業務中に負傷しても労災の対象になりません。しかも、役員の業務上の傷病は、被保険者数5人未満の事業所を除き、健康保険からの給付も受けられません。建設業などに従事する自営業者である一人親方も、数次の請負による工事で、実態としては労働者とほとんど変わらない業務内容だったとしても、労働者ではないため元請会社の労災は適用されません。

　このような状態を救済するため、本来は労災の対象とならない人が任意で労災保険に加入する「特別加入制度」があるのです。特別加入には、中小事業主等・一人親方等・特定作業従事者・海外派遣者の4種があります。さらに令和6年秋には、フリーランス全業種に対象が拡大される予定です。

特別加入の保険料と給付

　特別加入者の労災保険料は、一般の労働者のように実際に支払われた賃金額から算出するのではなく、3,500円から2万5,000円の範囲で特別加入者の所得水準に見合う額として事業主が選んだ給付基礎日額をもとに算出されます。休業（補償）等給付などの給付額も実際の賃金額ではなく、給付基礎日額によって算出される額となります。

●労災対象外の人のための特別加入制度

			対象者	保険料
通常の労災保険			日本国内で勤務する労働者	実際の年間賃金額×保険料率
特別加入	第1種	中小事業主等	労働者を常時使用している中小企業の役員、個人事業主、家族従事者等	給付基礎日額×365×保険料率 ※保険料率は通常と同じ
	第2種	一人親方等	労働者を使用しない以下の自営業者等 ・個人タクシー、運送業者等 ・大工、左官、とび職人等 ・漁業 ・林業 ・医薬品配置販売業 ・廃棄物処理業者 ・船員 ・柔道整復師 ・高年齢者雇用安定法に基づく高年齢者の事業等 ・あん摩マッサージ指圧師、はり師、きゅう師 ・歯科技工士	給付基礎日額×365×保険料率 ※事業の種類ごとに第2種特別加入保険料率が設定されている
		特定作業従事者	・特定農作業従事者 ・指定農業機械作業従事者 ・国・地方公共団体の訓練従事者 ・家内労働者とその補助者 ・労働組合等の一人専従役員 ・介護作業従事者及び家事支援従事者 ・芸能関係作業従事者 ・アニメーション制作作業従事者 ・ＩＴフリーランス	
	第3種	海外派遣者	・海外の事業に労働者として派遣される人 ・海外の中小規模事業に事業主として派遣される人 ・海外の開発途上地域に技術協力を行う団体から派遣される人	給付基礎日額×365×保険料率 ※第3種特別加入保険料率が設定されている

業種	労働者数
金融業 保険業 不動産業 小売業	50人以下
卸売業 サービス業	100人以下
上記以外の業種	300人以下

中小事業主等の特別加入のためには、「労働者数が一定人数以下」「労働保険に加入」「労働保険の事務を労働保険事務組合に委託」などの条件があるんだ。

Chapter 1 社会保険・労働保険の基本

キーワード 労災対象外の人のための制度

memo 労働保険事務組合とは、厚生労働大臣の認可を受けた労働保険の事務処理を代行する団体。

Column

用紙の入手先

● ダウンロード可能なもの

本書で紹介する書類のフォーマットはそのほとんどを下記のホームページから入手することができます。

■ 健康保険・厚生年金保険　適用関係（取得、喪失、変更等）

・日本年金機構のホームページ
　https://www.nenkin.go.jp/shinsei/ichiran.html

■ 雇用保険

・ハローワークインターネットサービス　帳票一覧
　https://hoken.hellowork.mhlw.go.jp/assist/001000.do?screenId=001000&action=initDisp
※もしくは「ハローワークインターネットサービス 帳票一覧」で検索

■ 健康保険　給付関係（傷病手当金、療養費請求等）・健康保険被保険者証再交付

・全国健康保険協会　ホームページ（給付関係）
　https://www.kyoukaikenpo.or.jp/g2/cat230
・全国健康保険協会　ホームページ（再交付関係）
　https://www.kyoukaikenpo.or.jp/g2/cat290
・コンビニのマルチコピー機のネットプリントサービス利用方法
　https://www.kyoukaikenpo.or.jp/g2/cat270

■ 労災保険　給付関係

・厚生労働省のホームページ
　https://www.mhlw.go.jp/stf/seisakunitsuite/bunya/koyou_roudou/roudoukijun/rousaihoken.html

■ 労働者死傷病報告

・厚生労働省のホームページ
　https://www.mhlw.go.jp/bunya/roudoukijun/anzeneisei36/17.html

● 紙の用紙の入手先

用紙は下記の窓口から入手することもできます。

保険種類	行政機関	管轄・所在地等
健康保険・厚生年金保険	年金事務所	https://www.nenkin.go.jp/section/soudan/
雇用保険	ハローワーク	https://www.mhlw.go.jp/kouseiroudoushou/shozaiannai/roudoukyoku/index.html
労災保険・労働者死傷病報告	労働基準監督署	

Chapter 2

保険料の決め方・納め方

Keyword

定時決定／算定基礎届／月額変更届／随時改定／
賞与支払届／年度更新

業務の流れをつかもう

頻度： －　　締切： －

Section 01 社会保険料の決定の流れをつかもう

> 社会保険料は基本的には毎月定額だけど、最低でも年1回は見直しされるのだ。

● 社会保険料が決定されるタイミング

1. 社会保険に入るとき
資格取得日から5日以内

入社時の労働条件や、交通費、残業見込額によりあらかじめ決定

▶ P.116

2. 昇給などがあったとき（月額変更届）
固定的賃金の変動月から4か月目

昇給や固定手当の増減があり一定の要件に該当したときは、変動月から4か月目に変更

▶ P.58

3. 年1回の見直し（算定基礎届）
毎年7月1日から7月10日まで

毎年、4月～6月までの報酬平均を算出し届出。9月からの保険料を決定

▶ P.42

> このほか、賞与の支払時にも賞与の金額に応じた計算が必要になるのニャ。

　社会保険料には健康保険料・介護保険料・厚生年金保険料があります。社会保険料は決められた割合で従業員と会社とで負担します。従業員は、毎月同じ金額の社会保険料を給与から天引きされます。

　4月に社会保険に加入したとすると、翌月の5月に支給日のある給与から天引きされるのが最初の保険料となります。これは、基本給、各種手当、残業見込額などにより決定された金額で8月分（9月に支給日のある給与）まで原則として変わりません。

　保険料の決定には上記の入社時以外に2つのタイミングがあります。基本的には

memo 子ども・子育て拠出金は社会保険料とは性質が異なるものの、厚生年金保険料と一緒に年金事務所に納付する。従業員負担はなく、全額事業主負担となる。

保険料決定と納付の概要

- ☑ 対象者　　　被保険者
- ☑ 作成する書類　資格取得届、月額変更届、算定基礎届　など
- ☑ 提出先　　　年金事務所、健康保険組合　など

Chapter 2　保険料の決め方・納め方

● 被保険者報酬月額算定基礎届と被保険者報酬月額変更届

年1回の定時決定（算定基礎届）で9月分からは決定された額に変わります。また、昇給や毎月固定額の手当に変更があり、随時改定（月額変更届）に該当した場合は変更があった月から4か月目の分から保険料が変更されます。

> memo　社会保険料や労働保険料を算出するための保険料率は毎年見直される。健康保険・介護保険の料率は3月頃、労働保険料率は4月に改定される。なお、厚生年金保険の料率は平成29年より18.3％に固定された。

035

業務をくわしく知ろう　頻度：　−　　締切：　−

Section 02 | 社会保険料が決まるしくみ

- 毎月の社会保険料は、標準報酬月額×保険料率で決まる。
- 社会保険料の具体的な金額は、保険料額表で確認できる。

給与の支給項目は会社により大きく異なるのでしっかり確認しよう。

月額の社会保険料は「標準報酬月額×保険料率」で決まる

　社会保険（健康保険や厚生年金保険）に加入するときは、その人の給与の見込額を「資格取得届」に記入して届出を行います。また、年に1回、4月から6月の3か月間に払われた給与の月平均額を「算定基礎届」として、届け出ることになっています。これらの届出に記載する給与額のことを「報酬月額」といいます。

　報酬月額は円単位で、一人ひとりバラバラの金額です。保険料や年金などの給付額を効率よく計算できるように、この報酬月額を一定の幅にまとめたものが「標準報酬月額」で、「標準報酬月額」に保険料率を掛けた金額が社会保険料となります。

実務では保険料額表を使って社会保険料を求める

　報酬月額がどの標準報酬月額にあてはまるのか、保険料はいくらになるのかは「保険料額表」に書かれています。保険料額表は年金事務所や健康保険組合から事業所に送られてくるほか、それぞれのホームページでも確認できます。

　保険料率は、それぞれの保険の種類ごとに決められています。なかでも健康保険料率は、協会けんぽと健康保険組合では異なり、協会けんぽはさらに都道府県によって料率が異なります。

　保険料率は毎年見直され、標準報酬月額の上限・下限が変更になることもあるため、常に加入先の最新の保険料額表を見るようにしましょう。

保険料額表の見方

【例】年齢42歳
　　　基本給240,000円　交通費8,900円／月　残業見込額10,000円／月

① 報酬月額（基本給＋交通費＋残業見込額）を求める
　基本給（240,000）＋交通費（8,900）＋残業見込額（10,000）＝258,900円

② 保険料額表の「報酬月額」の列を見て、該当する行を探す
　258,900円は、「250,000以上270,000未満」の報酬月額の行にあてはまります。

③ 該当する行の左側の標準報酬月額と等級を確認する
　標準報酬月額は260,000円、健康保険の等級は20等級、厚生年金保険の等級（カッコ内の数字）は17等級となります。

④ 該当する行の右側の保険料を確認する
　40歳以上65歳未満（介護保険料徴収対象者）の場合は「介護保険第2号被保険者に該当する場合」の列、それ以外は「介護保険第2号被保険者に該当しない場合」の列と交差する箇所に保険料が記載されています。
　このケースで、対象者は40歳以上65歳未満のため、給与から引く保険料は、健康保険料と介護保険料を合算した15,054円と厚生年金保険料の23,790円となります。

> 金額が小数点以下まである保険料を給与から天引きする場合は、被保険者負担分の円未満の端数が50銭以下の場合は切り捨て、50銭を超える場合は切り上げとします（四捨五入ではないので注意）。

memo　給与から保険料を天引きするときの端数処理について別途取り決めをしている場合は、その取り決めにより処理を行う。

Section 03 報酬月額の算出方法

ここだけCheck!
- ✓ 報酬には残業の見込額や通勤交通費も含める。
- ✓ 金額の決定が困難なものは、同様の業務に従事し同等の給与を受けるほかの従業員の平均で算定する。

加入時に、残業代とか歩合給とか、金額が不確定な手当を入れて算出しなきゃならないのが悩みどころなんだよね。

社会保険の加入時は「報酬の見込額」で保険料が決まる

社会保険に加入するときに、報酬の見込額により標準報酬月額を決定することを「資格取得時決定」といいます。報酬の見込額は、「資格取得届」に記入し、入社から5日以内に届け出ます。

資格取得時決定の難しいところは、実際に払われた給与額ではなく、給与の見込額で報酬を決定する点です。月給制の基本給だけであれば簡単ですが、報酬には残業代や歩合給などの不確定なものも含める必要があります。また、時給制のアルバイトの場合は、雇用契約書で決められた勤務内容と実態とが大きく異なることも少なくありません。

雇用契約書の内容だけでは見込額を決定することが難しいものについては、その事業所で、同様の業務に従事する同じくらいの給与を受けるほかの従業員の前月の実績をもとに算出することになります。

通勤交通費は報酬に含めて社会保険料を算出する

通勤交通費は条件を満たせば非課税扱いになるため、給与明細に記載しない会社もあり、標準報酬月額の算入漏れが発生しがちです。通勤のためにかかる費用の実費弁償なのだから報酬ではないと考える人もいるようです。

しかし、社会保険や労働保険の分野では、通勤交通費は報酬であり賃金です。自宅から職場までの交通費は、どのような形で支払われるものであっても、給与明細に記載したうえで1か月あたりの額を報酬に含めるようにします。

報酬月額の算出方法

報酬月額 ＝ 通貨により支払われる報酬 ＋ 現物支給される報酬

社員食堂や社宅があるとか、通勤定期券を渡しているような会社は現物給与に気を付けてね。

報酬月額に含まれるもの／含まれないもの

		報酬に含まれるもの	報酬に含まれないもの
通貨により支払われるもの		基本給 各種手当 労基法の休業手当 年4回以上支給される賞与（年額÷12の額を月額の報酬に算入）	恩恵的なもの（結婚祝い金、災害見舞金など） 臨時的なもの（解雇予告手当、退職金など） 実費弁償的なもの（出張旅費など） 年3回以下の賞与※
現物支給されるもの		食事や食券（現物給与の価額） 社宅・寮（現物給与の価額） 通勤定期券	食事（本人負担額が現物給与の価額の2/3以上のときは報酬に含まれない） 社宅等（本人負担額が現物給与の価額以上のときは報酬に含まれない）

※賞与の支給回数が年3回以下の場合、標準報酬月額ではなく標準賞与額の対象となるため、賞与支払届の提出が必要になります。

通勤交通費	
日額で支払われる切符代・ガソリン代などの実費	現金で実費精算の場合でも、自宅と職場の間の交通費は報酬月額に算入（「1か月の所定労働日数」とは契約上働く義務のある日数） **通勤費の日額×1か月の所定労働日数**
6か月定期券購入費	1か月あたりにした金額を報酬月額に算入 **6か月定期券購入費÷6**
定期券現物支給	定期券を現物支給する場合も、定期券購入費を支給したときと同様に1か月あたりの金額を算入 **定期券購入費÷月数**

社宅	賞与が年4回以上支給される場合
次の式で算出した額を報酬月額に算入 **都道府県ごとに厚生労働大臣が定める現物給与の価額－自己負担額**	その事業所で、対象者と同様の業務に従事し、同様の賞与を受ける人たちの年間賞与平均額を月割りした額を報酬月額に算入

キーワード　報酬月額

Section 04 報酬月額に含める賞与と現物給与の扱い

- 賞与を報酬に含めるときは、前年7月から当年6月までの支給合計の12分の1。
- 食事と住宅の現物給与は都道府県ごとに価額が決められている。
- 現物給与は勤務地の都道府県の価額。本社と全国の支店等をまとめて1つの社会保険適用事業所としている場合も、個々に実際の勤務地の価額を適用する。

現物給与の金額は、会社負担額の実費じゃないよ。厚生労働大臣が定める価額だよ。

賞与が年4回以上支給されたときは報酬月額に加算が必要

就業規則などで賞与を年4回以上支給するよう定めている会社は、前年7月から6月までに実際に払われた1年間の賞与額合計の12分の1の額を報酬月額に含めなければなりません。算定も月変も、常に7月から6月までの賞与を使うため、算定とその年の7月月変から翌年6月月変まで、報酬月額に含める賞与額は1年間同じ金額になります。

食事や住宅の現物給与は実費ではなく決められた価額を適用

通勤定期券を会社で購入して社員に渡している場合や、社員食堂で食事を支給している場合、社宅や寮を提供している場合など、通貨ではなく現物での支給があるときは、現物給与の価額を報酬に含めます。通勤交通費の現物給与の価額はその購入費を1か月あたりの額に換算するだけですが、食事や住宅の場合は実費ではありません。

食事や住宅の現物給与の価額は、厚生労働省の告示で都道府県別に定められており、日本年金機構のホームページからダウンロードできる全国現物給与価額一覧表に記載されています。現物給与価額は社宅の場所ではなく、被保険者が勤務する都道府県のものを適用します。

健康保険組合では現物給与の価額が日本年金機構の表とは異なる場合があるので、加入先の健保組合に確認。

● 年4回以上支給される賞与の報酬への含め方

月	7月	8月	9月	10月	11月	12月	1月	2月	3月	4月	5月	6月
金額		30万				50万				10万		30万
区分		業績賞与				冬季賞与				決算賞与		夏季賞与

前年7月から6月までに支給された賞与を合計し、
12分割した額を月額報酬に加算

30万円+50万円+10万円+30万円= 120万円
120万円÷12 = 10万円

	4月	5月	6月
	25万	25万	25万
	4月給与	5月給与	6月給与
	＋	＋	＋
	10万	10万	10万
報酬月額	35万円	35万円	35万円

・名称は違っても、同様の性格の賞与は年4回以上の賞与に含める
・その年に限って支払われたような賞与は、年4回以上の賞与には含めない

● 現物給与の計算方法

現物給与価額一覧表　　　　　　　　　　　　　　　　　　　　令和6年4月改定

都道府県名	食事で支払われる報酬等					住宅で支払われる報酬等	その他の報酬等
	1人1か月当たりの食事の額	1人1日当たりの食事の額	1人1日当たりの朝食のみの額	1人1日当たりの昼食のみの額	1人1日当たりの夕食のみの額	1人1か月当たりの住宅の利益の額（畳1畳につき）	
北海道	23,100	770	190	270	310	1,110	時価自社製品通勤定期券など
青森	22,200	740	190	260	290	1,040	
岩手	22,200	740	190	260	290	1,110	
宮城	22,200	740	190	260	290	1,520	
秋田	22,500	750	190	260	300	1,110	

食事の現物支給
　従業員の負担額がある場合の考え方
　　厚生労働大臣が定める額－本人負担額＝報酬
　　ただし、本人負担額が厚生労働大臣が定める額の3分の2以上であれば、報酬として算入しない
（例）勤務地：北海道　社員食堂で昼食を月21日間提供した場合
　　　270円×21日＝5,670円　　5,670円×2/3＝3,780円
　　　本人負担額が3,780円以上の場合、報酬に算入されない

住宅の現物支給
　従業員の負担額がある場合の考え方
　　厚生労働大臣が定める額－本人負担額＝報酬
（例）勤務地：北海道　24畳の社宅
　　　1,110円×24畳＝26,640円
　　　本人負担額が26,640円以上の場合、報酬に算入されない

> **memo** 社宅等の畳数は居住用の部屋の広さで計算する。リビング・ダイニングは対象、キッチン、トイレ、浴室、廊下、収納部分は対象外。洋間の場合、1.65㎡を1畳に換算する。

業務の流れをつかもう　頻度：年1回　締切：7月10日

Section 05 定時決定（算定基礎届）年1回の社会保険料の見直し

略して「算定（さんてい）」と呼ばれる手続きなのニャ。

定時決定のスケジュール

1 算定の対象者のリストアップ
6月の給与計算前

基礎算定を行う対象者をリストアップする

▶ P.44

2 用紙の受け取り
6月中旬以降

算定基礎届（用紙）またはターンアラウンドCDが届く

▶ P.43

3 報酬月額の計算と提出書類の作成
6月の給与計算後

4～6月支給の給与を集計し、算定基礎届を作成する

▶ P.46

4 年金事務所へ提出
7月1日～7月10日まで

窓口へ持参、郵送、電子申請のいずれかの手段により提出する

▶ P.50

P.Ⅱのチェックリストを活用するとミスが少なくなるのだ。

　資格取得時の標準報酬月額は給与の見込額により決定されたため、その後に実際に払われた給与額とは差が出てくることがあります。また、昇給などがなかったとしても、残業の増減などで月々の給与額は変動します。これらの給与の実態を標準報酬月額に反映させるため、年に1度、標準報酬月額の見直しを行います。これを「定時決定」といいます。

　定時決定で決定された標準報酬月額は、随時改定・産前産後休業終了時改定・育児休業等終了時改定に該当しない限り、その年の9月から翌年の8月まで適用されることになります。

> **memo** 算定基礎届はCDやDVDなどの電子媒体、インターネットを利用した電子申請でも可能。電子申請窓口e-govのURL https://shinsei.e-gov.go.jp/

保険料決定と納付の概要

- **対象者** 原則7月1日現在の全被保険者、70歳以上被用者
- **作成する書類** 報酬月額算定基礎届、二以上事業所勤務者 算定基礎届
- **提出先** 年金事務所（日本年金機構事務センター）、健康保険組合、厚生年金基金など

●「算定基礎届」で提出する書類一覧

書類名称	提出が必要なケース
報酬月額算定基礎届	原則として全事業所が提出 （算定対象者がいない場合を除く）
二以上事業所勤務者 算定基礎届	二以上事業所勤務者がいる場合（月変に該当しないとき） 健保組合は組合ごとに取り扱いが異なるため要確認

上記のほかに7月改定の月額変更届の書類も同時に提出することになるのだ（→P.44）

　定時決定を行うための届出を、「算定基礎届」といいます。これは、毎年7月1日から7月10日までの間に、4月から6月の3か月間に払われた報酬額を届け出るものです。

　6月下旬になると、年金事務所や健康保険組合から算定基礎届の案内が届きます。事業所の新規設置やその後の事業所関係変更届であらかじめ送付希望の登録をしておけば、紙媒体は被保険者情報が印字された用紙、電子媒体は被保険者情報が入ったターンアラウンドCDが届きます。なおCDの送付は今後廃止予定で、令和7年からはオンラインによる入手方法に変更されます（→P.82）。

　届くのは5月中旬時点での情報ですので、これに5月31日までに被保険者になった人の情報を加えて届出書類を作成します。CDや電子申請による届出の場合は日本年金機構の届書作成プログラムにターンアラウンドCDのデータを取り込んで届出ファイルを作成します。

▶届書作成プログラム入手先　https://www.nenkin.go.jp/denshibenri/program/index.html

> **memo** 算定基礎届の提出に合わせて、年金事務所の調査が行われることがある。この調査では算定基礎届の記載内容だけでなく、パートなどの社会保険加入漏れや月額変更届の届出漏れについても確認される。

業務をくわしく知ろう　頻度：年1回　締切：7月10日

Section 05-1　定時決定（算定基礎届）① 対象者と届出書類の確認

- ✔ 7月月変・8月月変・9月月変の対象者は算定基礎届の対象にならない。
- ✔ 二以上事業所勤務者と70歳以上被用者の取り扱いに注意する。

算定と一緒に7月月変も提出するものなのニャ。

6月末までの退職者と7月の月変該当者は算定基礎届が不要

　算定基礎届は対象者の漏れがないようにすることが大切です。年金事務所から届く用紙やデータに入っている被保険者情報は5月中旬時点のものなので、5月31日までに資格取得した人の情報を追記します。

　そこから6月30日までの退職者と7月の月変対象者を除きます。8月・9月の月変対象者も定時決定の対象外ですが、算定基礎届の提出時点では月変に該当するかは確定しないため、8月・9月の月変に該当する可能性のある人も算定基礎届を提出し、月変に該当することが確定した時点で月額変更届を提出します（後から出した月額変更届が有効になります）。

　なお、事業主の申し出により、8月・9月の月変対象者を除いて算定基礎届を提出することもできます。この場合、算定基礎届の7〜9月月変対象者の欄は空白とし、備考欄の「月額変更予定者」に丸を付けて提出します。結果として月変に該当しなければ、後日、算定基礎届を追加で提出します。

二以上事業所勤務者と70歳以上被用者の算定基礎届

　二以上事業所勤務者（→P.78）がいる場合、ほかの被保険者とは別に、備考欄の「2.二以上勤務」を丸で囲み、選択事業所の所在地を管轄する事務センターに提出します（健保組合等は取り扱いが異なることがあり必ず提出先に確認）。

　なお、被保険者でない70歳以上被用者（→P.206）も算定基礎届の提出が必要です。75歳以上の70歳以上被用者は給与から健康保険料と厚生年金保険料が引かれないため見落としがちですが、届出漏れがないよう注意します。

● 算定基礎届の対象にならない人

6月1日以降に資格取得した人	6月1日以降に入社した人
7月1日までに資格喪失した人	6月30日までに退職した人
7月月変対象者	7月の随時改定・産休終了時改定・育休終了時改定
8月月変対象者	8月の随時改定・産休終了時改定・育休終了時改定
9月月変対象者	9月の随時改定・産休終了時改定・育休終了時改定

● 標準報酬決定月と給与への社会保険料の反映月

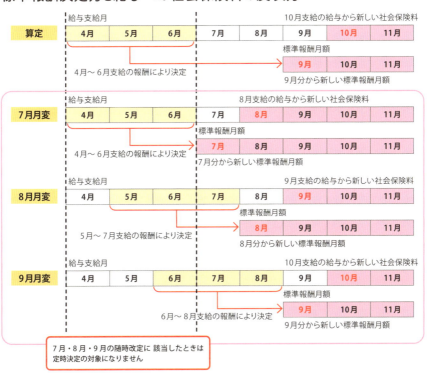

7月・8月・9月の随時改定に該当したときは定時決定の対象になりません

> **memo**　算定基礎届を提出後に8・9月の月額変更届を提出した人の分は、算定基礎届の標準報酬月額決定通知書と月額変更届の標準報酬改定通知書の両方が届くことがある。この場合、月変のみが有効。

業務をくわしく知ろう　頻度：年1回　締切：7月10日

Section 05-2 定時決定（算定基礎届）②　算定基礎届の集計の基本

- 支給日が4月・5月・6月の給与が算定基礎届の対象となる。
- 支払基礎日数が17日未満の月があるときは、その月を除いた残りの月で集計。
- 入社日が含まれる月が日割計算される場合は、その月は集計に含めない。

6か月定期代は1か月分に換算して各月に割り振るのだ。

4～6月に支給された給与が対象

　算定基礎届の対象となるのは、給与の締め日に関係なく、4月・5月・6月に支給日がある給与です。報酬月額は各月の総支給額とは限りません。6か月分の定期代が払われている場合は、支給月からは定期代を除き、定期代を6で割った額を各月に割り振ります。経費の精算など報酬ではない項目や賞与扱いの手当が総支給額に含まれている場合は、その金額を除きます。

　社宅や飲食業の賄いなどの現物給与（→P.40）は、賃金台帳には記載がないために集計から漏れがちですが、本人負担額によっては報酬となることがあるため確認が必要です。

原則として支払基礎日数が17日以上の月の値のみ集計する

　4月・5月・6月支給の給与のうち集計の対象となるのは支払基礎日数が17日以上の月だけです（支払基礎日数は給与を計算する基礎となる日数）。月給制で給与減額対象となる欠勤などがなければ、支払基礎日数はその月の暦日数です。欠勤がある場合は、賃金規程の欠勤控除の計算方法により日数が決まります。例えば、基本給を所定労働日数で割った額に欠勤日数を掛けた額を減額している会社は「所定労働日数－欠勤日数」が支払基礎日数となります。

　月の途中で休職や産休に入った場合でも、基礎日数が17日以上あれば、その月は算定対象になりますが、給与計算期間の途中で入社し日割りとなる場合は、日割りとなった月の基礎日数が17日以上あっても、その月は算入しません。

● 算定基礎届の集計方法

給与支給日	4月15日	5月15日	6月15日
勤務期間	3/1～3/31	4/1～4/30	5/1～5/31
所定労働日数	22	20	20
出勤日数	19	18	19
有給休暇日数	3	2	0
欠勤日数	0	0	1
基本給	210,000	210,000	210,000
通勤交通費	118,000	0	0
経費立替精算	0	3,000	0
欠勤控除	0	0	10,000
総支給額	328,000	213,000	200,000
－ 通勤交通費	118,000		
＋ 通勤交通費	19,666	19,666	19,666
－ 経費立替精算		3,000	
報酬月額	**229,666**	**229,666**	**219,666**

> 月給者が欠勤した月の支払基礎日数はその会社の就業規則（賃金規程）で定めた日数をもとに計算する。
> 欠勤1日につき、基本給の21分の1を控除する規程であれば、支払基礎日数は21から欠勤日数を引いた日数となる。
> 21日－1日＝20日

> 6か月定期代が払われた月は、定期代を除く

> 6か月定期代の6分の1の金額を各月に加算する（円未満切り捨て）

> 報酬に該当しないものは除く

支払基礎日数		月給者の場合、欠勤控除や日割りがなければ通常暦日数
4月	31日	3/1～3/31の暦日数
5月	30日	4/1～4/30の暦日数
6月	20日	欠勤を差し引いた支払基礎日数

「暦日数」とは、土日祝日を含めた月の日数のこと。

● 支払基礎日数による算定の方法

正社員・フルタイム労働者の場合

4月 5月 6月
3か月とも算定の対象

4月は17日未満で対象外
5月・6月の報酬の平均額で算定

3か月とも17日未満のため保険者算定。従前の標準報酬月額で決定される（→P.54）

memo ▶ 時給・日給制では勤務日や有休取得日など給与の支払い対象の日数が支払基礎日数となる（→P.46）。

業務を くわしく 知ろう　　頻度：年1回　　締切：7月10日

Section 05-3　定時決定（算定基礎届）③ パートの集計ルール

- パートタイム労働者は、17日以上の月が算定対象。ただし、3か月の全部が17日未満の場合は15日以上の月を算定対象とする。
- 短時間労働者は、11日以上の月が算定対象。

パートは基礎日数が17日なくても集計に入れる月があるのだ。

正社員とは算定基準が異なるパートタイマーの基礎算定届

　算定基礎届で算定の対象とするのは、支払基礎日数が17日以上の月のみというのが原則です。ただ、もともと正社員よりも労働日数が少ないパートタイマーも同様のルールにしてしまうと、対象にできる月が少なくなってしまい、報酬の実態を標準報酬月額に反映することが難しくなります。そのため、パートタイマー等には別のルールが決められています。

　正社員よりも労働時間等が少なく、週の所定労働時間および月の所定労働日数が正社員の4分の3以上の被保険者（ここでは「パートタイム労働者」と呼ぶ）は、原則としては正社員同様に17日以上の月のみを対象としますが、4・5・6月のすべてが17日未満の場合は、15日以上の月が算定対象月となります。

特定適用事業所・任意特定適用事業所のパートタイマー

　特定適用事業所・任意特定適用事業所に勤務するパートタイマーは、労働時間等が正社員の4分の3未満でも所定労働時間が週20時間以上などの一定の要件を満たせば社会保険に加入します（→P.29）。この労働時間等が4分の3未満のパートタイマー（「短時間労働者」と呼ぶ）は、支払基礎日数が11日以上の月を算定の対象とします。

●パートタイム労働者・短時間労働者の定時決定

パートタイム労働者の場合〜算定対象月は17日以上（もしくは15日以上）

17日以上の月がある場合は17日以上の月のみ対象

3か月とも17日未満の場合は15日以上の月のみ対象

3か月とも15日未満のため保険者算定。従前の標準報酬月額で決定される（→P.46）

短時間労働者の場合〜算定対象月は11日以上

どの月も11日以上のため3か月とも算定の対象

5月は11日未満で対象外4月・6月の報酬の平均額で算定

3か月とも11日未満のため保険者算定。従前の標準報酬月額で決定される（→P.46）

17日以上の月がないときに15日以上の月で集計するパートタイム労働者の特例は算定と育休・産休終了時月変だけの取り扱いなんだ。
随時改定は、パートタイム労働者でも3か月全部が17日以上の月じゃないと月変に該当しないんだよ。

業務をくわしく知ろう　　頻度：年1回　　締切：7月10日

Section 05-4 定時決定（算定基礎届）④ 算定基礎届の作成

- ✔ 6月支給の給与が確定したら、算定基礎届の準備を開始する。
- ✔ 被保険者情報を収録した算定の用紙やデータは6月に届く。
- ✔ 届出媒体は紙、CD・DVD、電子申請がある。

6月の給与が確定したら、算定の集計をはじめよう。

対象者の分類

算定基礎届の届出期間は7月1日から10日までですが、準備は6月支給の給与が確定した頃から始めます。まずは対象者の分類から。6月末までの退職者、6月1日以降の資格取得者を対象から除きます。7月月変に該当する人は算定は提出しないため、4月支給給与で固定的賃金の変動があった人、産休・育休から4月に復帰した人を抽出し、7月月変該当者を確定します。休業終了時月変は本人の同意が必要なので、通常の月変よりも早めに集計を行います。

用紙（データ）は6月に年金事務所から届きます。あらかじめ被保険者情報が印字（収録）されていますが、5月中旬時点で年金事務所が把握している情報なので、被保険者の追加や削除、5月・6月月変対象者の従前標準報酬月額の訂正等の作業が必要になります。

届出方法

算定の集計・作成は6月中には終わらせ、7月に入ったら届出を行います。届出媒体には紙、CD・DVD、電子申請があります。電子申請はe-Gov（電子申請システム）という窓口から申請を行います。利用には電子証明書が必要なe-Govアカウントのほか、ID・パスワードによるGビズID、オープンID（現在Microsoftアカウントが利用可能）のいずれかのアカウントが必要です。

日本年金機構が提供する無料の届書作成プログラムを利用すれば、CD・DVDも電子申請用の届書ファイルもどちらも作成できます。同機構のHPには、作成マニュアルや利用案内動画、電話・チャットの窓口も公開されています。

健康保険・厚生年金保険 被保険者報酬月額算定基礎届

[提出先] 年金事務所、健康保険組合　[提出期限] 毎年7月10日

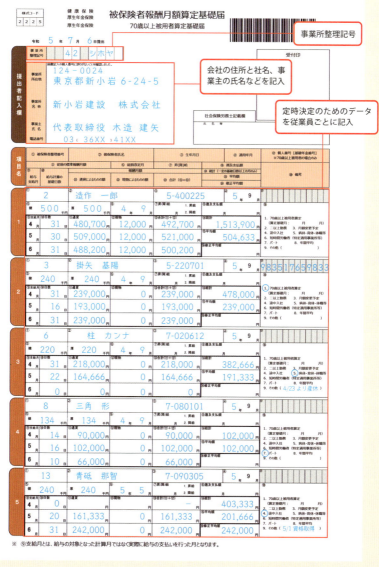

memo　2020年4月より、資本金等が1億円を超える大企業は、算定基礎届、月額変更届、賞与支払届などの一部の手続きについて、電子申請が義務化。紙の届出は原則選択できない。

●記入項目

項目名	① 被保険者整理番号	② 被保険者氏名	③ 生年月日	④ 適用年月	個人番号［基礎年金番号］※70歳以上被用者の場合のみ
	⑤ 従前の標準報酬月額	⑥ 従前改定月	⑦ 昇(降)給	⑧ 遡及支払額	
	給与支給月	⑩ 給与計算の基礎日数	⑪ 通貨によるものの額	⑫ 現物によるものの額	⑬ 合計(⑪+⑫)	⑨ 総計(一定の基礎日数以上の月のみ) / 平均額	備考

	① 2	② 造作 一郎	③ 5-400225	④ 5年 9月	⑰
1	⑤健 500千円 厚 500千円	⑥ 64年 9月	⑦昇 算給 降 月	⑧ 円 月	⑱ 1. 70歳以上被用者算定 (月 月) 2. 二以上勤務 3. 月額変更予定 4. 途中入社 5. 病休・育休・休職等 6. 短時間労働者(特定適用事業所等) 7. パート 8. 年間平均 9. その他( )
	4月 31日	⑪ 480,700円	12,000円	⑬ 492,700円	⑭総計 1,513,900円
	5月 ⑩ 30日	⑪ 509,000円	⑫ 12,000円	⑬ 521,000円	⑮平均額 504,633円
	6月 31日	488,200円	12,000円	500,200円	⑯修正平均額 円

記号	項目	記入のポイント
①	被保険者整理番号	
③	生年月日	「元号-YYMMDD」(YYは年、MMは月、DDは日)の書式で記入。元号は、昭和が「5」 平成が「7」
④	適用年月	この算定基礎届により決定される標準報酬月額が適用される年月。その年の9月
⑤	従前の標準報酬月額	年金事務所から配布される用紙には5月中旬の時点で年金事務所が把握している標準報酬月額が印字されている。6月月変対象者の場合、6月の随時改定後の標準報酬月額は反映していないため、修正する
⑥	従前改定月	従前の標準報酬月額が決まった月
⑦	昇(降)給	4～6月に支給された給与で固定的賃金の変動がある場合はその月
⑧	遡及支払額	3月以前に支払うべき給与が4～6月の給与で払われたときに、その支払月と3月以前の遡及分の金額
⑩	給与計算の基礎日数	月末締翌月払で欠勤等のない月給者なら、4月は3/1～3/31の暦日数31日を記入
⑪	通貨によるものの額	報酬月額のうち通貨で払われる額。算定基礎届の集計対象にならない17日未満の月も金額を記入
⑫	現物によるものの額	報酬月額のうち現物で払われる額(→P.40)
⑬	合計	各月の⑪通貨と⑫現物の合計額
⑭	総計	集計の対象となる月(⑩の基礎日数が通常17日以上の月。17日以上の月がないパートの場合は15日以上の月、短時間労働者の場合は11日以上の月)の⑬の合計額
⑮	平均額	⑭の総計を集計の対象となる月数で割った額
⑯	修正平均額	⑮の平均額をもとに標準報酬月額を決定できないときの修正額
⑰	個人番号または基礎年金番号	70歳以上被用者の場合のみ個人番号(または基礎年金番号)
⑱	備考	該当するものがある場合には○をつける

● 月給者で17日未満の月があるとき

● 月の途中で産休・育休・休職等に入ったとき

(例) 月末締翌月15日払　4/23より産前産後休業

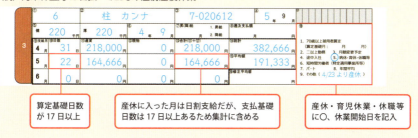

● パートタイム労働者で17日以上の月がないとき

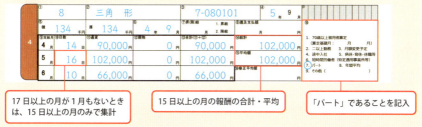

● 入社月が日割支給となるとき

(例) 20日締当月末日払　5/1入社　5月支給給与は4/21～5/20のうち20日分

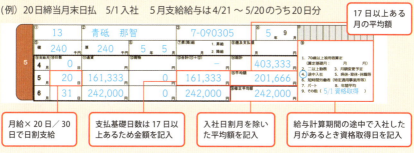

memo　日本年金機構 HP
https://www.nenkin.go.jp/denshibenri/program/program.html

業務をくわしく知ろう　　頻度：年1回　　締切：7月10日

Section 05-5 定時決定（算定基礎届）⑤ 保険者算定

- 基礎日数を満たす月がないときは、従前の標準報酬月額で決定する。
- 4〜6月の平均と年平均とが著しく異なるときは本人の申し立てにより年平均で算定できる特例がある。

4〜6月の支払基礎日数が17日未満のときや正常に賃金が支払われないときは特別な計算方法を使うのだ。

支払基礎日数が3か月とも17日未満のとき標準報酬月額はそのまま

算定基礎届は、支払基礎日数が17日以上の月の報酬の平均額で算定するのが原則ですが、その方法だと算定が困難な場合があります。

例えば、育児休業や休職などで3か月とも無給だった場合には、3か月とも基礎日数は0日となってしまうため算定対象となる月がありません。正社員で欠勤が多く、3か月とも17日未満だったとき、パート労働者で15日以上の月がなかったとき、短時間労働者で11日以上の月がなかったときも同様です。これらの場合は、これまでの標準報酬月額が引き続き適用されます。

4月から6月の給与がほかの月と異なるとき

4月から6月までに支給された報酬を単純に平均して月額報酬を算定すると著しく不当になってしまう場合には、異なる計算方法を使うことがあります。

例えば、3月までに払われるべき手当が4月から6月の間に払われた場合には、その手当の金額を含めると本来の月々の報酬額とはいえなくなります。この場合は4月・5月・6月以外に払われるべき金額を除いて算定します。

職種や業種によっては、3月から5月ごろに限って忙しく、毎年、4月から6月に残業代が特に多い人もいます。「3か月平均と年平均で算出した標準報酬月額に2等級以上の差が生じ」、それが「業務の性質上例年見込まれる」場合は「被保険者の申立てにより」年間平均により算出した額を標準報酬月額とすることもできます。

●保険者算定に該当する条件と処理

3か月とも17日（パートタイム労働者は15日・短時間労働者は11日）以上の月がないとき、3か月にまったく報酬を受けないとき
　→**従前の標準報酬月額を適用する**

遡及昇給や遅配により、3か月のいずれかの月に3月以前の分の給与が含まれているとき
　→**その部分の金額を除いて集計する**

3か月の給与のうち、一部が遅配となり7月以降に支払われるとき
　→**遅配となる月を除いて集計する**

低額の休職給を受けた月
　→**その月を除いて集計する**

給与の締切日が変更になり、支払基礎日数が1か月を超えることになった場合
　→**その超過した月は超過日数分の給与を除いて集計する**

3か月の平均と前年7月～当年6月の年平均とで2等級以上差が生じ、業務の性質上それが例年生じる場合
　→**被保険者の申立てがあれば年平均で算定する**

年間報酬の平均で算出することの申し立てを行う場合は、様式1「事業主の申立書」と様式2「保険者算定申立に係る例年の状況、標準報酬月額の比較及び被保険者の同意等」の添付が必要です。

> **memo** 年間報酬の平均で算定することの申立ては、算定基礎届だけでなく、月額変更届でも行うことができる。

● 休職、産前産後休業、育児休業などで3か月とも報酬の支払いがないとき

従前の標準報酬月額で決定される

休職などに入ったことと日付を記入

● 3月以前に遡って昇給があったとき

（例） 3月昇給が5月に決定　5月給与で5,000円昇給
　　　 3・4月遡及分1万円支給

本来の昇（降）給月

昇給月（実際の支給月）

本来の5月支給分（245,000円）と5月に払われた遡及昇給分（5,000円×2か月分）

（総計 740,000 － 3月の遡及額 5,000円）÷3か月

遡及支払額

● 低額休職給が払われたとき

（例） 会社の規定により休職中低額な休職給を支給

給与が払われているため基礎日数は暦日

低額休職給以外の月の平均を記入

低額休職給の期間と金額（割合）

※給与計算期間の一部が低額休職給の場合、低額休職給以外の日数が17日以上あれば、低額休職給を除いた金額でその月を算入

● 短時間労働者で、3か月とも11日未満のとき

従前の標準報酬月額で決定される

「短時間」であることを記入

Chapter 2

保険料の決め方・納め方

書類 健康保険・厚生年金保険 被保険者報酬月額算定基礎届

業務の流れをつかもう　　頻度：随時　　締切：固定的賃金変動月から4か月目

Section 06 随時改定（月額変更届）固定的賃金に変動があったとき

月変は誰も提出が必要だよって教えてくれないから、届出が漏れがちなのだ。

随時改定のスケジュール

1 月変の対象者のリストアップ
毎月の給与確定時

固定的賃金に変動があった人をリストアップする

▶ P.60

2 報酬月額の計算と提出書類の作成
1から3か月目の給与確定後

リストアップした人の月変該当の有無を確認。該当者の月額変更届を作成

▶ P.62

3 年金事務所などへ提出
1から4か月目

対象者の月額変更届を提出

▶ P.62

P.Ⅳのチェックリストを活用するとミスが少なくなるのだ。

　算定基礎届により決定した標準報酬月額は、翌年の8月まで適用されるのが原則ですが、大幅に報酬額が変わった場合でも標準報酬月額が変わらないとすれば、実態が保険料や給付に反映されないため不合理と言えます。そのため、固定的賃金に変動があり、変動月から3か月間の報酬平均がこれまでの標準報酬に比べて2等級以上変動する場合には、変動月から4か月目の標準報酬月額を改定することになっています。これを「随時改定」といいます。

　随時改定を行うための届出が、「月額変更届」です。実務では、略して「月変（げっぺん）」と呼ばれます。これは、固定的賃金の変動があった月以後3か月間の報酬額と各月の支払基礎日数を、固定的賃金変動月から4か月目に届け出るものです。

　年金事務所への届出の場合、添付書類は原則不要です。

memo 70歳以上被用者の月額変更届も忘れずに。届出が遅れてしまうと、一度にまとめて老齢年金を支給調整されることになることがある。

随時改定の概要

- ☑ **作成する書類** 報酬月額変更届
- ☑ **添付書類** 年金事務所は原則不要だが、特定条件のときは必要
- ☑ **提出先** 年金事務所（日本年金機構事務センター）、健康保険組合、厚生年金基金

Chapter 2 保険料の決め方・納め方

● 随時改定のタイミングのイメージ

固定的賃金の変動月から3か月間の報酬平均がこれまでの標準報酬月額に比べて2等級以上変動

5か月目に支給される給与から社会保険料を変更

4か月目から標準報酬月額を変更（12月月変）

● 固定的賃金と等級の増減の関係

固定的賃金の増減	↑	↑	↓	↓
2等級以上の差（増減）	↑	↓	↑	↓
月変該当	○	×	×	○

・固定的賃金が増えた場合は、2等級以上上がらなければ月変には該当しない
・固定的賃金が減った場合は、2等級以上下がらなければ月変には該当しない
・増減の矢印が同じ方向であることが必要

給与計算期間の途中で固定的賃金の変動があり、最初の月に変更後の手当等が満額でないときは、その翌月の満額支給された月を固定的賃金変動月と考えます。

業務をくわしく知ろう　　頻度：随時　　締切：固定的賃金変動月から4か月目

Section 06-1 随時改定（月額変更届）① 月額変更届の集計

- 固定的賃金に変動がないと随時改定には該当しない。
- 従前に比べて、標準報酬月額が2等級以上変わらないと該当しない。
- 固定的賃金変動月以後3か月のうち、17日（短時間労働者は11日）未満の月が1か月でもあると月変には該当しない。

昇給したからといって、社会保険料はすぐには変わらないよ。

固定的賃金の変動があるかどうかは毎月チェックする

　月額変更届の届出を漏れなく行うために最初に行う作業は、毎月の給与で固定的賃金の変動があった人をピックアップすることです。では、固定的賃金の変動とはどういうことでしょうか。

　基本給の改定だけでなく、毎月定額を支給する手当の新設・廃止、時給や交通費日額などの単価の変更も固定的賃金の変動にあたります。通勤交通費として、市場価格と連動して毎月単価が変動するガソリン代を支給しているようなケースでは、毎月固定的賃金の変動があるという解釈になります。

　その他、労働条件を見直し、時給から月給に変更した場合や、所定労働日数・時間等が変更になった場合も固定的賃金の変動に該当します。

変動前と標準報酬月額の等級の差が2階級以上あると該当

　固定的賃金の変動があった人をピックアップしたら、次は、その変動があった月から3か月間の報酬平均額から標準報酬月額を算出し、その等級と従前の等級を比較し、2等級以上の差があるかどうかを確認します。ただし、標準報酬月額には上限と下限があるため、例外的に下限となる等級とそのひとつ上の等級、上限となる等級とその下の等級については、1等級であっても随時改定となる場合があります（→P.65）。

● 固定的賃金変動月と標準報酬月額の改定月

給与支給月	7月	8月	9月	10月	11月	12月	1月	2月	3月
	基本給 30万円	残業代 1.5万円 基本給 30万円	残業代 0.8万円 基本給 30万円	残業代 0.6万円 家族手当 2万円 基本給 30万円	残業代 3.2万円 家族手当 2万円 基本給 30万円	残業代 2.8万円 家族手当 2万円 基本給 30万円			

標準報酬		報酬月額
健保等級	年金等級	月額	以上～未満
22	19	300千円	290,000～310,000
23	20	320千円	310,000～330,000
24	21	340千円	330,000～350,000

326,000　352,000　348,000
3か月の平均：342,000円→340千円

1月支給の給与から新しい社会保険料

標準報酬月額	7月	8月	9月	10月	11月	12月	1月	2月	3月
	300千円	300千円	300千円	300千円	300千円	340千円	340千円	340千円	340千円

22（19）等級　　　　　　　　　　24（21）等級

12月の随時改定（12月月変）
12月中に月額変更届を提出

① 固定的賃金に変動があったら、変動月から3か月間の報酬を平均して報酬月額を算出し、保険料額表を見て、標準報酬月額を等級にあてはめる
② 従前の等級と2等級以上の差（昇給の場合、2等級以上増加）があれば、月変に該当
③ 固定賃金変動月から4か月目に標準報酬改定
④ 固定的賃金変動月から5か月目の給与から社会保険料変更

● 固定的賃金の変動の例

固定的賃金の変動にあたるケース	固定的賃金の変動にあたらないケース
・基本給が増えた ・家族手当、役職手当など毎月固定額が払われる手当の金額が変わった ・転居のため、交通費の金額が変わった ・時給単価が変わった ・契約変更により所定労働時間が変わった ・時給制から月給制に変わった ・定額残業手当の制度が導入された ・現物給与の価額が告示により変更された ・一時帰休のため継続して3か月を超えて低額の休業手当が払われた ・一時帰休が解消され、継続して3か月を超えて通常の報酬が払われるようになった	・残業代が増えた ・傷病休職のため、通常の基本給の6割の休職手当が支払われた ・欠勤したために交通費が支給されなかった ・懲戒処分を受け、基本給が減給された

> **memo** 固定的賃金の変動があった被保険者や70歳以上被用者が60歳以上で、その変動が定年再雇用や契約更新時の労働条件変更である場合は、「同日得喪（→P.220）」の制度を利用できる可能性がある。

業務をくわしく知ろう　　頻度：随時　　締切：固定的賃金変動月から4か月目

Section 06-2 随時改定（月額変更届）② 月額変更届の作成

- ✓ 月額変更届の集計は毎月行う。
- ✓ 固定的賃金の変動があった人について、変動月から3か月間の給与平均を集計し、変動月から4か月目に届出を行う。
- ✓ 用紙は年金事務所等でもらうか、日本年金機構のWebサイトからダウンロードして作成する。

給与計算が終わったら、毎月確認するよ。

対象者の抽出と集計作業

　月額変更届の用紙は年金事務所等から自動的に送られてくるものではありません。また、資格取得時決定の「入社」のようなわかりやすいきっかけもありません。毎月、給与計算が終わったら月変対象者の抽出作業を行うようにします。作業の内容は、固定的賃金の変動があった被保険者や70歳以上被用者の抽出と、抽出した対象者についての変動月から3か月間の給与の集計作業です。集計を行った結果、月変に該当する人がいたら、固定的賃金変動月から4か月目に年金事務所や健康保険組合への届出を行います。

月額変更届の届出

　月額変更届の用紙は、年金事務所や健康保険組合で入手するか、日本年金機構等のホームページよりダウンロードしたものを使います。被保険者情報が印字された用紙（データ）が自動的に送られてくる算定とは異なり、月変の場合はあらかじめ印字された用紙はありませんので、被保険者の氏名や生年月日、従前の標準報酬月額等、すべて記入する必要があります。

　届出媒体には算定と同様に紙、CD・DVD、電子申請があります。

　以前は60日以上遡って届け出る場合や5等級以上標準報酬月額が下がる場合に賃金台帳などの添付書類が必要でしたが、現在では添付不要となっています。なお、健保組合については、提出先のルールに従います。

健康保険・厚生年金保険 被保険者報酬月額変更届

[提出先] 年金事務所、健康保険組合　[提出期限] 固定的賃金変動月から4か月目

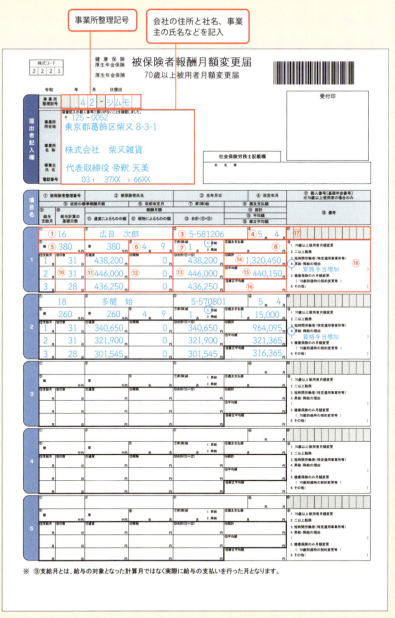

※ ⑨支給月とは、給与の対象となった計算月ではなく実際に給与の支払いを行った月となります。

memo 2020年4月より、資本金等が1億円を超える大企業は、算定基礎届、月額変更届、賞与支払届などの一部の手続きについて、電子申請が義務化。紙の届出は原則選択できない。

●記入項目

記号	項目	記入のポイント
①	被保険者整理番号	
③	生年月日	「元号-YYMMDD」(YYは年、MMは月、DDは日)の書式で記入。元号は、昭和が「5」平成が「7」
④	改定年月	標準報酬月額が改定される年月
⑤	従前の標準報酬月額	
⑥	従前改定月	従前の標準報酬月額が決まった月
⑦	昇(降)給	昇・降給月(遡及の場合も本来の支払月ではなく実際に支払われた月)を記入し、昇給・降給のいずれかに〇
⑧	遡及支払額	⑨の月より前に支払うべき給与が⑨のいずれかの月に払われた場合、遡及額が実際に払われた月と遡及額(修正平均額算出の際に除く額)を記入
⑨	給与支払月	昇・降給月(実際に支払われた月)から3か月間
⑩	給与計算の基礎日数	給与支払いのもとになった日数を記入。欠勤のない月給者なら暦日数。時給・日給者なら出勤日数や有給の休暇日数。欠勤等で給与が減った月給者なら、その計算方法に応じた日数(月平均所定労働日数で日割りした額を控除する場合は、月平均所定労働日数－欠勤日数)
⑪	通貨によるものの額	報酬月額のうち通貨で払われる額
⑫	現物によるものの額	報酬月額のうち現物で払われる額
⑬	合計	各月の⑪通貨と⑫現物の合計額
⑭	総計	⑬の合計額
⑮	平均額	⑭の総計を3で割った額
⑯	修正平均額	⑭の平均額をもとに標準報酬月額を決定できない場合に修正額を記入
⑰	個人番号または基礎年金番号	70歳以上被用者の場合のみ個人番号(または基礎年金番号)を記入。この場合、「1.」に〇(70歳以上被用者月額変更)
⑱	備考	該当するものがある場合には〇をつける。「4.」に昇降給の理由を記入する。

●昇給があったとき（一般的なケース）

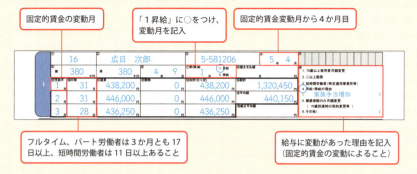

●遡って昇給があったとき

（例）本来12月支給予定の昇給（15,000円アップ）が
1月に決定。1月給与で12月遡及分15,000円支給

●1等級の変動でも月変に該当するケース（上限・下限）

1等級上がる場合	従前の標準報酬月額		従前の報酬月額	3か月間の報酬月額平均	改定後の標準報酬月額	
	等級	月額			等級	月額
健康保険	49	1,330千円		1,415,000円以上	50	1,390千円
厚生年金	31	620千円		665,000円以上	32	650千円
健康保険	1	58千円	53,000円未満	63,000円以上	2	68千円
厚生年金	1	88千円	83,000円未満	93,000円以上	2	98千円

1等級下がる場合	従前の標準報酬月額		従前の報酬月額	3か月間の報酬月額平均	改定後の標準報酬月額	
	等級	月額			等級	月額
健康保険	50	1,390千円	1,415,000円以上	1,355,000円未満	49	1,330千円
厚生年金	32	650千円	665,000円以上	635,000円未満	31	620千円
健康保険	2	68千円		53,000円未満	1	58千円
厚生年金	2	98千円		83,000円未満	1	88千円

業務をくわしく知ろう　頻度：随時　締切：休業終了日翌日の属する月から4か月目

Section 07 | 産前産後休業終了時改定 育児休業等終了時改定

- 固定的賃金の変動がなくても改定する。
- 従前に比べて、標準報酬月額の差が1等級以上あれば改定する。
- 届出は強制ではなく、被保険者の申し出により行う。

固定的賃金の変動がなくても、1等級の差でも該当するのだ

産前産後休業や育児休業から職場復帰したときに行う月変

　産前産後休業や育児休業等が終了したとき、復帰月から3か月間の報酬平均により算出した標準報酬月額が、休業前と比べて1等級以上変動し、被保険者の申し出があれば復帰月から数えて4か月目から標準報酬月額が改定されます。これを産前産後休業終了時改定、育児休業等終了時改定といいます。

　改定の要件が通常の月変よりも緩やかなため改定しやすく、育児を行う被保険者の社会保険料の負担が軽くなる制度です。養育特例の制度（→P.192）と併せて利用すれば、報酬改定により社会保険料が安くなっても将来の老齢年金は減りません。また、通常の月変とは異なり、被保険者の申し出に基づき行う手続きですので、復帰後に標準報酬月額が増えた場合には届出をしない選択もできます。被保険者にとっては、いいとこどりの制度と言えます。

産休・育休終了者の休業終了時改定以外の随時改定

　無給の産休・育休中の定期昇給など、休業中に実際の支払いはないものの、固定的賃金が変動することがあります。この場合は、復帰後に最初に給与が払われた月を固定的賃金変動月として、通常の月変に該当するかどうか集計を行います。被保険者が希望しなかったために休業終了時改定に該当しなかった場合でも、通常の月変に該当することがありますが、忘れがちなので注意します。

産前産後休業終了時改定、育児休業等終了時改定の概要

- ☑ **作成する書類** 産前産後休業終了時報酬月額変更届、育児休業等終了時報酬月額変更届
- ☑ **添付書類** 年金事務所は原則不要だが、特定条件のときは必要
- ☑ **提出先** 年金事務所（日本年金機構事務センター）、健康保険組合、厚生年金基金

● 産休・育休終了時改定と通常の随時改定との違い

産休・育休終了時月変の要件	通常の月変の要件
・産前産後休業または育児休業から復帰していること ・復帰月以降3か月のうち、基礎日数17日以上の月が1か月以上あること（短時間労働者は11日以上） ・パートタイマーで17日以上の月がないときは15日以上の月があること ・従前に比べ1等級以上変動すること ・届出は任意。被保険者が望まなければ改定しない	・固定的賃金の変動があること ・固定的賃金変動月以降3か月すべて基礎日数17日以上あること。パートタイマーも同様（短時間労働者は11日以上） ・従前に比べ2等級以上変動すること ・被保険者の意思に関係なく、要件に該当すれば届出は強制

● 休業終了時改定の対象月

（例1）月末締翌月15日払　月給制　復帰月の日割計算（基本給÷給与計算期間の暦日数×復帰後の暦日数）

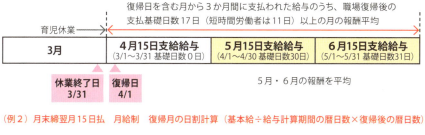

（例2）月末締翌月15日払　月給制　復帰月の日割計算（基本給÷給与計算期間の暦日数×復帰後の暦日数）

産前産後休業・育児休業終了時改定は、保険料が安くなる制度というイメージがあるけど、標準報酬月額が上がることもあるのだ。

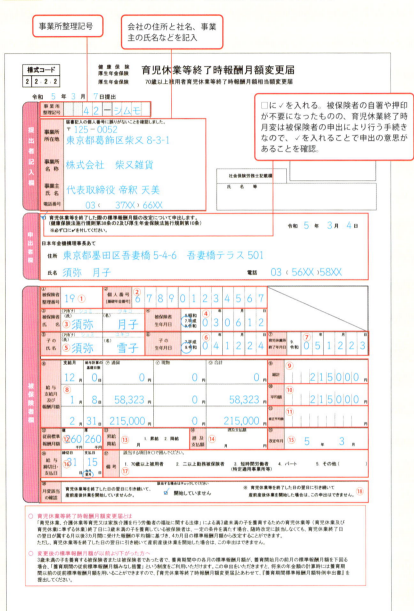

●記入項目

記号	項目	記入のポイント
①	被保険者整理番号	
②	個人番号 [基礎年金番号]	個人番号または基礎年金番号を左詰めで記入
③	被保険者氏名	
④	被保険者生年月日	
⑤	子の氏名	育児休業の対象となる子の氏名
⑥	子の生年月日	育児休業の対象となる子の生年月日
⑦	育児休業等終了年月日	育児休業の終了日
⑧	支給月	⑦で記載した育児休業終了日の翌日が属する月、翌月、翌々月の3か月
	給与計算の基礎日数	各月の支払基礎日数
	㋐通貨	休業中の給与が払われる会社の場合、休業中の分の給与額は除いて記入
	㋑現物	
	㋒合計	
⑨	総計	⑧㋒の報酬のうち、支払基礎日数が17日(短時間労働者は11日)以上の月の合計額を記入。パートで支払基礎日数が17日以上の月がない場合は、15日以上の月の報酬の合計額
⑩	平均額	⑨を17日(短時間労働者は11日)以上の月数で割った金額(円未満の端数切り捨て)。パートで支払基礎日数が17日以上の月がない場合は、15日以上の月数で割った金額
⑪	修正平均額	⑨の総計に集計すべき月以外の分が含まれているなど、修正が必要な場合に修正額を記入
⑫	従前標準報酬月額	
⑬	昇給降給	該当するものがある場合には〇をつけ、昇降給月を記入
⑭	遡及支払額	
⑮	改定年月	⑧の支給月で記載した3か月間の最終月の翌月を記入
⑯	給与締切日・支払日	
⑰	備考	
⑱	月変該当の確認	⑧の支給月で記載した育児休業終了日の翌日に引き続いて産休を開始したかどうかを記入。引き続いて産休を開始している場合は申し出不可

Section 08 社会保険料を給与天引きするときのルール

- 社会保険料は資格取得日（入社日）の属する月の分から、資格喪失日（退職日の翌日）の属する月の前月の分まで徴収される。
- 資格取得日と資格喪失日が同じ月の場合は、保険料は1か月分徴収される。
- 原則、給与天引きできるのは前月分のみ。ただし、退職月は例外あり。

社会保険料を給与天引きできるのは、前月分だけなのだ。

社会保険料は資格喪失日の前月分まで支払う

　月々の社会保険料は、資格取得日の属する月の分から資格喪失日の属する月の前月分まで徴収されます。資格喪失日とは、退職日の翌日を指します。退職日が月末の場合は、喪失月が退職月の翌月となるため、退職月（喪失月の前月）の保険料が発生します。

　入社してすぐに辞められてしまうと、取得日と喪失日が同じ月になってしまうことがあります。保険料が発生する取得月と保険料が発生しない喪失月が同月という矛盾した状態なのですが、この場合は1か月分の保険料を徴収するルールとなっています。これを「同月得喪」といいます。

控除は「翌月の給与から」が基本で退職月のみ例外あり

　会社ごとに決められた給与の締め日や支払日がどういうルールであっても、社会保険料は翌月の給与支給日に控除すると決まっています。例えば4月1日入社の場合、4月分の保険料は最初の給与が4月でも5月でも、5月の給与支給日から社会保険料の給与天引きを開始することになります。

　なお、退職時だけは、前月分と当月分の2か月分の社会保険料の控除が認められています。例えば、月末締・当月払の給与で月末退職だと、喪失日が翌月になるため、退職月にも保険料が発生します。ところが当月払いの給与だと翌月の給与の支払いはなく、翌月の給与で社会保険料を徴収することができません。そのため、例外的に当月分の社会保険料を徴収することができるのです。

● 社会保険料は翌月の給与から控除

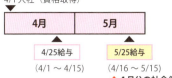

● 退職時の社会保険料（通常）

● 退職時の社会保険料（月末退職）

同月得喪で1か月分納めた社会保険料のうち厚生年金保険料は、退職者が退職後、喪失月と同じ月に国民年金や厚生年金保険に加入すると、事業主負担分と被保険者負担分が事業主に返金されます。戻ってきた被保険者負担分は退職者に返します。

memo｜社会保険料には日割りという考え方はなく、その月の被保険者期間が1日しかなくても、社会保険料は1か月分全額を徴収される。

業務をくわしく知ろう　　頻度：その都度　　締切：支給から5日以内

Section 09 | 賞与支払時の社会保険の手続き

- 賞与の保険料は、標準賞与額×保険料率で計算される。
- 厚生年金保険の標準賞与額の上限は1月150万円。
- 健康保険の標準賞与額の上限は年度累計額573万円。

賞与を支払ったら、賞与支払届の提出をするのだ。

賞与の社会保険料は「標準賞与額」で決まる

　賞与から天引きする社会保険料は、「標準賞与額」で決まります。「標準賞与額」は、賞与額の1,000円未満を切り捨てた額のことです。「標準賞与額」には上限があり、厚生年金保険は1月につき150万円、健康保険は年度（4月1日〜3月31日）の累計額で573万円となっています。なお、賞与が年4回以上払われる場合は、賞与としては取り扱いません。この場合、その賞与額は標準報酬月額に含め、月々の給与から保険料を引くことになります（→P.40）。

書類は賞与支給後5日以内に提出する

　賞与の支払い後に、「賞与支払届」に支払日と賞与額を記入し、支払日から5日以内に年金事務所や健康保険組合に提出します。なお、すべての被保険者に賞与を支給しなかった場合には、「賞与支払届」の代わりに「賞与不支給報告書」を提出します。

　賞与の支払月が年金事務所に登録されている場合は、支払日が近くなると、被保険者情報が印字された用紙か情報が収納されたターンアラウンドＣＤが年金事務所から送られてくるため、それらを利用して作成します。

　なお、資格喪失日の前日までに払われた資格喪失月支給の賞与や産休・育休による社会保険料免除期間中の賞与には社会保険料はかかりませんが、健康保険の年度累計の対象にはなるため賞与支払届の届出は必要です。社会保険料を払わない70歳以上被用者であっても賞与支払届の提出が必要です。

賞与支払時の社会保険料の計算

標準賞与額 ← 賞与支給額の1,000円未満を切り捨てた額

健康保険料（被保険者負担分）
標準賞与額×健康保険の料率÷2

厚生年金保険料（被保険者負担分）
標準賞与額×厚生年金保険料の料率÷2

令和6年3月分（4月納付分）からの健康保険・厚生年金保険の保険料額表

・健康保険料率：令和6年3月分〜 適用
・介護保険料率：令和6年3月分〜 適用
・厚生年金保険料率：平成29年9月分〜 適用
・子ども・子育て拠出金率：令和2年4月分〜 適用

（東京都）　　　　　　　　　　　　　　　　　　　　　　　　　　（単位：円）

標準報酬		報酬月額		全国健康保険協会管掌健康保険料				厚生年金保険料（厚生年金基金加入員を除く）	
等級	月額			介護保険第2号被保険者に該当しない場合 9.98%		介護保険第2号被保険者に該当する場合 11.58%		一般、坑内員・船員 18.300%※	
		円以上	円未満	全額	折半額	全額	折半額	全額	折半額
1	58,000	〜	63,000	5,788.4	2,894.2	6,716.4	3,358.2		
2	68,000	63,000〜	73,000	6,786.4	3,393.2	7,874.4	3,937.2		
3	78,000	73,000〜	83,000	7,784.4	3,892.2	9,032.4	4,516.2		
4(1)	88,000	83,000〜	93,000	8,782.4	4,391.2	10,190.4	5,095.2	16,104.00	8,052.00
5(2)	98,000	93,000〜	101,000	9,780.4	4,890.2	11,348.4	5,674.2	17,934.00	8,967.00

P.37の保険料額表に記載されている保険料率を使用する。

賞与支給日と退職日の関係

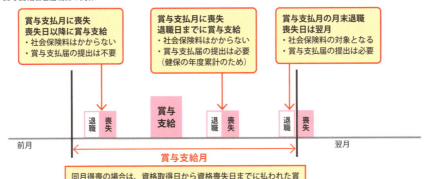

賞与支給日と退職日の関係

賞与支払月に喪失 喪失日以降に賞与支給
・社会保険料はかからない
・賞与支払届の提出は不要

賞与支払月に喪失 退職日までに賞与支給
・社会保険料はかからない
・賞与支払届の提出は必要
（健保の年度累計のため）

賞与支払月の月末退職 喪失日は翌月
・社会保険料の対象となる
・賞与支払届の提出は必要

同月得喪の場合は、資格取得日から資格喪失日までに払われた賞与は社会保険料の対象となり、賞与支払届の提出も必要

月末退職の場合は喪失日が翌月となるため、退職した月に支払われた賞与から社会保険料を控除します。

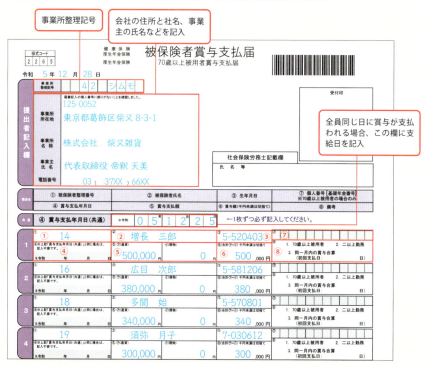

●記入項目

記号	項目	記入のポイント
①	被保険者整理番号	
②	被保険者氏名	
③	生年月日	「元号-YYMMDD」(YYは年、MMは月、DDは日) の書式で記入。元号は、昭和が「5」 平成が「7」
④	賞与支払年月日	賞与の支払日が全員同じでない場合のそれぞれの支給日
⑤	賞与額	⑦(通貨によるものの額)と④(現物によるものの額)を円単位で記入
⑥	賞与支払額	⑤の⑦と④の合計額の千円未満を切り捨てた額。標準賞与額の上限を超える場合も実際の支給額を記入
⑦	個人番号または基礎年金番号	70歳以上被用者賞与支払届の場合のみ、マイナンバー(または基礎年金番号)を記入
⑧	備考	70歳以上被用者賞与支払届の場合は1に、二以上事業所勤務者の場合は2に○を付ける。同一月に2回以上賞与が払われたときは、同一月の賞与額を合算して届出を行う。このとき、3に○を付け、初回支給日を記入。最後の支給日は「賞与支払年月日」の欄に記入

健康保険・厚生年金保険 賞与不支給報告書

［提出先］年金事務所　［提出期限］年金事務所に届けている賞与支払予定月内

事業所整理記号

会社の住所と社名、事業主の氏名などを記入

様式コード 2 2 6 6

健康保険厚生年金保険 賞与不支給報告書

令和 5 年 12 月 28 日提出

事業所整理記号　4 2　シムモ

〒125-0052
事業所所在地　東京都葛飾区柴又 8-3-1
事業所名称　株式会社 柴又雑貨
事業主氏名　代表取締役 帝釈 天美
電話番号　03（37XX）66XX

受付印

社会保険労務士記載欄　氏名等

・この報告書は、賞与支払予定月に賞与の支給がなかった場合に提出してください。
（賞与支払予定月に報告書の提出がない場合、後日、提出勧奨のお知らせが送付されます。）

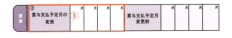

① 賞与支払予定年月　9. 令和　年　月
　 賞与支払年月　9. 令和　5 1 2
② 支給の状況　1. 不支給

「賞与支払予定年月」には日本年金機構に登録された支払予定日が印字されている

・従前の賞与支払予定月を変更する場合は以下③も記入してください。

③ 賞与支払予定月の変更　月　月　月　賞与支払予定月変更前　月　月　月

すべての被保険者に賞与を支給しなかった場合には賞与不支給報告書を提出する。用紙は日本年金機構のホームページからダウンロードできる。

●記入項目

記号	項目	記入のポイント
①	賞与支払年月	賞与支払予定で不支給となった年月を記入
②	支給の状況	記入不要
③	賞与支払予定月の変更	賞与の支払予定月を変更する場合に記入。予定年月を取り消す場合はすべて「00」を記入

●健康保険の標準賞与額の年度累計

健康保険の標準賞与額の上限(年度累計で573万円)は、同じ保険者(すべて協会けんぽ または すべて同じ健康保険組合)の場合に通算される。

健康保険の標準賞与額の年度累計

【健康保険の標準賞与額の累計が自動的に行われるケース】
・同一事業所で累計が上限を超えた場合

【標準賞与額は累計されるものの、「健康保険標準賞与額累計申出書」の提出が必要なケース】
・転職前の会社(A社)と転職後の会社(B社)が加入している健康保険の保険者が同一の場合
(A社・B社とも協会けんぽの場合、A社・B社が同じ健康保険組合に加入している場合)

【標準賞与額が累計されないケース】
・転職前の会社(A社)と転職後の会社(B社)が加入している健康保険の保険者が異なる場合
(A社が協会けんぽでB社が健康保険組合に加入の場合、A社・B社が別の健康保険組合に加入している場合など)

Column

社会保険料の天引きにおける給与と賞与の違い

　給与にかかる社会保険料は発生月の翌月支給給与で引きますが、賞与にかかる社会保険料はその賞与の支給時に引きます。
　40歳に到達した場合の介護保険料の天引きも、給与は40歳到達日(40歳誕生日の前日)を含む月の翌月に支給する給与から開始しますが、賞与の場合は40歳到達月に払われた場合は支給日当月に引くため、給与よりも1か月前倒しになります。

健康保険標準賞与額累計申出書

[提出先] 年金事務所　[提出期限] 賞与支給日から5日以内

4月1日から3月31日までに賞与を支払った事業所の名称・所在地を記入。わかる場合は事業所整理記号・被保険者整理番号も記入する

賞与の1,000円未満を切り捨てた額を記入

健康保険標準賞与額累計申出書

事務センター長 所長	副事務センター長 副所長	グループ長 課長	担当者

正

被保険者	フリガナ 氏名	トクガワ イエヤス 徳川　家康	性別	㊚・女
	生年月日	㊵・平成・令和　47年　9月　23日		

事業所名称・所在地 (事業所整理記号・被保険者整理番号)	賞与支払年月日	標準賞与額
株式会社チュール 東京都渋谷区千駄ヶ谷1-2-3 （　渋谷ちりり・58　）	令和　4年　6月　10日	2,300 千円
かつお食品株式会社 東京都品川区上大崎1-2-3 （　　　　　　　　　）	令和　4年　12月　20日	2,150 千円
株式会社　青木興行 東京都中央区晴海1-2-3 （　中央あはは・24　）	令和　5年　3月　15日	1,800 千円
累計額		6,250 千円

1. この申出により、標準賞与額の上限を超えていることが確認できたときは、その内容に基づき賞与の支払があった事業主に対し標準賞与額の決定、訂正等を行います。
2. 上記の標準賞与額について、事業主に対し確認することがあります。

累計額が、年度の上限の573万円を超えるごとに、標準賞与額累計申出書を提出

上記について被保険者より申出がありましたので提出します。　令和　5年　3月　16日提出
（事業主）事業所所在地　〒104－0053　東京都中央区晴海1－2－3
事業所名称　株式会社　青木興行
事業主氏名　代表取締役社長　健保　一郎
電話番号　03（1234）5678

上記について確認し、標準賞与額の累計額を申出します。　令和　5年　3月　15日提出
（被保険者）住所　〒104－0043　東京都北区神谷1－2－3
氏名　徳川　家康
電話番号　03（5678）1234

【記入上の注意】
◎ 標準賞与額の申出欄には、4月1日～翌年3月31日に受けた賞与に基づき決定された標準賞与額を記入してください。
（ただし、全国健康保険協会管掌健康保険の被保険者期間中に決定された標準賞与額に限ります。）

業務をくわしく知ろう

頻度： －　　締切： －

Section 10 | ダブルワークと社会保険（二以上事業所勤務）

ここだけ Check!

- ✓ 複数の事業所で社会保険の加入資格を満たす場合は、すべての事業所で加入する。
- ✓ 複数の事業所のうち、1つを被保険者が選択し、選択先管轄の事務センター等に「所属選択・二以上事業所勤務届」を提出。
- ✓ 標準報酬月額は合算額で決定し、保険料はそれぞれの報酬の割合で按分。

2つ以上の会社で常勤役員として役員報酬をもらっているのに、社会保険は1つの会社でしか入ってないなんてダメなのだ。

社会保険は要件を満たすすべての勤務先で加入する

2つ以上の会社で働いている場合、雇用保険は1つの勤務先でしか加入できませんが、健康保険や厚生年金保険は、それぞれの会社で加入資格を満たせば、両方の会社で加入することになります。これを「二以上事業所勤務」といいます。

一般の労働者が該当するケースはそう多くはありませんが、会社役員の場合は要注意。複数の会社の常勤取締役で役員報酬を受けていれば、「被保険者所属選択・二以上事業所勤務届」の届出が必要です。週20時間以上のパートが社会保険に加入する特定適用事業所や任意特定適用事業所の場合は、パートでも二以上事業所勤務に該当する可能性があります。

健康保険証は1枚だけ。保険料は按分

複数の会社で社会保険に加入するといっても、複数の健康保険証を持つわけではありません。それぞれの会社で資格取得はするものの、被保険者はそのうち1つの事業所を選び、そこを主たる事業所とする「被保険者所属選択・二以上事業所勤務届」を、選択事業所を管轄する保険者（事務センター等）に提出します。健康保険証はその主たる事業所の健康保険の加入先から発行されます。

社会保険料は関係する事業所で按分します。まず、標準報酬月額はそれぞれの事業所の報酬を合算した額により決定します。その標準報酬月額により算出された社会保険料を、それぞれの事業所の報酬月額の比率により按分し、それぞれの事業所に保険料が請求されます。

被保険者所属選択届・二以上事業所勤務届

- ☑ 作成する書類　被保険者所属選択・二以上事業所勤務届
- ☑ 確認する書類
- ☑ 添付書類　　　原則不要
- ☑ 提出先　　　　年金事務所（日本年金機構事務センター）、健康保険組合、厚生年金基金

● 二以上事業所勤務のときの社会保険の計算

① 各社の標準報酬月額が決定されたときの報酬月額を合算する。

　　　　A社　　　B社　　　C社
　　400,000 ＋ 900,000 ＋ 800,000 ＝ 2,100,000

② 合算した報酬の標準月額報酬を求める。

　　（健保）1,390 千円　（厚年）650 千円

③ 下記の計算式で各事業所の保険料を決定する。

$$標準報酬月額 \times 保険料率 \times \frac{各社の報酬月額}{報酬月額合計}$$

※保険料率　健保・介護1,000分の115.8、介護保険1,000分の16、厚生年金保険1,000分の183　の場合

● 具体的な計算の例

		各事業所の保険料を決定（事業主・被保険者合算）	給与から控除する額 被保険者負担分 被保険者の負担割合分・端数処理	
A社 報酬月額 400,000	健保・介護	$1,390\ 千円 \times \frac{115.8}{1,000} \times \frac{400,000}{2,100,000} = 30,659.43$	→ 健保 （介護除く）	13,212.00
	（上記のうち介護）	$1,390\ 千円 \times \frac{16.0}{1,000} \times \frac{400,000}{2,100,000} = 4,236.19$	→ 介護	2,118.00
	厚生年金保険	$650\ 千円 \times \frac{183.0}{1,000} \times \frac{400,000}{2,100,000} = 22,657.14$	→ 厚生年金保険	11,329.00
	子ども・ 子育て拠出金	$650\ 千円 \times \frac{3.6}{1,000} \times \frac{400,000}{2,100,000} = 445.71$	→ 子ども・子育て拠出金	0.00
B社 報酬月額 900,000	健保・介護	$1,390\ 千円 \times \frac{115.8}{1,000} \times \frac{900,000}{2,100,000} = 68,983.71$	→ 健保 （介護除く）	29,726.00
	（上記のうち介護）	$1,390\ 千円 \times \frac{16.0}{1,000} \times \frac{900,000}{2,100,000} = 9,531.43$	→ 介護	4,766.00
	厚生年金保険	$650\ 千円 \times \frac{183.0}{1,000} \times \frac{900,000}{2,100,000} = 50,978.57$	→ 厚生年金保険	25,489.00
	子ども・ 子育て拠出金	$650\ 千円 \times \frac{3.6}{1,000} \times \frac{900,000}{2,100,000} = 1,002.86$	→ 子ども・子育て拠出金	0.00
C社 報酬月額 800,000	健保・介護	$1,390\ 千円 \times \frac{115.8}{1,000} \times \frac{800,000}{2,100,000} = 61,318.86$	→ 健保 （介護除く）	26,423.00
	（上記のうち介護）	$1,390\ 千円 \times \frac{16.0}{1,000} \times \frac{800,000}{2,100,000} = 8,472.38$	→ 介護	4,236.00
	厚生年金保険	$650\ 千円 \times \frac{183.0}{1,000} \times \frac{800,000}{2,100,000} = 45,314.29$	→ 厚生年金保険	22,657.00
	子ども・ 子育て拠出金	$650\ 千円 \times \frac{3.6}{1,000} \times \frac{800,000}{2,100,000} = 891.43$	→ 子ども・子育て拠出金	0.00

キーワード　ダブルワーク

健康保険・厚生年金保険 被保険者所属選択・二以上事業所勤務届

[提出先] 事務センター、健康保険組合、厚生年金基金　[提出期限] 事実発生から10日以内

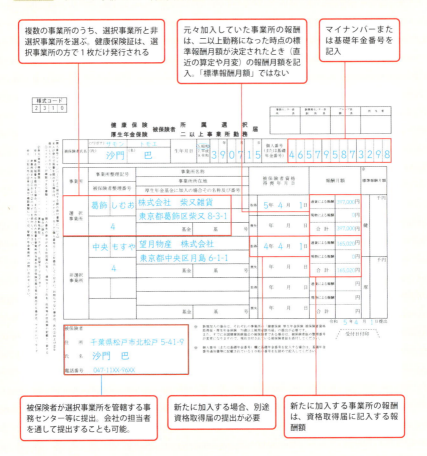

Column

二以上事業所勤務届提出時の手続きは意外に複雑

複数の事業所の社会保険の加入先や手続きのタイミングなどによって、二以上事業所勤務届提出時に同時に提出する書類の種類、提出後の算定・月変等の届出方法が大きく異なることがあります。

選択先の年金事務所や健康保険組合と相談しながら進めていきましょう。

memo　非選択事業所でも、月変、算定、賞与支払届などは自社の分だけの届出が必要（年金事務所、一部の健康保険組合の場合）。

Column

ダブルワークと社会保険

　パートの社会保険適用拡大により週20時間の所定労働時間でもパートの社会保険加入義務が発生する事業所が出てきたこと、国のダブルワーク推進などにより、2つ以上の事業所で社会保険に加入するケースが急増しています。この二以上事業所勤務の手続きはやや特殊で、状況により手続き方法は異なる上、方法が変更されることも少なくありません。選択事業所を管轄する年金事務所等に相談しながら行うことをお勧めします。

　社会保険に1社（A社）でのみ加入していた人が、他社（B社）でも社会保険の加入資格を満たした場合、B社で社会保険資格取得届を提出し、同時に被保険者は所属選択・二以上事業所勤務届を提出します。

　どちらの会社も協会けんぽ管掌でA社を選択事業所にするケースでは、A社管轄の事務センターに所属選択・二以上事業所勤務届とB社の資格取得届を同時に提出します。A社の方では提出書類はないものの、対象者の被保険者番号は変わるので、古い健康保険証を年金事務所に返却します。

　月変・算定・賞与等の手続きでは他社の分は考慮せず、自社の分の報酬で届出を行います。自社の給与で固定的賃金の変動があったら、自社の分の報酬だけを集計して求めた標準報酬月額が、自社の分の従前のものと比べ2等級以上変動があった場合に月額変更届を選択事業所管轄の事務センターに提出します。この届出に基づき、事務センターで保険料を計算し、それぞれの保険料が記載された決定通知書が各社に送付されます。

　この保険料の通知が自社の給与計算に間に合えばいいのですが、遅くなることもあります。可能であれば他社と連携し、月変に該当したとき、賞与を支払ったときにお互いに知らせるようにすると、給与でいくらの保険料を控除すればいいのかの計算ができます。

　二以上事業所勤務者分の保険料請求は選択事業所管轄年金事務所から届きます。事業所の管轄と異なる場合は、ほかの被保険者分の保険料とは別の請求になるので要注意。自動引き落としを希望する場合は、選択事業所管轄年金事務所に二以上事業所勤務者分の口座振替手続きを別途行うことが必要です。

> **memo** 非選択事業所の場合、被保険者整理番号はない。選択事業所の整理番号は、二以上事業所勤務になる前の番号ではない、新たな番号になる。

業務を くわしく 知ろう　　頻度：月1回　　締切：翌月末

Section 11 社会保険料の納付の手続き

- 社会保険料は翌月末日が納期限となる。
- 賞与の保険料は、給与にかかる保険料と合わせて請求される。
- 社会保険料の請求額を毎月確認することで、各種届出が正しく行われたかどうかを確認できる。

社会保険料は、前月分を毎月月末に納付するのだ。

社会保険料の支払いは保険料納入告知書に基づいて行う

社会保険料は、給与から控除した被保険者負担分と事業主負担分を合算し、前月分を毎月末日に納付します。年金事務所や健康保険組合では、資格取得届、資格喪失届、月額変更届、賞与支払届などの届出に基づいて、前月分の保険料を月の上旬に決定します。決定した保険料は、毎月20日頃に各事業所に「保険料納入告知書」により通知されます。事業所は、告知書に記載された金額を月末の納期限までに口座振替か振り込みにより納めます。

毎月の社会保険料はオンラインで確認する

届出漏れや年金事務所側の登録ミスなどがないか、保険料に関することは増減内訳書で確認できます。以前は事前登録しておけば郵送で届きましたが、現在は紙の通知は廃止され、代わりにオンライン事業所年金情報サービスが提供されています。利用のための手続きの流れは以下のとおりです。この手続きにより、定期的に増減内訳書等のデータがe-Gov上で受け取れます。

①デジタル庁発行のGビズID（GビズIDプライム）というアカウントを取得（法人の場合は、申請書と印鑑証明書をGビズID運用センターに郵送します。アカウント発行まで2週間程度かかります）。

②発行されたGビズIDでe-Govのマイページにログイン。

③「電子送達申込み」に入力してオンラインで提出する。

memo　オンライン事業所年金情報サービスの詳細は下記を参照。
https://www.nenkin.go.jp/tokusetsu/online_jigyousho.html

保険料納入告知書

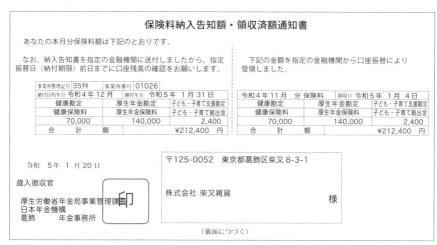

社会保険料の納付の流れ

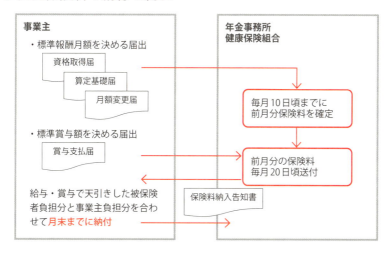

会社が想定している社会保険料と納入通知書との金額が違う理由

- 標準報酬月額の分と合わせて請求される賞与分を想定していなかった。
- 各種届出が年金事務所等の保険料確定時期に間に合わず、その月の請求に入っていない。
- 産休・育休等の保険料免除が遡って請求額に反映された。
- 各種届出に誤り・漏れがあるか、年金事務所側の各種届出の入力が間違っている。

> **memo** 年金事務所から請求される保険料は、被保険者一人ひとりの標準報酬月額や標準賞与額に事業主・被保険者を合算した保険料率を掛け、個々に端数処理せずに合計し、円未満の端数を切り捨てた額。

業務の流れをつかもう　頻度：年1回　締切：7月10日

Section 12　労働保険の納付の流れをつかもう

労働保険料は年度単位で先払いして、毎年6月1日から7月10日に精算するのだ。

労働保険の事務手続きのスケジュール（継続事業の場合）

1 資料の準備
3月分給与確定後

対象となる従業員の洗い出し、申告期間の賃金台帳の用意など。

> P.86〜89

2 賃金集計表の作成
3月分給与確定後

算定基礎賃金集計表に人数と賃金額を記入する。

> P.90

3 申告書の作成
申告書用紙到着後

「労働保険　概算・確定保険料申告書」作成。

> P.94

4 納付・申告
6月1日〜7月10日

金融機関・労働基準監督署・労働局に申告書を提出し、保険料を納付。

> P.91

これは一般的な会社の場合。建設業は申告の方法が異なるのだ（P.96参照）。

　被保険者が負担する雇用保険料は、給与や賞与の総支給額に被保険者負担分の雇用保険料率を掛けて算出される額を天引きします。

　事業主は、被保険者の給与から控除した雇用保険料に事業主の負担する雇用保険料と全額事業主負担の労災保険料（石綿健康被害救済法に基づく一般拠出金を含む）を合わせて、年度単位で国に納付します。

　雇用保険料と労災保険料は、4月1日から3月31日までの年度単位で、見込額を納付します。事業所が最初に人を雇い入れ、雇用保険に加入したときには、最初の雇入日から次の3月（3月に給与締め日のある給与）までの全労働者の賃金見込額

memo　労働保険料は年度単位で納付する。概算保険料が40万円（雇用・労災の片方だけの申告であれば20万円）以上の場合は、年3回に分けて納付することができる。これを「延納」という。

労働保険の年度更新の事務手続きの概要

- ☑ **対象者** 全労働者、雇用保険被保険者、出向者
- ☑ **作成する書類** 労働保険　概算・確定保険料申告書
- ☑ **提出先／納付先** 都道府県労働局（金融機関経由での提出も可）
または労働基準監督署（建設業等の二元適用事業の雇用保険分以外）

● 保険料の納付（概算保険料と確定保険料）

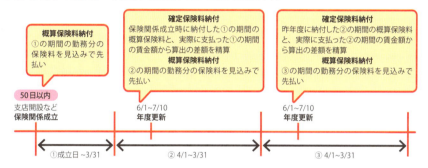

●概算保険料と確定保険料の差額の扱い

と全被保険者の賃金見込額を算出し、それぞれに労災保険料と雇用保険料を掛けた概算保険料をまとめて前払いします。

　労働保険料の精算は年1回、毎年6月1日から7月10日に行います。前年度の実際に払った賃金額とそれに基づく保険料を計算し、「労働保険　概算・確定保険料申告書」で届け出るとともに差額の保険料の精算とその年の概算保険料を納付します。これを「労働保険の年度更新」といいます。

> **memo** 年度更新の集計時期に労働局から小冊子（労働保険年度更新申告書の書き方）と厚紙の下敷きが送られてくる。下敷きには労災保険率表、雇用保険率表、労働保険料等の算定基礎となる賃金早見表（例示）が記載されていて便利。

業務をくわしく知ろう　頻度：年1回　締切：7月10日

Section 12-1 労働保険① 保険料決定のしくみ

ここだけCheck!
- ✓ 労災保険料は全額事業主が負担し、事業所単位で業種により料率が決まる。
- ✓ 雇用保険料は失業等・育児休業給付分（被保険者・事業主で折半）＋雇用保険二事業分（全額事業主負担）。
- ✓ 農林水産・清酒製造事業と建設の事業は雇用保険の料率が高い。

労災保険料は労災事故が起こりやすい業種、雇用保険料は失業しやすい業種が高くなっているのだ。

労災保険の料率は危険な仕事ほど高くなる

　労災保険は業務災害や通勤災害が発生したとき、被災した労働者に給付を行うものです。保険料は会社単位ではなく事業所ごとの事業の種類で決定され、危険な仕事を行う事業ほど保険料率は高くなります。例えば令和6年改定の料率では、デスクワーク中心の金融業が2.5/1,000なのに対して、鉱山で作業を行う金属鉱業などは88/1,000と大きな差があります。

　労災の保険料は全額事業主負担で、一般的には前年4月から当年3月までの1年間の賃金総額に保険料率を掛けた金額となります。ただ、建設業や林業で、正確な賃金の把握が困難な場合には、賃金ではなく、工事の請負金額や素材の生産量をもとに計算することになります。

雇用保険の料率は失業しやすい仕事は高くなる

　雇用保険料は、失業給付や育児休業給付などの財源部分（失業等給付・育児休業給付）を事業主と被保険者とで半分ずつ負担するほか、さらに事業主は失業の防止や能力開発等の事業の財源となる部分（雇用保険二事業）を負担しています。

　保険料率は一般の事業は一律ですが、季節による業務の繁閑の差が大きい農林水産業・清酒製造の事業や工事の終了とともに失業することも多い建設業は、高い保険料率となっています。これらの保険料率が高い事業を「特掲（とっけい）事業」といいます。

どちらの表も必ず最新の保険率表を使おう！

● 労災保険率表（令和6年度、単位1/1,000）

事業の種類の分類	業種番号	事業の種類	労災保険率
林業	02又は03	林業	52
漁業	11	海面漁業（定置網漁業又は海面魚類養殖業を除く。）	18
	12	定置網漁業又は海面魚類養殖業	37
鉱業	21	金属鉱業、非金属鉱業（石灰石鉱業又はドロマイト鉱業を除く。）又は石炭鉱業	88
	23	石灰石鉱業又はドロマイト鉱業	13
	24	原油又は天然ガス鉱業	2.5
	25	採石業	37
	26	その他の鉱業	26
建設事業	31	水力発電施設、ずい道等新設事業	34
	32	道路新設事業	11
	33	舗装工事業	9
	34	鉄道又は軌道新設事業	9
	35	建築事業（既設建築物設備工事業を除く。）	9.5
	38	既設建築物設備工事業	12
	36	機械装置の組立て又は据付けの事業	6
	37	その他の建設事業	15
製造業	41	食料品製造業	5.5
	42	繊維工業又は繊維製品製造業	4
	44	木材又は木製品製造業	13
	45	パルプ又は紙製造業	7
	46	印刷又は製本業	3.5
	47	化学工業	4.5
	48	ガラス又はセメント製造業	6
	66	コンクリート製造業	13
	62	陶磁器製品製造業	17
	49	その他の窯業又は土石製品製造業	23
	50	金属精錬業（非鉄金属精錬業を除く。）	6.5
	51	非鉄金属精錬業	7
	52	金属材料品製造業（鋳物業を除く。）	5
	53	鋳物業	16

事業の種類の分類	業種番号	事業の種類	労災保険率
製造業	54	金属製品製造業又は金属加工業（洋食器、刃物、手工具又は一般金物製造業及びめっき業を除く。）	9
	63	洋食器、刃物、手工具又は一般金物製造業（めっき業を除く。）	6.5
	55	めっき業	6.5
	56	機械器具製造業（電気機械器具製造業、輸送用機械器具製造業、船舶製造又は修理業及び計量器、光学機械、時計等製造業を除く。）	5
	57	電気機械器具製造業	3
	58	輸送用機械器具製造業（船舶製造又は修理業を除く。）	4
	59	船舶製造又は修理業	23
	60	計量器、光学機械、時計等製造業（電気機械器具製造業を除く。）	2.5
	64	貴金属製品、装身具、皮革製品等製造業	3.5
	61	その他の製造業	6
運輸業	71	交通運輸事業	4
	72	貨物取扱事業（港湾貨物取扱事業及び港湾荷役業を除く。）	8.5
	73	港湾貨物取扱事業（港湾荷役業を除く。）	9
	74	港湾荷役業	12
電気、ガス、水道又は熱供給の事業	81	電気、ガス、水道又は熱供給の事業	3
その他の事業	95	農業又は海面漁業以外の漁業	13
	91	清掃、火葬又はと畜の事業	13
	93	ビルメンテナンス業	6
	96	倉庫業、警備業、消毒又は害虫駆除の事業又はゴルフ場の事業	6.5
	97	通信業、放送業、新聞業又は出版業	2.5
	98	卸売業・小売業、飲食店又は宿泊業	3
	99	金融業、保険業又は不動産業	2.5
	94	その他の各種事業	3
船舶所有者の事業	90	船舶所有者の事業	42

● 雇用保険料率表（令和6年度）

負担者＼事業の種類	①労働者負担（失業等給付・育児休業給付の保険料のみ）	②事業主負担	失業等給付・育児休業給付の保険料率	雇用保険二事業の保険料率	①+②雇用保険料率
一般の事業	6/1,000	9.5/1,000	6/1,000	3.5/1,000	15.5/1,000
（令和5年度）	6/1,000	9.5/1,000	6/1,000	3.5/1,000	15.5/1,000
農林水産・清酒製造の事業※	7/1,000	10.5/1,000	7/1,000	3.5/1,000	17.5/1,000
（令和5年度）	7/1,000	10.5/1,000	7/1,000	3.5/1,000	17.5/1,000
建設の事業	7/1,000	11.5/1,000	7/1,000	4.5/1,000	18.5/1,000
（令和5年度）	7/1,000	11.5/1,000	7/1,000	4.5/1,000	18.5/1,000

※園芸サービス、牛馬の育成、酪農、養鶏、養豚、内水面養殖および特定の船員を雇用する事業は一般の事業の率を適用。

> **memo** 労災保険の料率は、自動車保険のように労災保険の給付額により翌年の保険料が上下する「メリット制」という制度がある。メリット制が適用されるのは一定規模以上の事業所に限られる。

業務をくわしく知ろう　　頻度：年1回　　締切：7月10日

Section 12-2 労働保険② 対象となる労働者と事業所別集計

- 賃金締切日が前年4月から当年3月にある給与を集計する。
- 労働保険番号が同じ事業所ごとに賃金を分類する。
- 労災保険、雇用保険の取り扱い区分に応じて、労働者を分類し、賃金を集計する。

年度更新では、事業所や労働者の区分ごとの賃金の分類が作業の中心になるのだ。

労働保険料は支払月ではなく働いた月で集計する

　労働保険の年度更新では、前年4月から当年3月までの1年間に使用した労働者に支払った賃金額を集計し、保険料を算出します。具体的には、4月に締め日のある給与から3月に締め日のある給与までを集計することになります。賃金台帳は兼務役員を含む全労働者の前年4月に給与締切日がある月から当年3月に給与締切日がある月までの期間のものを用意します。

　労働保険はすべての労働者を対象としていますが、雇用保険に加入していない労働者、雇用保険被保険者である労働者、雇用保険対象・労災保険対象外となる他社への出向者、兼務役員など、保険の取り扱いが異なる労働者の賃金を分類する作業が必要になります。

集計は同じ労働保険番号の事業所単位に行う

　労働保険は事業所単位で成立するため、事業の種類が異なるいくつかの事業を行っている場合、ひとつの会社が複数の労働保険番号を持っていることがあります。給与計算を本社でまとめて行っている場合でも同じ労働保険番号の事業所ごとに集計します。

継続事業の場合の賃金集計から申告までの手順

時期	手順
3月分給与確定～5月末頃	4月～3月の給与・賞与データを集計
4月頃	厚労省HPにエクセルの賃金集計表や申告書計算支援ツールが公開される
5月末～6月初旬	労働局より申告書の用紙が到着 電子申請に必要なアクセスコードは申告書に記載されている
6月1日～7月10日 （口座振替の納付期限は9月6日）	集計表に集計した人数・賃金額を記入・入力 申告 保険料納付（第1期または全期）
10月31日 （口座振替は11月14日）	保険料納付期限②（第2期）
1月31日 （口座振替は2月14日）	保険料納付期限③（第3期）

保険の取り扱いが異なる労働者の賃金を分類する作業が必要になるのだ。

労働保険の年度更新における労働者の分類

分類	解説
雇用保険被保険者 （兼務役員・他社に出向中の労働者を除く）	算定基礎賃金集計表「①常用労働者」「⑤雇用保険の資格のある人」に入れる
他社に出向中の雇用保険被保険者	算定基礎賃金集計表「①常用労働者」から除く。「⑤雇用保険の資格のある人」には入れる
他社から出向してきている労働者	算定基礎賃金集計表「③臨時労働者」のみ入れる
兼務役員	算定基礎賃金集計表「②役員で労働者扱いの人」と、雇用保険に加入している場合は「⑥役員で雇用保険の資格のある人」に入れる
雇用保険に加入していない労働者	算定基礎賃金集計表「③臨時労働者」のみ入れる

保険の取り扱いが異なる労働者の賃金を分類する作業が必要になるのだ。

> **memo** 労働者に支払った金銭のうち、結婚祝い金や出張旅費など、賃金に該当しないものは集計から除く。逆に、金銭として支払っていない通勤定期券の現物支給などの賃金に算入すべきものは集計する。

業務を**くわしく**知ろう　頻度：年1回　締切：7月10日

Section 12-3 労働保険③ 継続事業の年度更新

ここだけCheck!
- 申告は毎年6月1日～7月10日の期間に行う。
- 厚生労働省は毎年4月下旬に「年度更新申告書計算支援ツール」を公開している。
- 年度更新の申告は、賃金額から保険料額を計算してくれて、電子納付もできる電子申請が便利。

賃金締切日に3月の給与計算が確定したら年度更新の集計開始だよ。

集計時期

　毎年5月下旬に労働局より労働保険概算・確定保険料申告書の用紙、賃金集計表の用紙、記入方法等の詳細が記載された小冊子が送られてきます。申告・納付の期間は6月1日から7月10日までなので時間に余裕はありますが、7月1日から7月10日までの期間には社会保険の算定基礎届の提出もあります。この算定基礎届は6月支給分の給与が確定しなければ作成できないのに対し、労働保険の年度更新は3月分の給与・賞与が確定すれば作成できます。

　6月後半は算定基礎届の集計作業をすることになるので、年度更新の方は6月前半に終わらせるようにしましょう。申告書の用紙が届く前でも、厚労省のホームページからダウンロードできるエクセルの算定基礎賃金集計表や申告書計算支援ツールを使って早めに集計を行うことはできます。

申告と納付

　継続事業で納付する保険料があるときは、金融機関に申告書と納付書を提出し、そこで申告・納付まで済ませることが可能です。もちろん、労働局や労働基準監督署（労基署）に申告書を持参か郵送し、受付印のある申告書事業主控を受け取り、申告書を使って金融機関で納付するというのも一般的です。便利なのは電子申請です。あらかじめ電子証明書を準備しておく必要はありますが、電子申請であれば、精算額などが自動計算され、ペイジーによる電子納付も可能です。

●継続事業の場合の賃金集計から申告までの手順

下準備
① 兼務役員を含む全労働者の前年度の賃金台帳を準備する
　賃金台帳は、前年4月に給与締切日がある月から当年3月に給与締切日がある月までの期間
② 雇用保険未加入者、雇用保険被保険者、雇用保険被保険者のうち兼務役員、出向者に分類する
③ 労働保険番号の異なる事業所がある場合、その事業所ごとに労働者を分類する

賃金集計表に記入
算定基礎賃金集計表に人数と賃金額を記入する。
用紙は労働局から送られてくるほか、厚生労働省のホームページよりエクセル形式のものもダウンロードできる。

申告書に記入
算定基礎賃金集計表の人数と賃金を申告書に転記。
保険料額を算出する。

申告・納付
【金融機関に提出】
・金融機関の窓口で、申告書と納付書を切り離さずに提出し、保険料を納付。
・納付する保険料がない場合や口座振替の場合は、金融機関は利用不可。
【管轄の労働基準監督署または労働局に提出】
・労基署または労働局の窓口に持参または郵送。
・労基署では労働保険番号の3桁目（所掌）が「3」の申告書（雇用保険のもの）の申告・納付はできないため、提出先は労働局となる。
・郵送で受付印が必要な場合は、返信用封筒を同封し、事業主控も一緒に送る。
【電子申請】
・電子申請を利用するにはアカウント取得が必要。電子証明書を利用したe-Govアカウント、ID・パスワードで利用できるGビズID（認証のためスマートフォンが必要）、Microsoftアカウントの3種類のうちいずれか。
・申告書に印字されたアクセスコードを入力することで、前年度の申告内容を反映させることが可能。
・ペイジーにより電子納付することも可能。

ペイジーとは税金や公共料金、各種料金などの支払いがパソコンや携帯電話などからできるサービスのこと。

memo Microsoftアカウントを電子申請に利用する場合は、e-Govの「Microsoftでログイン」ボタンを押してMicrosoftアカウントのIDとパスワードを入力するだけでログインできる。

労災保険 雇用保険
確定保険料・一般拠出金算定基礎賃金集計表

- **常用労働者**: 雇用保険被保険者（兼務役員を除く）について記入。他社へ出向していてこの事業所で勤務していない労働者は含めない。
- **この労働保険番号の事業所に所属する労働者の人数と賃金を集計。**
- **役員で労働者扱いの人**: 兼務役員について記入。役員報酬部分を除く。
- **臨時労働者**: 雇用保険に加入していない労働者について記入。他社から出向で来ている労働者を含む（出向先・出向元の賃金を合算）。

令和5年度 確定保険料・一般拠出金算定基礎賃金集計表
（算定期間 令和5年4月～令和6年3月）

労働保険番号：13 1 01123450

出向者の有無　受 1名　出 1名

事業の名称：株式会社イロハニホヘ
事業の所在地：東京都中央区九丁堀一

労災保険および一般拠出金（対象者数及び賃金）

月	1 常用労働者 (人)	(円)	2 役員で労働者扱いの人 (人)	(円)	3 臨時労働者 (人)	(円)	計 (人)
令和5年 4月	4	1,195,020	1	600,000	5	890,500	10
5月	4	1,180,000	1	600,000	6	959,411	11
6月	5	1,420,000	1	600,000	6	934,490	12
7月	5	1,428,000	1	600,000	6	999,550	12
8月	5	1,475,000	1	600,000	6	975,411	12
9月	5	1,419,600	1	600,000	6	906,000	12
10月	5	1,428,100	1	600,000	5	937,220	11
11月	5	1,384,120	1	600,000	5	921,400	11
12月	4	1,305,000	1	600,000	5	959,400	10
令和6年 1月	4	1,235,430	1	600,000	5	919,550	10
2月	4	1,240,050	1	600,000	5	901,210	10
3月	4	1,222,300	1	600,000	5	924,000	10
賞与 5年7月		1,950,000				950,000	
賞与 5年12月		2,000,000				1,050,000	
賞与 年 月							
合計	54	19,882,620	12	7,200,000	65	13,228,142	131 / 10

※A 次のBの事業以外の場合、各月賃金締切日等の労働者数の合計を記入し9の合計人数を12で除し小数点以下切り捨てた月平均人数を記入してください。

B 船きょ、船舶、岸壁、波止場、停車場又は倉庫における貨物取扱の事業においては、令和5年度中の1日平均使用労働者数を記入してください。
（令和5年度に使用した延労働者数／令和5年度における所定労働日数）

※各月賃金締切日等の労働者数の合計し11の合計人数を12で除し小数点以下切り捨てた月平均人数を記入してください。
切り捨てた結果、0人となる場合は1としてください。
また、年度途中で保険関係が成立した場合については、保険関係成立以降の月数で除してください。

常時使用労働者数（労災保険対象者数）

9 の合計人数 131 ÷12＝ 申告書③欄に転記 10 人

備考 / 役員で労働者扱いの詳細
氏名	役職	雇用保険の資格
		有・無
		有・無
		有・無
		有・無

常時使用労働者数
月平均人数を申告書の④に記入。
合計人数÷12
（小数点以下切り捨て）

Chapter 2 保険料の決め方・納め方

雇用保険被保険者
雇用保険被保険者（兼務役員を除く）について記入。被保険者であれば他社への出向者も含める（出向元・出向先の賃金は合算しない）。

役員で雇用保険の資格のある人
雇用保険被保険者である兼務役員について記入。役員報酬部分を除く。

※概算・確定保険料・一般拠出金申告書(事業主控)と一緒に保管してください

	電話	03-1234-56XX	具体的な業務又は作業の内容
ニホヘト	郵便番号	104 － 00XX	食品小売業
丁堀1-4-5			

雇用保険（対象者数及び賃金）

4 合 計 (1＋2＋3)	被保険者				7 合 計 (5＋6)
	5 常用労働者、パート、アルバイトで雇用保険の資格のある人(日雇労働被保険者に支払った賃金を含む)		6 役員で雇用保険の資格のある人 (実質的な役員報酬分を除きます)		
(円)	(人)	(円)	(人)	(円)	(人)	(円)
2,085,520	5	1,465,020	1	600,000	6	2,065,020
2,139,411	5	1,465,000	1	600,000	6	2,065,000
2,354,490	6	1,695,000	1	600,000	7	2,295,000
2,427,550	6	1,704,000	1	600,000	7	2,304,000
2,450,411	6	1,744,000	1	600,000	7	2,344,000
2,325,600	6	1,689,600	1	600,000	7	2,289,600
2,365,320	6	1,702,600	1	600,000	7	2,302,600
2,305,520	6	1,656,120	1	600,000	7	2,256,120
2,264,400	5	1,586,000	1	600,000	6	2,186,000
2,154,980	5	1,506,930	1	600,000	6	2,106,930
2,141,260	5	1,508,050	1	600,000	6	2,108,050
2,146,300	5	1,495,812	1	600,000	6	2,095,812
2,900,000		2,300,000				2,300,000
3,050,000		2,700,000				2,700,000
10 40,310,762	66	24,218,132	12	7,200,000	11 78 12	31,418,132

雇用保険被保険者数
月平均人数を申告書の⑤に記入。
合計人数÷12
（小数点以下切り捨て）

雇用保険被保険者数

11 の合計人数		申告書⑤欄へ転記	
→ 78	÷12＝	6	人

労災保険 対象者分	10 の合計額の千円未満を切り捨てた額	40,310 千円 申告書⑧欄(ロ)へ転記
雇用保険 対象者分	12 の合計額の千円未満を切り捨てた額	31,418 千円 申告書⑧欄(ホ)へ転記
一般拠出金	10 の合計額の千円未満を切り捨てた額	40,310 千円 申告書⑧欄(ヘ)へ転記

書類 確定保険料・一般拠出金算定基礎賃金集計表

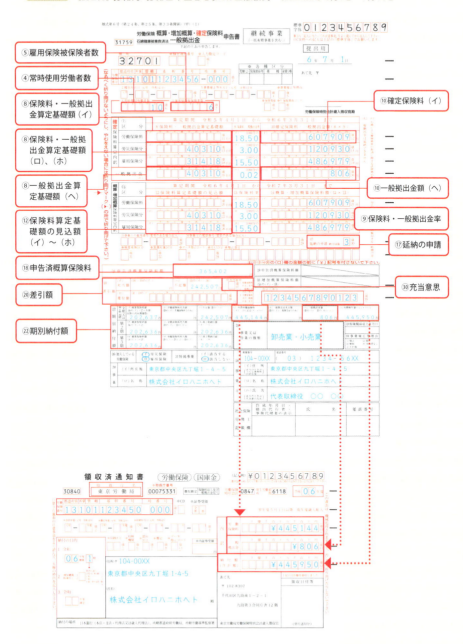

項目	解説
④常時使用労働者数 ⑤雇用保険被保険者数	算定基礎賃金集計表のそれぞれの合計人数を 12 で割り、小数点を切り捨てた人数を転記。切り捨てた結果、0 人となる場合は「1」とする。
⑧保険料・一般拠出金算定基礎額(イ)	**労災保険分と雇用保険分の額が同額の場合**は、算定基礎賃金集計表より、合計賃金額の 1,000 円未満を切り捨てた額を転記。(ロ)、(ホ)には記入しない。
⑧保険料・一般拠出金算定基礎額(ロ)、(ホ)	**労災保険分と雇用保険分の額が異なる場合**は、算定基礎賃金集計表より、それぞれの合計賃金額の 1,000 円未満を切り捨てた額を転記。(イ)には記入しない。
⑧一般拠出金算定基礎額(ヘ)	(ロ)の金額を転記。労災保険分と雇用保険分の額が同額の場合は(イ)の金額を転記する。
⑨保険料・一般拠出金率	申告書の用紙に印字されてくる。
⑩確定保険料(イ)	・労災保険分と雇用保険分の額が同額の場合 　⑧欄(イ)×⑨欄(イ)　　(円未満切り捨て) ・労災保険分と雇用保険分の額が異なる場合 　⑧欄(ロ)×⑨欄(ロ) と 　⑧欄(ホ)×⑨欄(ホ) を 　それぞれ端数処理(円未満切り捨て)した後、合計。
⑩一般拠出金額(ヘ)	⑧欄(ヘ)×⑨欄(ヘ)　　(円未満切り捨て)
⑫保険料算定基礎額の見込額(イ)～(ホ)	通常は⑧欄の金額をそのまま記入。前年度の賃金額から大幅な変動が見込まれる場合は、その見込額を記入。
⑰延納の申請	⑭欄(イ)の概算保険料が 40 万円以上(労災保険か雇用保険の一方だけが成立している場合は 20 万円以上)のときは、年 3 回に分けて納付(延納)することが可能。延納する場合は「3」、延納せずに年 1 回の納付にする場合は「1」を記入。
⑱申告済概算保険料額	前年に申告した概算保険料で、申告書の用紙に印字されてくる。
⑳差引額	⑱欄の申告済概算保険料と⑩欄(イ)の確定保険料の差額を記入。(ロ)の還付額が出る場合は、別途、「労働保険料・還付請求書」の提出が必要。
㉒期別納付額	⑰欄の「延納の申請」を「1」にしたときは、概算保険料全額を(イ)に記入。「延納の申請を」「3」にしたときは、概算保険料を 3 で割った額を(イ)(チ)(ル)に記入。端数は(イ)に入れる。
㉚充当意思	確定保険料が申告済概算保険料より少なかったとき、その差額をどの部分に充てたいかを記入。 「1」は労働保険料のみに充当したい場合。 「2」は一般拠出金のみに充当したい場合。 「3」は労働保険料と一般拠出金の両方に充当したい場合。

業務をくわしく知ろう　頻度：年1回　締切：7月10日

Section 12-4　労働保険④ 一括有期事業の年度更新

- 有期事業のうち、一括有期事業は継続事業と同様に年度更新を行う。
- 一括有期事業は、現場労災、事務所労災、雇用保険を別々に申告する。
- 一括有期事業の現場労災は、賃金額が正確に把握できなければ、請負金額により算定。

一括有期事業で、正確に賃金総額を算定することが困難な場合は、請負金額から算定することができるのだ。

工事などの単位で保険料を精算する有期事業

　建設工事など、事業の終了が予定されている有期事業（単独有期事業）は、工事等の事業を開始するときに労災の保険関係を成立させて概算保険料を納付し、工事等の終了時に保険料を精算します。

　有期事業であっても、一つひとつの工事等の労災保険料の概算見込額が160万円未満で、かつ、請負金額が1億8,000万円未満（立木の伐採の事業は、素材の生産量が1,000立方メートル未満）のものについては、一定の要件を満たせば、複数の事業をとりまとめて、ひとつの保険関係で取り扱うことができます。これが一括有期事業です。一括有期事業は継続事業と同様、年度単位で申告・納付を行い、年度更新で保険料を精算します。

一括有期事業の処理の注意

　一括有期事業は、現場の労災保険のほか、事務所勤務があるときは事務所の労災保険、雇用保険の申告書を別々に作成します。

　このうち、現場の労災保険は、労災の対象に下請事業者の下で働く労働者も含まれることもあり、賃金額の正確な算定が困難なことがあります。そのような場合は、請負金額に事業の種類ごとに定められた労務費率を掛けて賃金総額とする取り扱いが認められています。

　請負金額により算定する場合は、それぞれの工事の種類と、開始時期・終了時期、請負金額により分類し、集計を行います。

●建設業の場合の請負金額集計から申告までの手順

下準備
① 元請工事の工事台帳を用意する
　対象となる工事は、次のすべての要件を満たすこと
　1）元請工事
　2）請負金額が消費税を除き1億8,000万円未満で、かつ、概算保険料額が160万円未満の工事
　3）前年の4月1日から当年3月31日までに終了した工事
　　（前年4月より前に開始した工事を含む）
② 上記①の工事を「事業の種類」ごとに分ける
　保険関係成立届提出の際に届け出た事業の種類にかかわらず、実際に行った元請工事が「労災保険率適用事業細目表」のどの事業の種類に該当するのか、判断する
③ ②の工事を労務費率や保険料率が異なる年度別に、工事開始日により分類する
　分類すべき開始時期は「一括有期事業総括表」に印刷されている

一括有期事業報告書に記入
「一括有期事業報告書」に工事の請負金額と保険料額を記入
①「事業の種類」が異なる工事は、用紙を分けて記入
② 賃金による集計しかない場合であっても、「一括有期事業報告書」の提出は必要

一括有期事業総括表に記入
「一括有期事業報告書」の請負金額と賃金総額を転記し、合計額を算出する

申告書に記入
「一括有期事業総括表」の請負金額と賃金総額の合計額を申告書に転記

申告・納付
P.91参照

> **memo** 建設の事業では元請工事だけが対象となる。会社で工事を行っても、下請工事であれば労災保険料の負担はない。元請負人となったときは、下請事業者の分も含めて労災保険料を負担する。

労災保険
雇用保険

一括有期事業報告書、一括有期事業総括表

[提出先] 労働局または労働基準監督署　[提出期限] 6月1日～7月10日

工事開始時期ごとに分けて記載。分ける期間は「一括有期事業総括表」の「事業開始時期」欄に印刷されている期間ごと。消費税の取り扱いや労務費率、保険料率等が異なる。

請負金額が500万円未満の工事はまとめて記入することができる。

賃金で算定する場合は、「請負代金の額」欄と「労務費率」欄に「賃金で算定」と記載した上で、「賃金総額」欄に賃金額を括弧書きで記載。

「請負代金の額＋請負代金に加算する額ー請負代金から控除する額」で算出。

様式第7号(第34条関係) (甲)									
労働保険 一括有期事業報告書（建設の事業）								提出用	
労働保険番号	府県 所掌 管轄 基幹番号 枝番号 1 3 1 0 1 6 1 1 1 1 1 0 0 0							枚のうち 1 1枚目	
事業の名称	事業場の所在地	事業の期間	請負金額の内訳				労務費率	賃金総額	
			請負代金の額	請負代金に加算する額	請負代金から控除する額	請負金額			
メゾン花壇新築工事	西東京市ひばりが丘○ー○○	30年 2月 2日から 5年 4月 1日まで	170,000,000			170,000,000	23	39,100,000	
(平成27年4月1日～平成30年3月31日工事開始分)									
高原邸新築工事	東京都足立区綾瀬○ー○○	4年 12月 1日から 5年 12月 27日まで	賃金で算定				賃金で算定	(4,670,000)	
田園邸改装工事 他12件	東京都小金井市梶野町○ー○ー○	5年 4月 1日から 6年 3月 14日まで	39,010,200			39,010,200	23	8,972,346	
(平成30年4月1日以降工事開始分)									
事業の種類	35 建築事業(既設建築物設備工事業を除く)	計	209,010,200			209,010,200		(4,670,000) 48,072,346	

計 52,742,346

6年 6月 5日

東京　労働局労働保険特別会計歳入徴収官　殿

郵便番号　104ー0052
電話番号　03ー3123ー456X
住所　東京都中央区月島○ー○ー○
事業主　星空建設株式会社
氏名　代表取締役　山田太郎
（法人のときはその名称及び代表者の氏名）

一括有期事業報告書は、事業の種類が異なる工事は用紙を分けて作成する。

「請負金額」欄の合計を記載。

賃金で算定した額の合計

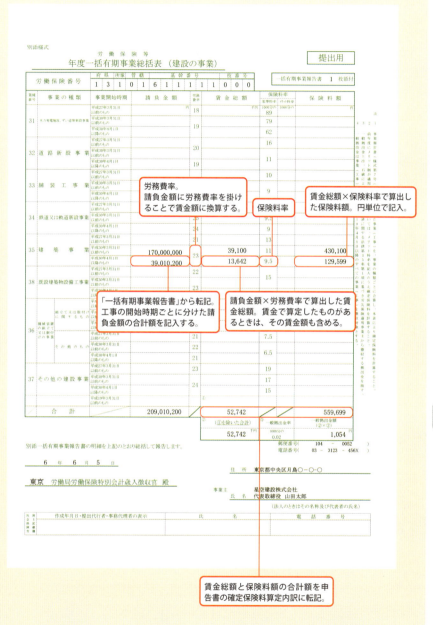

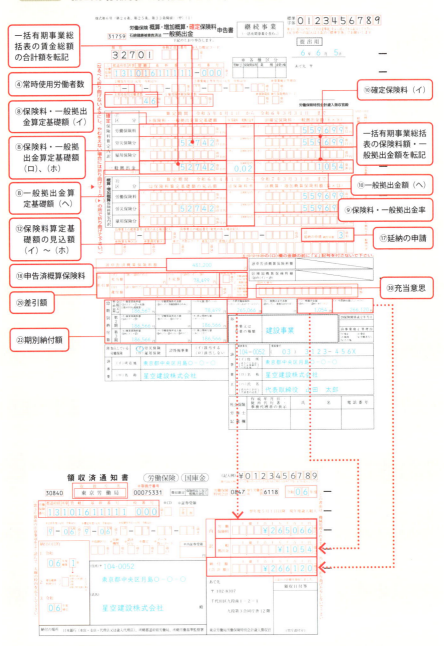

Column

現場労災・事務所労災・雇用保険の申告書

　二元適用事業の場合、労災保険と雇用保険の保険料は別々に申告します。二元適用事業で代表的な業種は建設業ですが、建設業の多くは、雇用保険料の申告書のほか、工事現場作業分の現場労災、事務員等の事務所労災の３枚の申告書を作成することになります。

　建設業の会社で日々工事を行っている会社でも現場労災の申告書がない会社もあります。下請工事しか行わず、自社が発注者から直接工事を請け負うことのない会社です。建設業は特殊で、発注者から直接工事全体の仕事を請け負う元請事業者、そこから工事の一部を請け負う下請事業者など、いくつもの会社や個人が工事に関わっています。工事全体の責任を元請事業者が負うことになるため、労災保険は下請けの分も含めて元請事業者が加入します。そのため、建設業の会社でも下請工事だけの会社は、自社ではなく、元請の労災が適用されることになります。

　現場労災の申告書があるのは建設業の会社だけではありません。ほかの業種であっても工事を行う場合は現場工事の労災保険を成立させ、保険料を申告・納付を行います。例えば駐車場管理を行う会社で普段は土地運用の営業や駐車場の清掃・集金などが主な業務であっても、駐車場の機械を電動ドリルで撤去する工事が時々発生するといった場合、この工事部分は現場労災の対象となります。普段は営業を行う社員が撤去作業にも従事するのであれば、その作業に従事した時間分は現場労災、それ以外の時間分は不動産業の労災として、賃金を按分して保険料を計算します。そのほかにも、不動産会社が顧客から注文を受けて内装工事を発注する、イベント会社が展示会ブースの設営を行う、製造業が自社の工場の改修を行うなど、建設業ではないのに工事があるというケースは意外に少なくありません。このような場合、保険関係成立届自体が漏れがちです。判断に迷う場合は管轄の労基署に相談しましょう。

業務を くわしく 知ろう　頻度：年1回　締切：7月10日

Section 12-5 労働保険⑤ 年度更新 納めすぎた保険料の還付請求

- ✓ 前年に納付した概算保険料より確定保険料が少ないときは、差額をその年の概算保険料や一般拠出金に充当可。
- ✓ 差額をほかの労働保険番号の概算保険料等に充当することもできる。
- ✓ 差額を振り込んでもらうか、ほかの労働保険に充当するときは、還付請求が必要。

納めすぎた労働保険料は、翌年の概算保険料や一般拠出金に充てるか、「還付請求書」で残りを返してもらうのだ。

前払いした保険料が多かったときは、次の概算保険料に充当

　労働保険料は年度ごとに概算金額で前払いするため、年度更新のときに、実際の賃金額に基づく確定保険料を算出すると、前払いした申告済概算保険料額より少なくなることもあります。多く納めすぎた保険料は、通常は次の年の概算保険料やその年に納付すべき一般拠出金に充当します。

　年度更新では、納めすぎた保険料を労働保険料に充当するのか、一般拠出金だけに充当するのか、労働保険料と一般拠出金の両方に充当するのかを、申告書の㉚欄「充当意思」に記載することで選択することができます。

ほかの番号の労働保険料への充当や還付には還付請求書が必要

　納めすぎた保険料を概算保険料や一般拠出金に充当してもまだ余るときには、還付請求書を提出して、その残額を振り込んでもらうことができます。

　また、その会社が複数の労働保険番号を持っているときは、別の労働保険番号の概算保険料等に充当することもできます。同じ番号の概算保険料や一般拠出金に充当する場合には還付請求書は不要ですが、別の番号の保険料等に充当する際には、還付請求書の提出が必要となります。

　還付請求書の用紙は、年度更新の時期に労働局から送られてくる「労働保険 年度更新 申告書の書き方」という小冊子に挟み込まれているものが利用できます。

労災保険
雇用保険

労働保険料　一般拠出金　還付請求書

[提出先] 労基署または労働局　[提出期限] 6月1日から7月10日まで

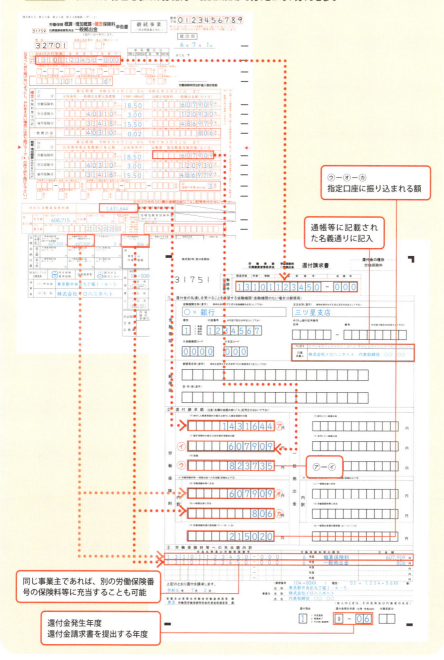

memo　年度更新だけでなく、年度の途中で事業を廃止した場合も、確定保険料が納付済の概算保険料を下回るときは還付請求を行う。

Column

電子申請

　手続きには郵送や窓口持参のほか、電子申請という方法があります。電子申請は休日や夜でも申請できる、交通費や送料が不要といった利点があります。作成の際も、提出前に届出書のミスに気付いたとき、紙の書類だと一から書き直すといった手間がかかりますが、電子申請の場合はデータなので、間違ったところを上書きして簡単に修正できて便利です。郵送事故や行政窓口の職員の処理忘れ・書類紛失等のリスクがないのも安心できます。また、雇用保険被保険者証や離職票などを従業員等が紛失したとき、電子申請で発行されたものならPCに保管されたデータを印刷するだけで再発行ができます。

　育児休業給付、高年齢雇用継続給付のような定期的な手続きも、前回の申請データを読み込んで申請をすると入力箇所が少なく、手間が省けます。紙の申請の場合は印字された用紙をハローワークで出力してもらう必要がありますが、電子申請であればその必要はないため、高年齢雇用継続給付では明らかに賃金額が高く受給できない月については申請を省略し、受給可能な月だけ申請することもできます。

　デメリットは、電子申請をするまでの準備が面倒なことでした。電子証明書の取得と維持に費用（年数千円から2万円程度）もかかっていました。ただ、電子証明書不要で、無料のID・パスワード（GビズID）を使って申請できる方法もあります。GビズIDは認証をスマートフォンで行うため、複数の担当者が業務を行うには不便な部分もありました。ところが現在では、Microsoftのアカウントが追加され、導入も申請方法も簡単になりました。

　日本年金機構では、電子媒体の届出を作成するための無料ソフトも公開しています。

e-Gov 電子申請利用準備
https://shinsei.e-gov.go.jp/contents/help/guide/

日本年金機構　届書作成プログラム
https://www.nenkin.go.jp/denshibenri/program/program.html

gBizID ホームページ（社会保険の手続きには gBizID プライムのアカウントが必要）
https://gbiz-id.go.jp/top/

　大企業の場合は2020年4月より、労働保険・社会保険の一部の届出について電子申請が義務化されましたが、中小企業の場合はまだ余裕があります。会社の実情に合わせて、ゆっくり検討してもいいでしょう。

Chapter

従業員の
入社・退社の手続き

Keyword

資格取得届／資格喪失届／離職証明書／外国人の手続き

業務の流れをつかもう　　頻度：入社の都度　　締切：資格取得日から5日以内

Section 01 | 従業員の入社に伴う手続きの流れをつかもう

入社した従業員やその家族が早く健康保険証を使えるようにするには事前準備が大事。

社会保険と労働保険の入社手続きのスケジュール

1 採用決定 入社日まで
履歴書を確認、雇用契約書の労働条件を確認
▶ P.106

2 採用決定〜入社まで 入社日まで
扶養の有無を確認、書類提出の依頼、書類作成
▶ P.106

3 入社日 入社日
必要な書類を回収、届出に記載する情報を確認
▶ P.106

4 社会保険の手続き 入社日から5日以内
社会保険の資格取得届提出、被扶養者異動届提出
▶ P.116

5 雇用保険の手続き 入社月の翌月10日まで
雇用保険の資格取得届提出
▶ P.122

6 保険料の給与天引き 入社日以降の給与計算時
雇用保険と社会保険の給与からの控除開始
▶ P.70

　従業員の採用が決定したら、まず、何の手続きが発生するのかを確認します。必要な手続きは、雇用契約上の労働日数・労働時間や雇用契約期間、従業員の年齢、扶養家族の有無などにより決まるため、雇用契約書や履歴書などから判断します。

　入社時の手続きのメインとなるのは、雇用保険や社会保険の加入です。この加入手続きを「資格取得」といいます。

　資格取得の手続きの中でも、最も急いで行う必要があるのが健康保険の資格取得届や被扶養者（異動）届など、健康保険証を交付してもらう手続きです。入社日以降でないと届出はできませんが、被扶養者の手続きには、家族の収入証明や住民票

従業員の入社に伴う手続きの概要

- ☑ **対象者** 被保険者（入社した従業員）
- ☑ **作成する書類** 資格取得届、被扶養者（異動）届、国民年金第3号被保険者届など
- ☑ **確認する書類** 履歴書、雇用契約書など
- ☑ **書類の提出** 年金事務所、健康保険組合など
- ☑ **作業の時期** 採用決定から入社月翌月給与支払日まで

ダウンロードデータの「入社諸事項届書」（P.366参照）を記入してもらうと効率よく情報が入手できます。

などの添付書類が必要なケースも多く、届出の事前準備にも時間がかかります。入社予定者には入社前になるべく早く必要な書類の案内をしておき、入社日には情報や書類が揃うように手配したいものです。

　現行の健康保険証は廃止が決まっており、令和6年12月2日以降の新規発行はありません。廃止日以降はマイナ保険証登録済の人には資格情報のお知らせ、マイナ保険証がない人にはこれまでの健康保険証に代わる資格確認書が交付されます。マイナ保険証登録済みの人には廃止前のように現物の健康保険証は渡しませんが、資格取得届の手続き自体はこれまでと変わりません。手続きが完了しないと手元にマイナ保険証があっても受診できませんので、これまで同様、手続きは急ぐ必要があります。

> **memo** 労災保険は初めて従業員を雇い入れたときに事業所としての成立手続きが必要で、従業員の入社ごとの手続きはなく、すべての労働者が自動的に適用対象となる（保険料の申告については→P.84）。

● 社会保険の手続きに必要な情報

健康保険　厚生年金　労災保険　雇用保険　従業員の入社に伴う手続きの流れをつかもう

	必要な情報	利用目的	確認書類・回収書類	
従業員本人の個人情報	氏名（漢字・振り仮名）	すべての手続き	履歴書	
	生年月日	すべての手続き	履歴書	
	性別	すべての手続き	履歴書	
	自宅住所	健保・厚年	履歴書	
	基礎年金番号	厚年	年金手帳・基礎年金番号通知書	
	雇用保険被保険者番号	雇保	前職の雇用保険被保険者証、離職票等	
	職歴	雇保被保険者番号不明の場合	履歴書	
	マイナンバー	すべての手続き	個人番号カードまたは番号確認書類（通知カード等）と身元確認書類（写真付は1種類・写真なしは2種類）	
扶養する家族の情報	氏名	健保扶養・3号	社内書式（扶養届等）	
	生年月日	健保扶養・3号	社内書式（扶養届等）	
	性別	健保扶養・3号	社内書式（扶養届等）	
	続柄	健保扶養・3号	社内書式（扶養届等）	
	収入の内容	健保扶養・3号	社内書式（扶養届等）	
	同居有無	健保扶養・3号	住民票記載事項証明書	
	収入額	健保扶養・3号	社内書式（扶養届等）（非）課税証明書、給与明細書写し、年金支払通知書写し等	
	別居の場合、仕送り額	健保扶養・3号	振込証明書等	
	子を扶養するときの扶養しない配偶者の収入額	健保扶養	社内書式（扶養届等）（非）課税証明書、給与明細書写し、年金支払通知書写し等	
	配偶者の基礎年金番号	3号	年金手帳	
	マイナンバー	健保扶養	番号確認書類写し・身元確認書類写し第3号被保険者の場合は委任状	
労働条件	入社日	すべての手続き	雇用契約書	
	雇用契約期間	すべての手続き	雇用契約書	
	所定労働日数・所定労働時間	すべての手続き	雇用契約書	
	基本給・各種手当の額	すべての手続き	雇用契約書	
	通勤交通費の額	すべての手続き	社内書式（通勤交通費申請書等）	
	残業手当の見込み額	健保・厚年	同部署の従業員の実態より判断	

> 入社する従業員には入社時に必要な書類などをあらかじめ知らせておくことがとっても重要なのだな。

	注意点
	ハローワークの登録氏名と異なるときは、資格取得届で同時に氏名変更を行う
	年齢により必要な手続きを判断
	住民票上の住所の確認が必要
	厚生年金保険資格取得届にマイナンバーを記入できるときは、基礎年金番号は不要
	雇用保険被保険者番号が不明の場合に必要
	日本年金機構の手続きはマイナンバーの代わりに基礎年金番号および住民票上の住所の記入でも可
	戸籍上の正式な漢字を確認
	年齢により必要な手続きを判断
	扶養の範囲には一定の制限あり（詳細→ P.294）
	給与収入のほか、失業給付・傷病手当金・出産手当金、家賃収入等の有無も確認
	同一世帯を扶養の要件とする続柄の範囲あり
	年 130 万円未満(60 歳以上または一定の障害者の場合は年 180 万円未満) かつ原則として被保険者の年間収入の 2 分の 1 未満。ただし、収入が基準額未満であっても、扶養する家族が勤務先で社会保険に加入している場合は被扶養者にできない
	家族の収入が従業員からの仕送りより少ないこと
	子を被扶養者にできるのは両親のうち収入が高い方
	第 3 号被保険者関係届にマイナンバーを記入できるときは、基礎年金番号は不要
	健康保険組合加入の事業所の場合に必要 協会けんぽの事業所は配偶者の手続きはマイナンバーの代わりに基礎年金番号の記入でも可
	31 日未満の雇用契約期間で更新の見込みがないときは雇用保険の対象外 2 か月以内の雇用契約期間で更新の見込みがないときは社会保険の対象外
	雇用保険は 1 週間の所定労働時間が 20 時間以上であることが加入要件 健保・厚年は週の所定労働時間および月の所定労働日数が正社員の 3／4 以上 （特定適用事業所または任意特定適用事業所は週 20 時間以上）であることが加入要件
	残業手当の見込額も報酬に含める

Chapter 3 従業員の入社・退社の手続き

● 入社時に発生する資格取得届以外の手続き一覧

入社時の手続きは、資格取得届だけではありません。例えば75歳の人は健康保険も厚生年金保険も対象外ですが、年齢以外の社会保険加入要件を満たしている場合は、「70歳以上被用

対象となる従業員	条件	必要な手続き
70歳以上	次のいずれかに該当 ・75歳未満で健康保険に加入する ・75歳以上で健康保険・厚生年金保険の年齢以外の加入要件を満たす	「厚生年金保険70歳以上被用者該当届」の提出 ※70歳未満の被保険者の「健康保険・厚生年金保険被保険者資格取得届」と同じ用紙
60歳以上65歳未満	雇用保険に加入し、次のすべての要件を満たす場合 ・雇用保険の被保険者期間が通算して5年以上ある ・60歳到達時(到達前)の勤務先を退職後、雇用保険に加入しない期間が1年未満 ・雇用保険の失業給付(基本手当)を受給していないか、所定給付日数を100日以上残して再就職した ・再就職手当を受給していない	「高年齢雇用継続基本給付金」 または 「高年齢再就職給付金」 が受給できる可能性あり
従業員の子が3歳未満	次のすべての要件を満たす場合 ・厚生年金保険に加入 ・対象の子の出生の前月かその前の1年間に厚生年金保険に加入していた期間がある ※子が被扶養者になっていなくても申し出は可能	「厚生年金保険養育期間標準報酬月額特例申出書」の提出
雇用被保険者証の氏名と現在の氏名が異なる	雇用保険に加入	雇用保険の資格取得届の提出時に氏名変更欄に記載

健康保険　厚生年金　労災保険　雇用保険

従業員の入社に伴う手続きの流れをつかもう

者該当届」の提出が必要になります。資格取得以外の手続きで該当するものがないかどうか、確認するようにしましょう。

添付書類	手続きの内容・注意点
なし	70歳以上は厚生年金保険には加入しないものの在職老齢年金制度（報酬額に応じて老齢年金の一部または全部が支給停止される制度）が適用されるため、届出が必要
賃金台帳 出勤簿 受給資格確認が行われていない場合は 年齢確認書類写し 振込先の通帳写し	60歳～65歳に支払われた賃金が、60歳到達時に登録した賃金額の75％未満に低下したとき、低下率に応じて支給される雇用保険の給付 60歳到達時に勤務していた事業所で受給資格確認が行われていれば、雇用保険資格取得の手続き終了後、雇用保険資格取得等確認通知書（事業主通知用）に「高年齢雇用継続給付受給可」と印字される
戸籍抄本または戸籍謄本と住民票 ※マイナンバーにより住民票は省略可能 ※令和7年1月よりマイナンバーと事業主確認により戸籍謄（抄）本は省略可能	子が3歳になるまでに、出生前よりも標準報酬月額が下がったとき、子の出生前月の標準報酬月額を使って年金額を計算し、年金額が減らないようにする優遇措置。この措置を希望するときは、届出が必要
なし	被保険者番号と旧氏名がわかっている場合は、氏名変更がされているかどうかをハローワークに電話で問い合わせ可能

Section 02 加入する保険の種類

- 雇用保険は週20時間以上で、31日以上の雇用見込みで加入。
- 社会保険は週の所定労働時間と月の所定労働日数が正社員の4分の3以上で加入。
- 特定適用事業所等での社会保険は、週20時間以上・月収88,000円以上で加入。

まずは雇用契約書で、週に20時間以上働くかどうかを確認するのだ。

雇用保険は「週の所定労働時間が20時間以上、31日以上の継続雇用」が条件

雇用契約書に定めた1週間の所定労働時間が20時間以上で、31日以上継続して雇用される見込みがある場合は、雇用保険に加入します。雇用契約期間が31日未満であっても、契約書に雇止めの明示がない場合や、同じような契約を結んだほかの労働者が契約更新をした実績があるような場合は、31日以上の雇用見込みがあるものと考えます。

加入要件を満たしていても、雇用保険は1つの事業所でしか加入できません。同時に2社以上で加入要件を満たす場合は、給与が高い方の事業所でのみ加入することになります。65歳以上の労働者に限り2社以上で同時加入できるマルチジョブホルダー（→P.27）という制度がありますが、これは労働者本人が行う手続きです。

社会保険は「所定労働時間・日数が正社員の4分の3以上」が条件

社会保険は、正社員や常勤役員のほか、パート・アルバイトでも1週間の所定労働時間と1か月の所定労働日数がその事業所の正社員の4分の3以上である場合は加入義務があります。所定労働時間等が正社員の4分の3未満でも、常時使用する労働者数が一定規模以上の特定適用事業所等については、週の所定労働時間が20時間以上で給与の月額が88,000円以上である等の所定の要件を満たす場合は、被保険者となります。

● 労働条件で決まる雇用保険・社会保険の必要な手続き

保険の種類	対象	対象事業所	所定労働時間・日数	雇用契約期間	年齢	その他	記載ページ
雇用保険	被保険者	―	週の所定労働時間が20時間以上	31日以上の雇用が見込まれること	―	・昼間の学生でないこと ・他社で雇用保険に加入していないこと	P.122～123
雇用保険マルチジョブホルダー制度	マルチ高年齢被保険者	―	2つの事業所の週所定労働時間の合計が20時間以上 (各事業所の週所定労働時間は5時間以上20時間未満)	複数の事業所の雇用見込みがそれぞれ31日以上	65歳以上	・複数の事業所の労働者 ・本人の希望により加入 ・手続きは本人が行う	P.27
健康保険	被保険者	―	週の所定労働時間および月の所定労働日数が正社員の4分の3以上	次のいずれかに該当する場合は対象外 ・日々雇用 　1か月を超えて引き続き雇用される場合は、超えた日から加入 ・雇用契約期間が2か月以内で更新の見込みなし 　最初の雇用契約期間を超えて引き続き雇用される場合は、超えた日から加入 ・4か月以内の季節的業務での雇用 ・6か月以内の臨時事業の事業所に雇用される場合	75歳未満		P.116～121
厚生年金保険	被保険者	―			70歳未満		P.116～121
厚生年金保険	70歳以上被用者	―			70歳以上		P.206～207
健康保険	短時間労働者	特定適用事業所 任意特定適用事業所	週の所定労働時間が20時間以上30時間未満		75歳未満	・給与が月88,000円以上 ・昼間の学生でないこと	P.28～29
厚生年金保険	短時間労働者				70歳未満		
厚生年金保険	70歳以上被用者(短時間)				70歳以上		

※特定適用事業所：短時間労働者となる被保険者を除く被保険者数が50人を超える事業所
　任意特定適用事業所：特定適用事業所の人数規模に満たない企業等で被保険者の同意に基づき申し出により短時間労働者の適用拡大の対象となった事業所

雇用保険の「31日以上の継続雇用」というのは暦ベースで判断するんだ。所定休日も含めてカウントするよ。

業務をくわしく知ろう

Section 03 | マイナンバーの取り扱い

- マイナンバーの提供を求める際には、その利用目的を明示し、身元確認と番号確認が必須（取得）。
- マイナンバーの利用は法律に定められた社会保障・税に関する手続きに限定され、それ以外で利用・提供を行うことはできない（利用・提供）。

マイナンバーの取り扱いについて、適切な安全管理措置を講じなければならないんだ。

社会保障・税・災害対策分野での利用のために作られた制度

平成28年1月から、行政手続きにマイナンバー（個人番号）が使われるようになりました。マイナンバーとは、日本に住民票があるすべての人に付番される12桁の番号のことです。マイナンバーの利用目的は、社会保障（社会保険、労働保険、福祉・医療等）、税、災害対策分野の法律で決められた手続きに限定されています。

マイナンバーは、氏名、生年月日、住所などのほか、社会保険の加入状況や納税情報など多くの行政手続きからの重要な個人情報が集約するため、情報漏洩や成りすましによる重大な被害が発生するという国民の懸念があります。そのため利用目的を限定するほか、取り扱い方法も法律で厳重に定めています。

厳密な取り扱いが要求されるマイナンバー

マイナンバーの取り扱いでは、会社には漏洩、滅失等の防止のために適切な安全管理が求められます。取り扱うことのできる担当者や責任者を定め、社内研修の計画や実施、マイナンバーを取り扱うことのできる区域、保管する区域等を限定し、施錠やアクセス制限、取得から廃棄までのルールを定め、そのルールに従って取り扱います。マイナンバーの取り扱いルールは、民間事業者向けのガイドライン「特定個人情報の適正な取扱いに関するガイドライン（事業者編）」が公開されており、それに沿った形で決めるようにします。このガイドラインは、個人情報保護委員会のホームページで確認できます。

● マイナンバー取得時の確認書類

		番号確認書類	身元確認書類
マイナンバーカードあり		個人番号カード（マイナンバーカード）1枚でOK	
マイナンバーカードなし	写真付きの公的身元証明書あり	■次の書類のうちいずれか1点 通知カード／マイナンバーが記載された住民票／マイナンバーが記載された住民票記載事項証明書	■次の書類のうちいずれか1点 運転免許証／運転経歴証明書（H24.4.1以降交付）／パスポート／住民基本台帳カード（写真付き）／身体障害者手帳／身体障害者保健福祉手帳／療育手帳／在留カード／特別永住者証明書　等
	写真付きの公的身元証明書なし	■次の書類のうちいずれか1点 通知カード／マイナンバーが記載された住民票／マイナンバーが記載された住民票記載事項証明書	■次の書類のうちいずれか2点 各種健康保険被保険者証／年金手帳／住民票または住民票記載事項証明書／印鑑登録証明書／児童扶養手当証書または特別児童扶養手当証書／氏名・生年月日（または住所）が記載された学生証・年金支払通知書・官公署等発行の身分証明書等

会社の取扱事務一覧	
・雇用保険の届出事務	【第3号被保険者に関する利用目的】
・健康保険・厚生年金保険の届出事務	・国民年金第3号被保険者関係届出事務
・給与所得・退職所得に係る源泉徴収等に関する事務（給与支払報告書の作成を含む）	

● マイナンバーの提出義務者と確認方法

■従業員のマイナンバー

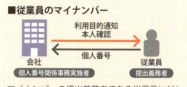

マイナンバーの提出義務者である従業員に対して会社は利用目的通知と本人確認を行い、従業員は個人番号を提出する。

■国民年金第3号被保険者のマイナンバー

マイナンバーの提出義務があるのは従業員ではなく国民年金第3号被保険者である従業員の配偶者であるため、本来は会社が従業員の配偶者の本人確認を行う必要があるが、実質的には次のような形で行われる。

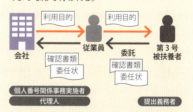

従業員が第3号被保険者である配偶者の代理人となり、第3号被保険者の委任を受けてマイナンバーを提出。実務上は、従業員を通してマイナンバーの利用目的を記載した書類を第3号被保険者に渡し、従業員は、配偶者から委任状と番号・身元確認書類を受け取り、会社へ提出する。

■被扶養者・扶養親族のマイナンバー

健康保険の被扶養者、税法上の扶養親族の場合マイナンバーの提出義務があるのは従業員。従業員が「個人番号関係事務実施者」となり、被扶養者の本人確認は従業員が行う。

> memo　通知カードは令和2年5月25日で廃止。氏名・住所等に変更がなければ当面そのまま使用可能だが、変更があった場合は通知カードを番号確認書類として使用することはできなくなった。

業務をくわしく知ろう　　頻度：保険加入の都度　　締切：資格取得日から5日以内

Section 04 | 健康保険・厚生年金保険の加入手続き

- 年金事務所に提出する資格取得届にはマイナンバーまたは基礎年金番号の記入が必要。
- 健康保険組合に提出する資格取得届にはマイナンバーの記入が必要。
- 健康保険資格取得届には住民票上の住所を記入する。

扶養家族がいるときは、その届出も一緒に提出するのだ。

協会けんぽの加入者の手続きは年金事務所で行う

　協会けんぽ加入の事業所が資格取得の手続きを行うときは、健康保険・厚生年金保険資格取得届を入社後5日以内に年金事務所（日本年金機構）に提出します。このときに添付書類は不要です。

　被扶養者異動届や国民年金第3号被保険者の手続きを行う場合、対象家族の収入、続柄、同居確認などの証明書類が必要となることがあります。協会けんぽ加入事業所であれば、このうち収入証明は、対象となる家族が所得税法の扶養親族等であることを事業主が確認のうえ証明すれば、非課税収入を除き、省略可能です。また、世帯全員の住民票の添付も、事業主が続柄を確認したうえで、本人と家族のマイナンバーを記入し、「続柄確認済」に✓を入れれば省略できます（→P.294の「扶養する家族が増えたときの手続き」参照）。

健康保険組合の加入者は健康保険組合と年金事務所で行う

　健康保険組合加入の事業所の資格取得の手続きは、入社後5日以内に厚生年金保険資格取得届を年金事務所へ、健康保険資格取得届を健康保険組合へ提出します。扶養する家族がいる場合は、被扶養者異動届は健康保険組合に、国民年金第3号被保険者関係届は年金事務所に提出します。

　年金事務所への手続きは、資格取得のときは添付書類が不要な点、国民年金第3号被保険者の手続きが事業主の証明により収入証明などの添付書類を省略できる点は協会けんぽと同様です。

健康保険・厚生年金保険の加入手続きに必要な届出書

協会けんぽの加入事業所

届出名	届出先	概要
健康保険・厚生年金保険資格取得届	年金事務所	健康保険と厚生年金保険に加入するための書類
被扶養者異動届・国民年金第3号被保険者関係届		扶養する家族を健康保険の被扶養者・国民年金第3号被保険者にするための書類

「健康保険・厚生年金保険資格取得届」と「厚生年金保険資格取得届」は同じ用紙（→P.119）。提出先により名称が変わるのだ。

健康保険組合の加入事業所

届出名	届出先	概要
厚生年金保険資格取得届	年金事務所	厚生年金保険に加入するための書類
国民年金第3号被保険者関係届		扶養する配偶者を国民年金第3号被保険者にするための書類
健康保険資格取得届	健康保険組合	健康保険に加入するための書類
被扶養者異動届		扶養する家族を健康保険の被扶養者にするための書類

健康保険組合への届出は、書類が組合ごとに異なるため、事前に電話などで問い合わせよう。

memo 基礎年金番号は、年金手帳や基礎年番号通知書、国民年金保険料納付書、「ねんきん定期便」などに記載されている。

業務を くわしく 知ろう　　頻度：保険加入の都度　　締切：資格取得日から5日以内

Section 05 | 健康保険・厚生年金保険被保険者資格取得届の作成

- 健康保険証の発行に時間がかかるため、なるべく早く提出する。
- 届出媒体は紙、CD・DVD、電子申請がある。
- 被保険者整理番号は指定することもできる。

用紙は日本年金機構のHPからダウンロードできるよ。

健康保険・厚生年金保険被保険者資格取得届の用紙

　社会保険の加入要件を満たす従業員が入社したとき、パートの労働条件変更により社会保険の加入資格を満たすことになったときは、健康保険・厚生年金保険被保険者資格取得届を作成します。用紙は年金事務所でももらえますが、日本年金機構のホームページからPDFかエクセル形式の用紙を入手することもできます。用紙は資格取得届と厚生年金保険70歳以上被用者該当届を兼ねています。届出媒体には紙、CD・DVD、電子申請があります。

　健康保険組合の加入事業所は、健康保険の用紙は健保組合より取り寄せます。

健康保険・厚生年金保険被保険者資格取得届の書き方

　資格取得届は消せないペンで記入します。被保険者整理番号を空欄で提出すると、届出順に年金事務所で番号が付与されます。健保組合と年金事務所とで番号を統一したい場合など、番号を指定したいときは被保険者整理番号を記入して提出しても構いません。

　日本年金機構では基礎年金番号と住民票コード、基礎年金番号とマイナンバーを結び付けて把握しているため、マイナンバーを記入しなくても基礎年金番号と住民票上の住所で本人確認を行うことができています。このしくみにより、氏名変更や住所変更も届出不要で自動的に行われるようになりました。

　用紙には被保険者を4人まで記入できますが、4人分を4枚に分けて記入しても構いません。全員の情報がすぐには集まらないときは、スピードを優先し、資格取得日以降、情報が揃った人から先に届け出ることをお勧めします。

健康保険・厚生年金保険 被保険者資格取得届

健康保険
厚生年金

[提出先] 年金事務所、健康保険組合　[提出期限] 5日以内

- 書類を提出する日付を記入
- 事業所整理記号・事業所番号を記入
- 会社の住所と社名、事業主の氏名などを記入

④種別の選択項目

	男子	女子	坑内員
一般（基金未加入）	1	2	3
厚生年金基金加入員	5	6	7

詳しい書き方は次のページで。

⑤取得区分の選択項目

項目	概要
1.健保・厚年	健康保険・厚生年金保険の被保険者となったとき（船員保険適用者を除く）
3.共済出向	共済組合から公庫等へ出向した職員であるとき
4.船保任継	船員任意継続被保険者であるとき

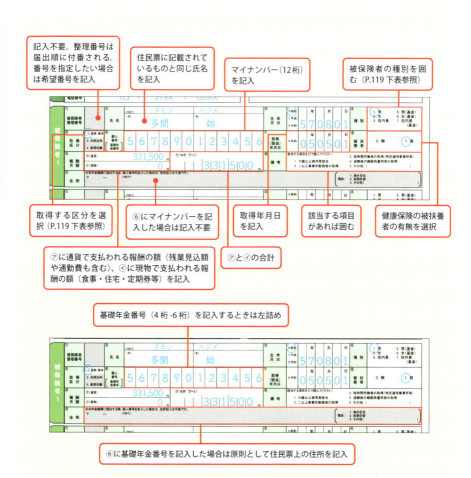

⑩備考欄の選択項目

項目	解説
1. 70歳以上被用者該当	70歳以上の人を雇用した場合等。在職中に厚生年金被保険者が70歳になった場合は、この届ではなく、「70歳到達届」の用紙を使用すること。
2. 二以上事業所勤務者の取得	複数の事業所で資格要件を満たすこととなった場合。この届のほかに、「所属選択・二以上事業所勤務届」の提出も必要。
3. 短時間労働者の取得	特定適用事業所等の短時間労働者に該当する場合。
4. 退職後の継続再雇用者の取得	60歳以上の再雇用、60歳以上の契約更新等の同日得喪の場合。この届のほかに「資格喪失届」の提出も必要。
5. その他	上記以外の理由

memo 資格取得の手続きの際、年金手帳を紛失していて基礎年金番号が不明のときはマイナンバーを記入して手続きを行うと基礎年金番号が記載された資格取得確認通知書が発行される。

健康保険
厚生年金保険

健康保険・厚生年金保険 被保険者資格取得届
（日本年金機構社会保険届書作成プログラム CD・DVD または電子申請による届出の場合）

［提出先］年金事務所、健康保険組合　［提出期限］5日以内

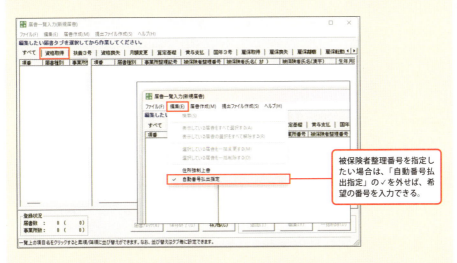

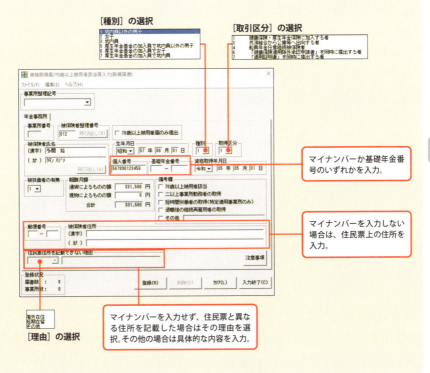

> memo　日本年金機構 届書作成プログラム ダウンロード・操作説明書
> https://www.nenkin.go.jp/denshibenri/program/program.html

業務をくわしく知ろう　　頻度：保険加入の都度　　締切：翌月10日まで

Section 06 雇用保険の加入手続き

- 雇用保険資格取得届には雇用保険被保険者番号とマイナンバーの記入が必要。
- 雇用保険被保険者番号は転職しても変わらない。
- 雇用保険は原則として、同時に2か所以上の事業所での加入はできない。

> 雇用保険に加入するときは、雇用保険被保険者番号とマイナンバーの確認が必要なのだ。

雇用保険の資格取得手続きは翌月の10日まで

　雇用保険の資格取得手続きは、公共職業安定所（ハローワーク）に雇用保険被保険者資格取得届を資格取得年月日の属する月の翌月10日までに提出します。
　雇用保険は同時に2つ以上の事業所で加入することはできません。最も給与額の高い事業所のみでの加入となります。在籍出向により同時に2社で雇用関係がある場合でも、直接給与を支払っている会社のみ（2社とも直接給与を払っている場合は高い方のみ）で加入します。なお、65歳以上で複数事業所に雇用される人に限り、要件を満たせば2つの事業所で加入できます（マルチジョブホルダー、→P.27）。

資格取得届には雇用保険被保険者番号とマイナンバーを記入

　雇用保険被保険者資格取得届には、雇用保険被保険者番号とマイナンバーを記入します。雇用保険被保険者番号は、勤務先が変わっても同じ番号を使うため、前職で発行された雇用保険被保険者証や退職時に交付される離職票などで確認します。番号が不明の場合は、職歴（入退社月と事業所名）を資格取得届の備考欄に記入しておくと、ハローワークで番号を探してもらえます。
　雇用保険の手続きではマイナンバーの記載が必要ですが、マイナンバーを会社に伝えることを拒否する人には強制ができません。この場合はマイナンバーを記載せず、備考欄に「本人事情によりマイナンバーの記載なし」など、マイナンバーの記載ができない理由を記入して手続きします。

雇用保険被保険者資格取得届

[提出先] ハローワーク　[提出期限] 翌月10日

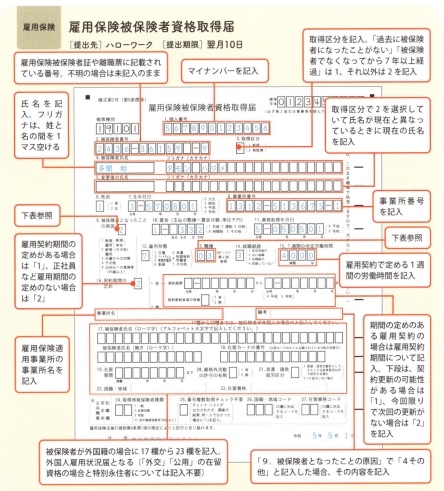

「9. 被保険者となったことの原因」の選択項目

項目	概要
1 新規雇用（新規学卒）	新卒者
2 新規雇用（その他）	中途採用者
3 日雇からの切り替え	日雇従業員が2か月にわたり18日以上雇用された場合、継続して31日以上同一の事業主に雇用されたために加入する場合
4 その他	1～3、8に該当しない場合 ・雇用されていた事業所が新たに適用事業所になった ・出向先で被保険者資格を取得していた人が復帰し、出向元で再度資格取得することになった（65歳未満）等
8 出向元への復帰等（65歳以上）	在籍出向していた65歳以上の者が出向元に復帰した場合　等

「13. 職種」の選択項目

番号	解説
01	管理的職業
02	専門・技術的職業
03	事務的職業
04	販売の職業
05	サービスの職業
06	保安の職業
07	農林漁業の職業
08	生産工程の職業
09	輸送・機械運転の職業
10	建設・採掘の職業
11	運搬・清掃・包装等の職業

> **memo** 勤務先が変わっても同じ雇用保険被保険者番号を使うのは、以前の勤務先と異なる番号にすると被保険者期間の通算ができなくなり、失業給付などを受けるときに従業員の不利益になることがあるため。

業務をくわしく知ろう

Section 07 | 外国人が入社したときの手続き

- 社会保険も雇用保険も加入要件は、原則として日本人と変わらない。
- 社会保障協定が締結された国の企業から5年以内の期間で派遣された外国人は、日本の社会保険に加入しない場合あり。
- 外国人労働者を雇用するときは、外国人雇用状況届出が必要。

外国人も要件さえ満たせば雇用保険も社会保険も加入対象なのだ。

社会保険はいくつか手続きは異なるけれど基本は日本人と同じ

外国人も労働時間などの社会保険の加入要件を満たせば、原則として社会保険の資格取得手続きが必要です。マイナンバーと基礎年金番号が結びついていない方、個人番号の対象外である方については、資格取得届と同時に「ローマ字氏名届」を提出します。

日本で加入要件を満たす外国人が、同時に母国の社会保険加入義務もある場合、二重に社会保険料を払わなければならず、また、一方の国での加入期間が短い場合、老齢年金の受給資格を満たせずに保険料が掛け捨てになってしまうという不利益が生じることがあります。そのため、この問題を防ぐ手段として、一部の国との間で社会保障協定が結ばれています。

社会保険に比べてちょっと面倒な雇用保険

雇用保険についても、日本の事業所から賃金が払われていれば、加入義務は日本人と変わりません。雇用保険の加入手続きのほか、外国人労働者特有の手続きに「外国人雇用状況の届出制度」があります。これは、外国人労働者の入退社時に、氏名、在留資格、在留期間などの項目をハローワークに届け出ることが義務付けられているものですが、特別永住者と在留資格が「外交」・「公用」の者については届出不要です。雇用保険に加入する場合は資格取得届に記入項目があります。加入しない場合は、「外国人雇用状況届出書」という様式を使って、その外国人が勤務する事業所を管轄するハローワークに提出します。

●在留カードの見方

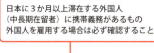

日本に3か月以上滞在する外国人（中長期在留者）に携帯義務があるもの
外国人を雇用する場合は必ず確認すること

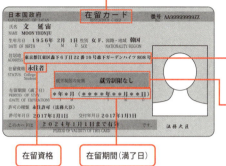

在留カード交付時点の住居地が記載されている。住所変更をした場合は裏面に記載あり

就労制限がある場合はここに記載あり。「就労不可」の場合でも資格外活動許可を受けている場合はその範囲で就労可能

在留資格

在留期間（満了日）

住所変更をした場合は裏面に記載あり

在留資格が「留学」や「家族滞在」などで、表面の「就労制限の有無」に「就労不可」と記入されている場合でも資格外活動許可をとっている場合は、その制限の範囲内での就労が可能。
許可を受けている場合は、この欄に「許可：原則週〇時間以内・風俗営業等の従事を除く」等の記載あり

Column

社会保障協定のあらまし

　社会保障協定はドイツ、イギリス、韓国、アメリカ、イタリアなど、2024年4月時点で23か国と発効しています。二重払いを防ぐための二国間での社会保険の加入調整、相手国での加入期間を母国での加入期間とみなす年金加入期間の通算が主な内容ですが、詳細は国によって異なります。事前に日本年金機構のホームページなどで確認してください。

---

memo ▷ マイナンバーは国籍にかかわらず、日本に住民票があれば付与される。日本に3か月を超えて滞在する場合（中長期在留者）は住民登録義務があり、日本人の従業員同様にマイナンバーを取り扱うことになる。

在留資格の一覧

定められた範囲で就労可能な在留資格

在留資格	該当例	外国人雇用状況届出書
外交	外国政府の大使、公使、総領事、代表団構成員等およびその家族	届出不要
公用	外国政府の大使館・領事館の職員、国際機関等から公の用務で派遣される者等およびその家族	届出不要
教授	大学教授等	要
芸術	作曲家、画家、著述家等	要
宗教	外国の宗教団体から派遣される宣教師等	要
報道	外国の報道機関の記者、カメラマン	要
高度専門職	ポイント制による高度人材（学歴・職歴・年収等のポイント合計が一定以上）	要
経営・管理	企業等の経営者・管理者	要
法律・会計業務	弁護士、公認会計士等	要
医療	医師、歯科医師、看護師	要
研究	政府関係機関や私企業等の研究者	要
教育	中学校・高等学校等の語学教師等	要
技術・人文知識・国際業務	機械工学等の技術者、通訳、デザイナー、私企業の語学教師、マーケティング業務従事者等	要
企業内転勤	外国の事業所からの転勤者	要
介護	介護福祉士	要
興行	俳優、歌手、ダンサー、プロスポーツ選手等	要
技能	外国料理の調理師、スポーツ指導者、航空機の操縦者、貴金属等の加工職人等	要
技能実習	技能実習生	要
特定技能	1号（建設業、介護業等14業種で相当程度の知識・経験を有する者）・2号（建設業、造船・舶用工業の2業種で熟練した技能を有する者）	要

身分や地位に基づく在留資格（就労制限なし）

在留資格	該当例	外国人雇用状況届出書
永住者	法務大臣から永住の許可を受けた者（入管特例法の「特別永住者」を除く）	要
日本人の配偶者等	日本人の配偶者・子・特別養子	要
永住者の配偶者等	永住者・特別永住者の配偶者および日本で出生し引き続き在留している子	要
定住者	第三国定住難民、日系3世、中国残留邦人等	要

就労できない在留資格

在留資格	該当例	外国人雇用状況届出書
文化活動	日本文化の研究者等	要（要資格外活動許可）
短期滞在	観光客、会議参加者等	
留学	大学、短期大学、高等専門学校、高等学校、中学校および小学校等の学生・生徒	
研修	研修生（実務を伴わないものまたは国や地方公共団体によるもの）労働はさせられないので、報酬の支払いは不可。資格外活動によるアルバイトも原則認められない	届出不要（雇用関係なし）
家族滞在	在留外国人が扶養する配偶者・子	要（要資格外活動許可）

個々の許可の内容により就労できるかどうかが決まる在留資格

在留資格	該当例	外国人雇用状況届出書
特定活動	外交官等の家事使用人、ワーキング・ホリデー、経済連携協定に基づく外国人看護師・介護福祉士候補者等	要

入管特例法に基づく在留資格地位（就労制限なし）

在留資格	該当例	外国人雇用状況届出書
特別永住者	第二次世界大戦中に日本国籍を離脱した在日朝鮮人・韓国人・台湾人とその子孫で、法務大臣から許可を受けた者。※在留カードではなく特別永住者証明書所持（携行義務・就職の際の提示義務なし）	届出不要

Column

外国人を雇用するときの注意点

社会保険などの届出以前に、外国人を雇用するときは、特別永住者を除き、在留資格と在留期限をあらかじめ確認し、仕事の内容がその外国人の在留資格で認められた範囲か、在留期間内かどうかを確認しなければなりません。留学生など、就労可能な在留資格でない場合も、資格外活動許可があればその範囲内であれば働かせることができます。在留カード、資格外活動許可証を確認し、その記載どおりに外国人雇用状況届出書やローマ字氏名届に記入します。

厚生年金　厚生年金保険被保険者 ローマ字氏名届

［提出先］年金事務所　［提出期限］厚生年金保険被保険者資格取得届と同時

在留カード・特別永住者証明書等または住民票に記載されたローマ字の氏名を大文字で記入。ローマ字氏名がない場合は、厚生年金保険資格取得届に記入したカナ氏名を記入

「国民年金第3号被保険者ローマ字氏名届」もほぼ同様の書き方なのだ。

漢字氏名や通称名がある場合に記入（任意）。通称名は、住民票に記載ある場合（在留カード、特別永住者証明書には通称名の記載なし）に記入

ローマ字氏名がない場合に、理由に✓をつける

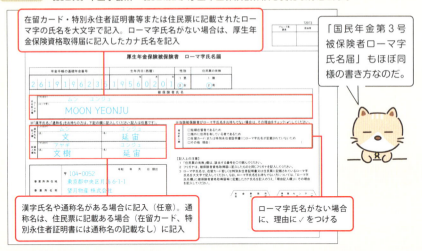

雇用保険　雇用保険被保険者資格取得届（雇用した外国人が雇用保険に加入するとき）

［提出先］ハローワーク　［提出期限］翌月10日

在留カードに記載された氏名をローマ字（大文字）で記入

在留期間がある場合は記入

右ページの②に記載の在留資格では在留資格では就労できない場合（留学や家族滞在等）に、資格外活動許可の有無を記入

派遣・請負労働者として主としてこの事業所以外で就労する場合は1、それ以外は2

外国人が入社したときの手続き

雇用保険 「外国人雇用状況届出書」（雇用した外国人が雇用保険に加入しないとき）

[提出先] 当該外国人が勤務する事業所を管轄するハローワーク　[提出期限] 翌月末日

Chapter 3　従業員の入社・退社の手続き

書類：厚生年金保険被保険者ローマ字氏名届、雇用保険被保険者資格取得届、外国人雇用状況届出書

様式第3号（第10条関係）（表面）

雇入れ／離職 に係る外国人雇用状況届出書

- 該当しない文字を横線で抹消
- 在留期間がある場合は記入

フリガナ（カタカナ）	ムン　ヨンヂュ
①外国人の氏名（ローマ字）	姓 MOON　名 YEONJU　ミドルネーム
②①の者の在留資格	永住者
③①の者の在留期間（期限）（西暦）	年　月　日　まで
④①の者の生年月日（西暦）	1956年 2月 1日
⑤①の者の性別	1 男 ・ 2 女（○）
⑥①の者の国籍・地域	韓国
⑦①の者の資格外活動許可の有無	1 有 ・ 2 無
⑧①の者の在留カードの番号	AA9999999ZZ
雇入れ年月日（西暦）	2023年 11月 1日
離職年月日（西暦）	年　月　日

- 在留カードに記載された氏名をローマ字で記入
- 在留カード番号を記載
- 入社日
- ②に記載の在留資格では就労できない場合（留学や家族滞在等）に、資格外活動許可の有無を記入

労働施策の総合的な推進並びに労働者の雇用の安定及び職業生活の充実等に関する法律施行規則第10条第3項の規定により上記のとおり届けます。

2023年 11月 10日

事業主

	雇入れ又は離職に係る事業所	雇用保険適用事業所番号
事業所の名称、所在地、電話番号等	（名称）望月物産 株式会社 上野支店　（所在地）東京都台東区入谷 4-32-1　TEL 03-387X-XXXX	①の者をもって起しがいの事業所で就労する場合 ☑
主たる事務所	（名称）望月物産 株式会社　（所在地）東京都中央区月島 6-1-1　TEL 03-3859-XX79	
氏名	代表取締役 望月 虹太郎	

- 雇用保険適用事業所かどうかにかかわらず対象となる外国人を雇い入れた事業所を記入。提出先もこの事業所の所在地を管轄するハローワーク
- 本社
- 派遣・請負労働者として主としてこの事業所以外で就労する場合は ✓

事務代理者の表示　氏

在留カード

- 日本国政府 GOVERNMENT OF JAPAN 在留カード RESIDENCE CARD　番号 AA9999999ZZ
- 氏名 NAME 文 延宙　MOON YEONJU
- 生年月日 DATE OF BIRTH 1956年 2月 1日　性別 SEX 女 F.　国籍・地域 NATIONALITY/REGION 韓国
- 住居地 ADDRESS 東京都江東区森下6丁目22番10号森下ガーデンハイツ808号
- 在留資格 STATUS 永住者　就労制限の有無 就労制限なし
- 在留期間（満了日）PERIOD OF STAY ＊年＊月　＊＊＊＊年＊月＊＊日
- 許可の種類　永住許可（法務大臣）
- 許可年月日 2017年1月1日　交付年月日 2017年1月1日
- このカードは 2024年1月1日まで有効　法務大臣

- ①へ転記。氏名をローマ字で記入。ミドルネームは在留カードに記載された名前の3つ目以降すべて
- ⑤へ転記
- ⑥へ転記
- ②へ転記
- ④へ転記
- ③へ転記

住居地記入欄

届出年月日	居住地	記載者印
2018年1月10日	東京都江東区森下6丁目22番20号フォレストタウン601号	東京都江東区長

資格外活動許可欄　　　在留期間更新等申請中／在留資格変更許可申請中

- 許可の有無を⑦へ記載

129

業務の流れをつかもう　頻度：退社の都度　締切：ー

Section 08 | 従業員の退社に伴う手続きの流れをつかもう

雇用保険の喪失手続きは急ぐんだ。失業給付が退職後の生活費だからね。

社会保険と労働保険の資格喪失手続きのスケジュール

1　情報収集
退職決定時

退職日、退職事由、最終出勤日、離職票発行の希望を確認

▶ P.131〜133

2　事前準備
退職決定〜退職日まで

健康保険証回収日の連絡、書類作成、退職届等の回収など

▶ P.131〜133

3　書類回収
退職日

健康保険証の回収、離職証明書の確認、資格喪失証明書等の交付

▶ P.134〜139

4　社会保険の手続き
退職日の翌日から5日以内

健康保険・厚生年金保険資格喪失届提出

▶ P.134

5　雇用保険の手続き
退職日の翌々日から10日以内

雇用保険資格喪失届、雇用保険離職証明書の提出

▶ P.140

6　喪失手続き終了後
雇用保険手続き完了後すみやかに

離職票を退職者へ送付

▶ P.146

　退職時の手続きのメインとなるのは、雇用保険や社会保険の脱退です。この脱退のことを「資格喪失」といいます。

　社会保険の喪失手続きは、日本年金機構や健康保険組合に資格喪失届を提出し、健康保険証を返却します。

　雇用保険の喪失手続きは、ハローワークに資格喪失届と離職証明書を提出します。このとき、離職理由を証明することができる書類を添付し、賃金台帳・出勤簿を提示します。これは単に雇用保険をやめる手続きというだけでなく、退職後の生活費となる失業給付（求職者給付）の受給のための下準備でもあります。失業給付が早

従業員の退社に伴う手続きの概要

- ☑ **対象者**　被保険者
- ☑ **作成する書類**　雇用保険被保険者資格喪失届、雇用保険被保険者離職証明書
  健康保険・厚生年金保険被保険者資格喪失届 など
- ☑ **確認する書類**　賃金台帳、出勤簿、退職届（願）、雇用契約書、解雇予告通知書 など
- ☑ **書類の提出**　ハローワーク、年金事務所、健康保険組合 など

Chapter 3　従業員の入社・退社の手続き

> ダウンロードデータの「退職届」（P.366参照）を記入してもらうと、漏れなく必要な情報が入手できます。

く支払われるよう、雇用保険の喪失手続きは極力急ぎたいものです。

　入社の手続きに必要な書類は、入社日に提出されなかったとしても、翌日以降に回収することができます。これに対し、退職の場合は、退職日を過ぎると退職者と連絡がとれなくなってしまうことも有り得ます。従業員がまだ出社しているうちに、退職の経緯や退職前の有休消化の有無、退職後の連絡先などの情報収集、退職届や健康保険証、返却物の回収を行いましょう。

　離職理由・退職後の連絡先などの項目がある退職届、退職時の提出・返却物チェックリストといった社内書式を統一して整備しておくと、退職に関係する手続きをスムーズに行うことができます。

> **memo**　社会保険については、喪失手続きだけでなく、退職後に退職者が次の保険に入るときに求められる資格喪失証明書の作成・交付も必要になる。退職日には渡せるように準備すること。

業務をくわしく知ろう　　頻度：退社の都度　　締切：　　―

Section 09 | 退職経緯の確認と必要な書類

- 最初に確認するのは、退職日、退職に至る経緯、最終出勤日。
- 健康保険に加入していたら本人と被扶養者の健康保険証、70歳以上75歳未満なら併せて高齢受給者証を回収。
- 退職の経緯を証明する書類は必ず書面で残しておく。

退職者がどの保険に加入していたか、どんな経緯で退職したかで集める書類が変わるよ。

退職が決まったら確認すること

退職の連絡が入ったら、退職者本人やその上司に「退職日」「退職に至る経緯」「最終出勤日」の3点を最初に確認します。そして、雇用保険や健康保険・厚生年金保険の加入状況により必要な書類を集めます。有給休暇を消化して退職する場合、退職日までに健康保険証の返却がなく、健康保険の喪失手続きが遅くなってしまうこともあります。いつ、どのような方法で健康保険証を返却してもらうのか、きちんと取り決めをしておきます。退職後に転居してしまい連絡がつかなくなるケースもあるため、退職後の転居予定と連絡先を訊いておくようにします。

退職経緯により異なる雇用保険の添付書類

雇用保険の手続きで離職票を発行する場合は、雇用保険を喪失することとなった理由を証明する書類を添付します。解雇なら解雇予告通知書、自己都合退職なら退職願や退職届、退職勧奨に合意したことによるものなら退職勧奨合意書などです。これらは、万が一訴訟となった場合には証拠となる書類でもあり、労務管理上も重要なものであるため、雇用保険加入の有無にかかわらず、必ず書面で残すように社内で徹底しておきます。

● 退職経緯の確認と必要な書類

	必要な場合	手続きに必要な書類	入手方法
雇用保険（離職票発行の場合）	離職票発行（共通）	出勤簿、賃金台帳、労働者名簿（退職日・退職事由記載）	会社保管のもの
	自己都合退職	退職届（退職願）	退職者から会社に提出
	雇用契約期間満了	雇用契約書	会社保管のもの
	所定労働時間を週20時間未満へ変更	労働条件変更後の雇用契約書	会社で2通作成し、双方押印した会社控
	解雇	解雇（予告）通知書	会社から退職者に渡し、その写しを会社控として保管
	重責解雇	解雇（予告）通知書、就業規則、労基署の解雇予告除外認定通知書等	
	退職勧奨	退職勧奨合意書	会社で2通作成し、双方押印した会社控
	希望退職募集に応じ退職	希望退職募集要項等、希望退職に応募した事実がわかる書類	
	定年退職	就業規則の該当ページ	会社保管のもの
	期間雇用・定年後の再雇用で当初決められた雇用期間の上限に達したことによる離職	雇用契約書、就業規則など	会社保管のもの
健康保険	共通	健康保険証（被保険者・被扶養者）	退職者から回収
	70歳以上75歳未満の被保険者・被扶養者	健康保険高齢受給者証	退職者から回収

退職後は連絡が取りづらくなる人もいるので、できるだけ早めに手続きを行うようにしよう。

キーワード　離職票

業務をくわしく知ろう　頻度：退社の都度　締切： —

Section 10　健康保険・厚生年金保険の喪失手続き

- 健康保険の喪失手続の際、被保険者・被扶養者の健康保険証（高齢受給者証も）を添付。
- 健康保険証の添付ができないときは、「健康保険被保険者証回収不能届」を同時に提出する。
- 退職後の公的医療制度の選択肢は、「任意継続」「国民健康保険に加入」「家族の被扶養者」「転職先で加入」。

健康保険をやめるときは、健康保険証を返却するのだ。

退職者からは被扶養者の健康保険証の回収を忘れずに

　健康保険の資格喪失届には退職者とその被扶養者の健康保険証を添付します。70歳から74歳の場合は、通常の健康保険証に加え、高齢受給者証も添付が必要です。退職者が健康保険証を紛失しているときや、退職者に連絡がつかず健康保険証の回収ができないときなどは、「健康保険被保険者証回収不能届」（健康保険組合の場合は名称が異なることがあり）を添付して手続きします。

　電子申請の場合は健康保険証を郵送等で返却する前に資格喪失確認通知書が発行されますが、その後返却が遅れると、退職者の自宅に健康保険証返却の督促状が送られますので、すみやかに返却するようにしましょう。

健康保険の任意継続の手続きは退職者自身で行う

　退職後に加入する公的医療制度の選択肢のひとつに、「任意継続」という制度があります。これは、在職中加入していた健康保険に退職後も継続して加入できる制度です。「継続」といっても、会社を通して加入していた保険は資格喪失し、喪失日に個人単位で加入し直すことになるため、退職者が任意継続を希望している場合でも、それまでの健康保険証は回収します。

　任意継続の手続きは退職者自身が行いますが、会社がやってくれるものと勘違いされることもありますので、退職者には制度の要件やメリット・デメリット、手続き方法をよく説明しておきましょう。

健康保険の任意継続と国民健康保険の比較

制度	任意継続	国民健康保険
加入できる条件	・被保険者期間が退職日までに継続して2か月以上あること。 ・退職日の翌日から20日以内(20日目が土日・祝日の場合は翌営業日まで)に加入手続きをすること(郵送の場合、20日以内に到着)。	・ほかの公的医療制度に加入していないこと。
保険料	・退職時の標準報酬月額に健康保険料率を掛けた金額。 ・在職中と異なり、事業主負担はないため、全額負担することになる(在職時の2倍)。 ・協会けんぽは標準報酬月額の上限あり。退職時の標準報酬月額が上限よりも高い場合は、上限の標準報酬月額で保険料が計算される(令和6年度は300千円)。 ・健保組合の場合は上限を設けず退職時の標準報酬月額で決定することができる。	・具体的な計算方法は自治体により異なる。 ・前年の所得、世帯の加入人数等により決定される。 【所得割】同一世帯で国保に加入する人の前年の所得により計算 【均等割】同一世帯で国保に加入する人の人数により計算 【資産割】持家など固定資産税のかかる資産がある場合に加算(一部の自治体) ※各市区町村のホームページに具体的な計算方法の記載あり。
保険料の納付	当月分を毎月10日(土日・祝日の場合は翌営業日)までに納付。前納(割引あり)や口座振替も可能。納付期限までに納めないと、翌日の11日には資格を失い、再加入できない。	・1年間の保険料を6月～翌年3月の10か月間で納付(一部の自治体では例外あり)。 ・前納(割引あり)、口座振替も可能。
保険給付	・在職中とほぼ同様の給付内容のため、保険給付や健康診断費用など、国保よりも有利なことが多い。 ・傷病手当金・出産手当金は対象外(継続して1年以上被保険者期間がある人が退職時に受けていた給付を引き続き受給する継続給付を除く)。	・傷病手当金・出産手当金は制度がない(継続して1年以上被保険者期間がある人が退職時に受けていた給付を引き続き受給する継続給付を除く)。
扶養	在職中と同様に扶養の制度あり。 被扶養者の保険料はかからない。	被扶養者の制度なし世帯単位で加入し、収入のない家族であっても一定の保険料(均等割)はかかる。
加入できる期間	最大2年	加入期間の上限なし
加入手続窓口	在職中に加入していた健康保険の保険者(協会けんぽや健康保険組合)	市(区)役所の窓口
メリット	・協会けんぽの場合は標準報酬月額に上限があるため、在職中の給与額が高かった人ほど保険料が安い。 ・付加給付があるなど、国保よりも給付内容がいいことが多い。	・前年の所得をもとに保険料が計算されるため、無収入の状態が続くと2年目の保険料は下がることが多い。 ・65歳未満で雇用保険に加入していた人が、解雇など会社都合で退職したときは、前年の所得を実際の3割とみなす保険料の軽減制度があるため、保険料が安い。
デメリット	・無収入の状態が続いても、保険料は下がらない。	・保険料の上限はあるものの、上限が高い。 ・被扶養者の概念がないため、扶養家族が多い場合は割高。
会社側の注意点	・退職の際、資格喪失証明書を作成し、退職者に渡しておく。 ・退職者が任意継続の手続きを済ませても、会社の行う資格喪失届の手続きが終わらないと任意継続の健康保険証が発行されないため、喪失手続きは急ぐこと。	・退職の際、資格喪失証明書を作成し、退職者に渡しておく。

> **memo** 70歳以上被用者が退職する場合は、厚生年金保険70歳以上被用者不該当届を提出する。資格喪失届と同じ用紙なので、70代前半の場合、健康保険も1枚の書類で同時に手続きできる。

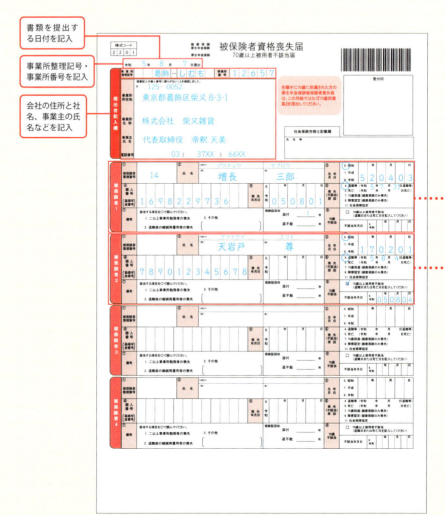

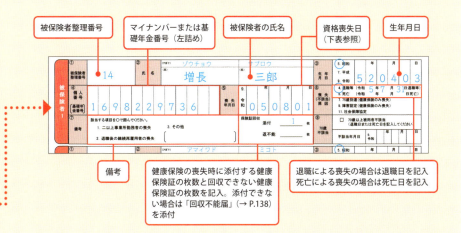

⑤資格喪失日の記入方法

ケース	記入する日付
退職の場合	退職日の翌日
死亡の場合	死亡日の翌日
契約変更により所定労働日数・時間が減って加入資格を満たさなくなったとき	契約変更日
75歳到達による健康保険資格喪失	75歳の誕生日の当日
転勤の場合	転勤日当日
65～74歳で後期高齢者広域連合により障害認定を受けた場合	障害認定日（後期高齢者医療制度の資格取得日）

健康保険 被保険者証回収不能届

[提出先] 年金事務所、健康保険組合　[提出期限] 資格喪失届と同時

- 被保険者の氏名、住所、電話番号など
- 健康保険証の記号
- 健康保険証の番号（被保険者整理記号）
- 被保険者の生年月日

健康保険　被保険者証回収不能届

被保険者証の（左づめ）
- 記号：42291513
- 番号：14
- 生年月日：昭和 520403

被保険者情報
- 氏名（フリガナ）：ゾウチョウ　サブロウ　／　増長　三郎
- 住所：〒272-0023　千葉県　市川市南八幡 7-9-8
- 電話番号（日中の連絡先）：TEL 047(3XX)99XX　携帯電話：―

※「電話番号（日中の連絡先）」または「携帯電話番号」について必ず記入してください。

回収不能等の対象者
- 氏名：増長三郎
- 生年月日：昭和 52年 04月 03日
- 性別：男
- 高齢受給者証　交付：有　返納：無
- 被保険者証を返納できない理由：自宅保管中に滅失

- 被保険者・被扶養者のうち健康保険証を回収できない人の氏名、生年月日、性別
- 高齢受給者証の交付の有無と返納の有無を記入
- 返納できない理由をなるべく具体的に記入

備考：上記の者について、被保険者証（高齢受給者証）が回収不能であるため届出します。
なお、被保険者証を回収したときは、ただちに返納します。

提出日：令和 5年 8月 7日
→ 書類を提出する日付を記入

事業主欄
- 事業所所在地：〒125-0052　東京都葛飾区柴又 8-3-1
- 事業所名称：株式会社　柴又雑貨
- 事業主氏名：代表取締役　帝釈　天美
- 電話：03(37XX)66XX

→ 会社の住所と社名、事業主の氏名などを記入

社会保険労務士記載欄　氏名等

※この届は被保険者証を返納できない場合に提出します。
※回収不能対象者には、後日、被保険者あてに「健康保険被保険者証の無効のお知らせ」を送付します。

受付日付印

健康保険
厚生年金

健康保険・厚生年金保険資格取得・喪失証明書

［提出先］市区町村等　［提出期限］退職後、新たな公的保険の資格取得手続きの際に添付

退職後に国保や国民年金等に加入するための書類として「健康保険・厚生年金保険資格喪失証明書」があります。健康保険を喪失した事実と、喪失日を確認する書類です。決まった様式はありませんが、健康保険の保険者番号・記号・番号（健康保険証に記載あり）、資格喪失日などを記入するようにします。

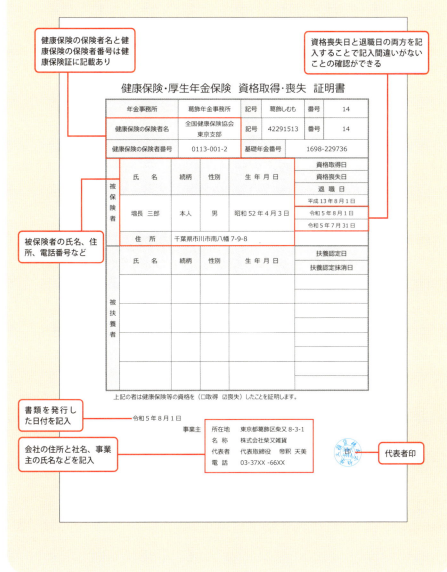

業務をくわしく知ろう

頻度：退社の都度　締切：離職日の翌々日から10日以内

Section 11 雇用保険の喪失手続き

- 離職理由によって給付制限期間や所定給付日数が変わる。
- 離職日において65歳以上の人は高年齢求職者給付の対象。
- 離職理由は退職者や会社の都合で事実と異なる記載はできない。

雇用保険から抜けるときは、退職者が失業給付を受けるための書類も作るのだ。

退職の理由で失業保険の支給額は変わる

失業給付の内容は、離職理由によって変わります。例えば、被保険者だった期間が5年の50歳の人で比較すると、自己都合では、失業給付を受け取れる日数は90日で、待期期間のほかに給付制限期間もあります。これが普通解雇だと、240日受け取れて、給付制限期間はなく、7日の待期期間だけですぐに受け取れます。また、失業給付の受給要件である被保険者期間も、通常は12か月必要ですが、解雇等の場合は6か月以上あれば足ります。このような違いがあるため、退職理由をめぐって争いになることもあります。どのような経緯で退職に至ったのか、書面の確認や現場への聴き取りにより、詳細に確認をしておくことが重要です。

自己都合退職を会社都合退職に偽るとペナルティも

本当は退職者から申し出た退職なのに、失業給付を有利に受け取れるように会社都合扱いとして離職証明書に記入するといったことは絶対にやめましょう。虚偽の離職理由で失業給付を受けると不正受給となり、発覚すると受給した失業給付の3倍の額の返還を命じられることもあります。加担した会社も詐欺罪の幇助となる可能性があります。

● 雇用保険の失業給付（「求職者給付」の「基本手当」）の所定給付日数

所定給付日数：受給期間（通常は離職日の翌日から1年間）内で、基本手当を受給できる限度日数
算定基礎期間：雇用保険被保険者であった期間（一定の条件を満たせば前職の被保険者であった期間を通算）

自己都合退職等の場合（離職区分　2D、2E、3C、3D、4D、5E）

離職時年齢 \ 算定基礎期間	10年未満	10年以上 20年未満	20年以上
65歳未満	90日	120日	150日

離職時年齢 \ 算定基礎期間		1年未満	1年以上
障害者等の就職困難者	45歳未満	150日	300日
	45歳以上 65歳未満	150日	360日

解雇等、会社都合による離職の場合（特定受給資格者・一部の特定理由離職者）
（離職区分　1A、1B、2A、2B、2C、3A、3B）

離職時年齢 \ 算定基礎期間		1年未満	1年以上 5年未満	5年以上 10年未満	10年以上 20年未満	20年以上
30歳未満		90日	90日	120日	180日	―
30歳以上35歳未満		90日	120日	180日	210日	240日
35歳以上45歳未満		90日	150日	180日	240日	270日
45歳以上60歳未満		90日	180日	240日	270日	330日
60歳以上65歳未満		90日	150日	180日	210日	240日
障害者等の就職困難者	45歳未満	150日	300日			
	45歳以上 65歳未満	150日	360日			

● 雇用保険の失業給付（高年齢求職者給付金）の所定給付日数

高年齢被保険者（65歳以上で離職）
離職区分に関係なく決定　一時金を一括支給

算定基礎期間	1年未満	1年以上
高年齢求職者給付金の額	30日分	50日分

退職の経緯と雇用保険の失業給付(「求職者給付」の「基本手当」)の関係

退職事由		退職経緯	
解雇		重責解雇以外の解雇	
		天災等のやむを得ない理由により事業が継続できないことによる解雇	
重責解雇		横領や長期無断欠勤等、労働者側に重大な非がある懲戒解雇	
希望退職募集		人員整理を目的とした離職前1年以内・募集期間3か月以内の希望退職募集に応募し退職	
退職勧奨		退職勧奨に合意したことによる退職	
定年退職		本人の定年後の継続雇用希望なし	
		退職・解雇事由に該当	
		労使協定の継続雇用基準に満たず	
		継続雇用しないことに合理的な理由がないもの	
期間満了	通算3年未満	定年再雇用の限度年齢到達	
		最初に定めた雇用契約期間の上限到達	
		更新の確約があり、労働者も更新を希望したのに雇止め	
		更新を更新しない明示があった契約の期間満了	
		更新の確約はなく、労働者が更新を希望したが雇止め	
		労働者が更新を希望せず退職	
		◎ H30.2.5～R4.3.31の離職者で契約更新上限到来による離職で ・当初の有期契約締結時には更新上限がなく、上限が後から追加されたか不更新条項が追加された場合　または ・契約更新上限が当初の有期契約締結後に引き下げられた場合　または ・H24.8.10以後に締結された4年6か月以上5年以下の更新上限の到来による離職の場合	
	1回以上更新通算3年以上	直前の契約締結時に雇止め通知あり労働者は更新を希望していたが雇止め	
		直前の契約締結時に雇止め通知あり労働者より更新を希望しない申し出あり	
		直前の契約締結時に雇止め通知なし労働者は更新を希望していたが雇止め	
		直前の契約締結時に雇止め通知なし労働者より更新を希望しない申し出あり	
		◎ H30.2.5～R4.3.31の離職者で契約更新上限到来による離職で ・当初の有期契約締結時には更新上限がなく、上限が後から追加されたか不更新条項が追加された場合　または ・契約更新上限が当初の有期契約締結後に引き下げられた場合　または ・H24.8.10以後に締結された4年6か月以上5年以下の更新上限の到来による離職の場合	
労働者の判断		労働条件(賃金、時間外労働等)が契約と著しく異なったため退職	
		賃金の未払い(3分の2未満)・遅配が続くため退職	
		出産・育児・介護等の制度利用による不利益取り扱い等があったため退職	
		教育訓練等が不充分な職種転換、勤務地特定者に遠方への転勤命令	
		パワハラ・マタハラ・セクハラ等による退職	
		事業所移転により通勤困難となったため退職(往復4時間程度)	
		自己都合退職　一身上の都合、転職希望等	
		労働者の事情による退職のうち、正当な理由あり(被保険者期間12か月以上)	
		労働者の事情による退職のうち、正当な理由あり(被保険者期間6か月以上12か月未満)	

喪失原因	離職区分	種類	受給に必要な被保険者期間	給付制限	国保軽減
3	1A	特定受給	6か月	なし	○
2	1B	特定受給	6か月	なし	○
2	5E	一般	12か月	3か月	×
3	3A	特定受給	6か月	なし	○
3	3A	特定受給	6か月	なし	○
2	2E	一般	12か月	なし	×
2	2A	特定受給	6か月	なし	○
2	2E	一般	12か月	なし	×
3	1A	特定受給	6か月	なし	○
2	2D	一般	12か月	なし	×
2	2D	一般	12か月	なし	×
2	2B	特定受給	6か月	なし	○
2	2D	一般	12か月	なし	×
2	2C	特定理由	6か月	なし	○
2	2D	一般	12か月	なし	×
2	2C	特定理由	6か月	なし	○
2	2A	特定受給	6か月	なし	○
2	2D	一般	12か月	なし	×
3	1A	特定受給	6か月	なし	○
2	4D	一般	12か月	あり	×
2	2A	特定受給	6か月	なし	○
3	3A	特定受給	6か月	なし	○
3	3A	特定受給	6か月	なし	○
3	3A	特定受給	6か月	なし	○
3	3A	特定受給	6か月	なし	○
3	3A	特定受給	6か月	なし	○
2	3B	特定受給	6か月	なし	○
2	4D	一般	12か月	あり	×
2	3C	特定理由	12か月	なし	○
2	3D	特定理由	6か月	なし	○

- 雇止め通知は雇用契約書等、書面に限る（口頭しかない場合、明示がなかったと判断）
- 離職区分3C、3Dは、離職者が求職申し込みをしたハローワークで最終的に判断され、4D（離職票発行時）から変更される
- 喪失原因の内容についてはP.144参照
- 「特定受給資格者」
  解雇や退職勧奨等により離職を余儀なくされた雇用保険の受給資格者をいい、自分の意思で離職した一般の受給資格者よりも「所定給付日数が多い」「給付制限がない」「6か月の被保険者期間で受給資格が得られる」といった優遇措置がある。
- 「特定理由離職者」
  雇止めや正当な理由のある自己都合退職により離職した受給資格者で、「給付制限がない」「6か月の被保険者期間で受給資格が得られる」という優遇措置がある。所定給付日数は一般の受給資格者と同じだが、暫定措置として「離職日が令和7年3月31日までの離職区分2Cの離職者」に限り、特定受給資格者同様に給付基礎日数が多くなっている。
- 「給付制限期間」
  給付制限期間とは自己都合等で離職した場合に、失業給付が支給されない期間のこと。懲戒解雇の場合は3か月、自己都合離職は、5年間のうち2回までは2か月、3回目以降は3か月。令和7年4月1日以降の自己都合離職の場合は5年間のうち2回までは1か月、3回目以降は3か月となる。一定の教育訓練等を自ら受けた場合は給付制限は行われなくなる。

雇用保険被保険者資格喪失届

[提出先] ハローワーク　[提出期限] 離職日の翌々日から10日以内

資格取得の手続きの際に交付された「様式第4号」の用紙を使う場合「雇用保険被保険者資格取得等確認通知書（事業主通知用）」と一緒になっているので、切り離して使用

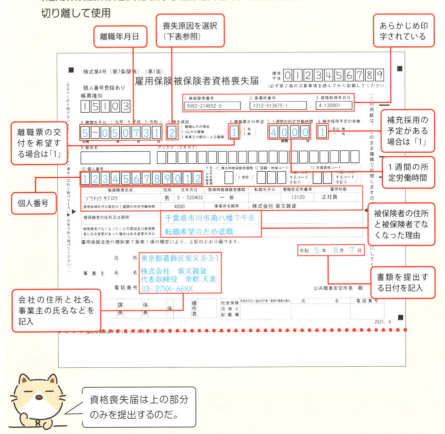

資格喪失届は上の部分のみを提出するのだ。

喪失原因の選択

番号	解説
1	死亡、在籍出向、出向元への復帰
2	自己都合退職、重責解雇、契約期間満了（一部の雇止めを除く）、定年、週の労働時間が20時間未満に変更、取締役就任
3	解雇、退職勧奨、勤続3年以上の更新時に明示のない雇止め

資格取得届などで、退職者の個人番号をすでにハローワークに届け出ている場合は、欄外等に「マイナンバー届出済」と記載すると記入を省略できる。

雇用保険　雇用保険被保険者資格喪失届（第2面）

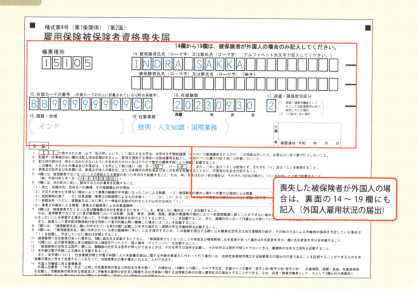

喪失した被保険者が外国人の場合は、裏面の14〜19欄にも記入（外国人雇用状況の届出）

雇用保険　雇用保険被保険者資格喪失届（移行処理用）

［提出先］ハローワーク　［提出期限］離職日の翌々日から10日以内

資格取得の手続きの際に交付された「様式第4号」の用紙（氏名等があらかじめ印字されたもの）がない場合は、「移行処理用」の用紙を使用します。用紙はハローワークインターネットサービスよりダウンロード可能です。

喪失した被保険者が外国人の場合は、14〜19欄にも記入（外国人雇用状況の届出）

業務をくわしく知ろう　　頻度：退社の都度　　締切：　—

Section 12 | 離職証明書の作成

- 離職証明書は退職者が交付を希望しない場合以外は、喪失届と一緒に提出。
- 59歳以上の退職者には、必ず離職票を交付する。
- 離職理由は受給要件、給付日数、給付制限期間に影響するため、正確に把握する。

離職証明書は退職者が失業給付を受けるときに必要な書類なのニャ。

ハローワークに資格喪失届と離職証明書を提出するのが基本

雇用保険の被保険者が退職したときは、ハローワークに資格喪失届だけでなく、離職証明書も同時に提出します。離職証明書とは退職日までの賃金の基礎となった日数と賃金額、離職理由を届け出るもので、この内容によって失業給付の受給の可否、受給できる金額・日数、給付制限期間の有無が決定されます。

退職者が離職票の交付を希望しない場合は、離職証明書は作成しなくても構いません。ただし、退職者が59歳以上のときは、本人が交付を希望しない場合でも省略できません。これは、高年齢雇用継続給付の受給の確定に使用することがあるためです。

離職票が届いたら退職者に送付する

離職証明書は3枚複写の書類で、1枚目が離職証明書（事業主控）、2枚目が離職証明書（安定所控）、3枚目が離職票-2です。資格喪失手続きの際、3枚ともハローワークに提出すると、1枚目と3枚目が戻ってくるので、別に発行される「離職票-1」と「離職票-2」を退職者に送付します。

雇用保険被保険者離職証明書

[提出先] ハローワーク　[提出期限] 離職日の翌々日から10日以内

離職証明書は3枚つづりなのだ。

●2枚目

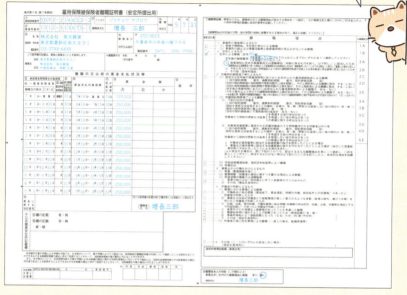

●3枚目

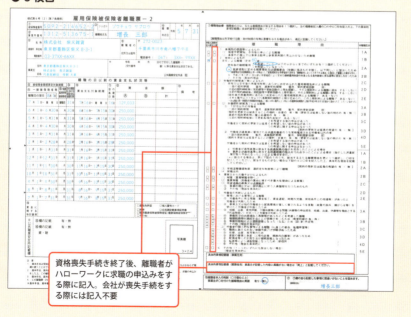

資格喪失手続き終了後、離職者がハローワークに求職の申込みをする際に記入。会社が喪失手続をする際には記入不要

●離職証明書に記入する賃金額の集計方法

●離職証明書：XX年7.25 退職　時給制　月末〆・翌月15日払

⑧ 被保険者期間算定対象期間		⑨ ⑧の期間における賃金支払基礎日数	⑩ 賃金支払対象期間	⑪ ⑩の基礎日数	⑫ 賃金額 Ⓐ	Ⓑ	計	⑬ 備考
Ⓐ 一般被保険者等	Ⓑ 短期雇用特例被保険者							
離職日の翌日 7月26日								
6月26日～離職日	離職月	14日	7月 1日～離職日	10日	18,015	50,000	68,015	
5月26日～6月25日	月	21日	6月 1日～6月30日	21日	18,015	106,500	124,515	
4月26日～5月25日	月	19日	5月 1日～5月31日	21日	18,015	107,500	125,515	
3月26日～4月25日	月	24日	4月 1日～4月30日	20日	18,015	103,250	121,265	
2月26日～3月25日	月	19日	3月 1日～3月31日	22日	15,255	111,000	126,255	
1月26日～2月25日	月	20日	2月 1日～2月28日	19日	15,251	97,750	113,001	
12月26日～1月25日	月	19日	1月 1日～1月31日	19日	15,251	98,500	113,751	
11月26日～12月25日	月	19日	月　日～　月　日	日				
10月26日～11月25日	月	19日	月　日～　月　日	日				
9月26日～10月25日	月	20日	月　日～　月　日	日				
8月26日～9月25日	月	21日	月　日～　月　日	日				
7月26日～8月25日	月	18日	月　日～　月　日	日				

●賃金台帳など

賃金台帳	98,500	97,750	111,000	103,250	107,500	106,500	50,000
給与支給日	2月15日	3月15日	4月15日	5月15日	6月15日	7月15日	8月15日
勤務期間	1/1-1/31	2/1-2/28	3/1-3/31	4/1-4/30	5/1-5/31	6/1-6/30	7/1-7/31
出勤日数	17	19	21	20	20	21	9
有給休暇日数	2	0	1	0	1	0	1
基本給(時給)	85,000	95,000	105,000	100,000	100,000	105,000	45,000
有休手当	10,000	0	5,000	0	5,000	0	5,000
時間外手当	3,500	2,750	1,000	3,250	2,500	1,500	0
通勤交通費	0	0	91,510	0	0	0	-19,450
総支給額	98,500	97,750	202,510	103,250	107,500	106,500	30,550

●定期代を各月に配分

各月に配分した交通費	15,251	15,251	15,255	18,015	18,015	18,015	18,015

↑6か月定期÷6（端数切捨）　　↑端数は最後の月　　↑（支給済定期代－精算額）÷支給月数（端数切捨）
72,060（91,510-19,450）

- 10月に10/1～3/31の期間の6か月定期を91,510円
- 4月に4/1～9/30の期間の6か月定期を91,510円支給
- 退職にあたって、8/1-9/30の2か月分を払い戻している

▶
- 6か月定期は6で割って各月に配分（端数は最後の月）
- 精算は、その期間の定期代と払い戻し代を合せて、各月に配分

● 1 日～月末までの集計

	12月	1月	2月	3月	4月	5月	6月	7月
出勤	21	17	19	21	20	20	21	9
有休	0	2	0	1	0	1	0	1
計	21	19	19	22	20	21	21	10

● 26 日～翌 25 日までの集計

	12月	1月	2月	3月	4月	5月	6月	7月
出勤		17	20	19	23	18	21	13
有休		2	0	0	1	1	0	1
計		19	20	19	24	19	21	14

● 退社した年の出勤日と有給の状況

	12月	1月	2月	3月	4月	5月	6月	7月
1	出勤	休日	出勤	出勤	休日	出勤	出勤	休日
2	休日	休日	出勤	出勤	出勤	出勤	休日	出勤
3	休日	休日	休日	休日	出勤	休日	休日	出勤
4	出勤	有休	出勤	休日	出勤	休日	出勤	有休
5	出勤	有休	出勤	出勤	出勤	出勤	出勤	出勤
6	出勤	出勤	出勤	出勤	出勤	出勤	出勤	出勤
7	出勤	出勤	出勤	出勤	休日	出勤	出勤	休日
8	出勤	出勤	出勤	出勤	休日	出勤	出勤	休日
9	休日	出勤	出勤	出勤	出勤	出勤	休日	出勤
10	休日	出勤	出勤	休日	出勤	出勤	休日	出勤
11	出勤	出勤	休日	出勤	出勤	出勤	出勤	出勤
12	出勤	出勤	休日	出勤	出勤	休日	出勤	欠勤
13	出勤	休日	出勤	出勤	出勤	休日	出勤	出勤
14	出勤	休日	出勤	出勤	休日	出勤	出勤	休日
15	出勤	出勤	出勤	出勤	休日	出勤	出勤	休日
16	休日	出勤	出勤	出勤	出勤	出勤	休日	出勤
17	休日	出勤	出勤	出勤	出勤	出勤	休日	欠勤
18	出勤	出勤	休日	休日	出勤	出勤	出勤	欠勤
19	出勤	出勤	出勤	出勤	出勤	休日	出勤	出勤
20	出勤	休日	出勤	出勤	出勤	休日	出勤	欠勤
21	出勤	休日	出勤	休日	休日	出勤	出勤	休日
22	出勤	出勤	出勤	出勤	休日	有休	出勤	休日
23	休日	出勤	出勤	出勤	出勤	出勤	休日	欠勤
24	休日	出勤	出勤	休日	休日	出勤	休日	欠勤
25	出勤	出勤	休日	出勤	出勤	出勤	出勤	欠勤
26	出勤	出勤	出勤	出勤	出勤	休日	出勤	
27	出勤	休日	出勤	出勤	出勤	休日	出勤	
28	出勤	休日	出勤	出勤	休日	出勤	出勤	
29	出勤	出勤		出勤	休日	出勤	出勤	
30	休日	出勤		出勤	休日	出勤	休日	
31	休日	出勤		出勤	有休	出勤		

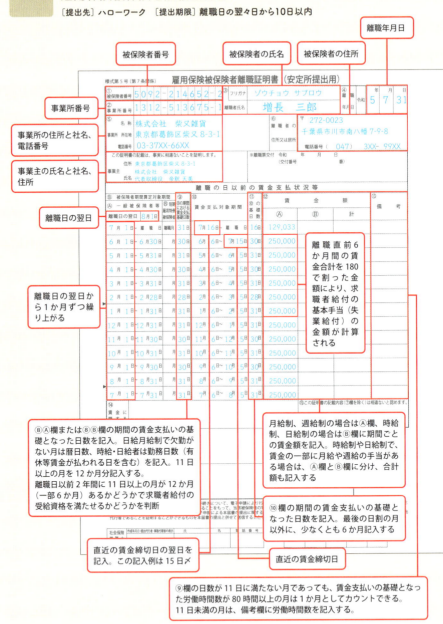

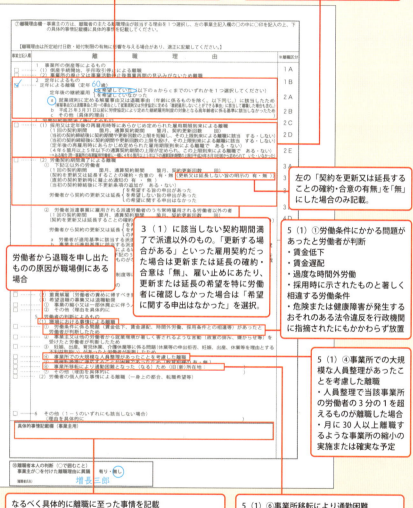

●離職日の翌日に応答する日がない場合の記入方法

例：離職日が令和5年7月30日。⑧欄Ⓐの左側の日付は、離職日の翌日（31日）に応答する日がない月は、その月の末日を記入。その前日の日付を下の行の右の日付に記入する。

●日給月給制で欠勤控除があった場合の記入方法

例：就業規則により、欠勤控除額＝基本給÷21日×欠勤日数としている会社。減額のない月の日数を1か月の給与のもととなる日数（この例では21日）を記入、減額のある日は欠勤日数を減じた日数を記入する。

※管轄のハローワークによっては、異なる取り扱いをすることがあります。

●長期休職等で、引き続き30日以上賃金の支払いがなかった場合の記入方法

例：私傷病により連続して164日間休職となり、その間の賃金の支給がなかった場合。
　　備考欄に賃金の支給のなかった日の初日から末日と休業理由を記入し、事実証明書類を添付

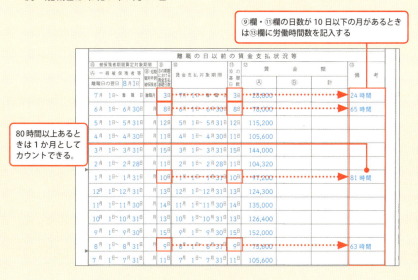

支払基礎日数が0日の月は省略可能。ただし、省略する場合は傷病手当金支給申請書控等、その事実を証明する書類の添付が必要

●賃金支払基礎日数が11日に満たない月があるときの記入方法

例：離職日が令和5年7月31日

⑨欄・⑪欄の日数が10日以下の月があるときは⑬欄に労働時間数を記入する

80時間以上あるときは1か月としてカウントできる。

Column

離職証明書が1枚で書ききれないときは

賃金支払基礎日数が11以上の月が少ないときには、1枚では12か月書ききれないことがあります。その場合には次のようにします。

● 1枚目

● 2枚目

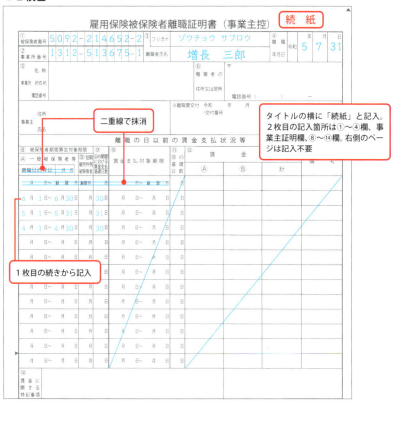

Chapter

出産・育児に伴う
手続き

Keyword

社会保険料免除／出産手当金／出産育児一時金／
育児休業給付金／養育特例

業務の流れをつかもう

頻度: —　締切: —

Section 01　従業員の出産・育児に伴う手続きの流れをつかもう

出産・育児はいろんな手続きが発生するのだ。手続きするのを忘れちゃだめだぞ。

● 出産・育児に関する手続き

	手続きの時期	制度の内容	作成する書類
産前産後休業	産休中	産休中の社会保険料免除	（健）（厚）産前産後休業取得者申出書
	産休後	産休中の所得補償	（健）出産手当金支給申請書
出産	出産後	出産費用の補助	（健）出産育児一時金支給申請書
出産	出産後	出産費用の補助	出産育児一時金内払金支払依頼書（差額申請書）
出産	出産後	子の健康保険扶養認定	（健）被扶養者（異動）届
育児休業（出生時育休）	育休（出生時育休）中	育休（出生時育休）中の社会保険料免除	（健）（厚）育児休業等取得者申出書
出生時育休	子の出生日から8週間経過日の翌日から2か月経過月末日まで	出生時育休中の所得補償	（雇）育児休業給付受給資格確認票・出生時育児休業給付金支給申請書 （雇）休業開始時賃金月額証明書
育児休業	育休開始から2か月後	育休中の所得補償	（雇）育児休業給付受給資格確認票・（初回）育児休業給付金支給申請書 （雇）休業開始時賃金月額証明書
	初回申請の支給単位期間末日の翌日から2か月おき		（雇）育児休業給付金支給申請書
産休復帰	復帰後	老齢年金額計算の優遇措置	（厚）養育期間標準報酬月額特例申出書
	復帰後	保険料免除終了 （予定より早く終了）	（健）（厚）産前産後休業取得者終了届
育休（出生時育休）復帰	復帰後	老齢年金額計算の優遇措置	（厚）養育期間標準報酬月額特例申出書
	復帰後	保険料免除終了 （予定より早く終了）	（健）（厚）育児休業等取得者終了届
復帰から4か月後	産休復帰4か月目	本人の申出による月変	（健）（厚）産前産後休業終了時報酬月額変更届
	育休復帰4か月目	本人の申出による月変	（健）（厚）育児休業等終了時報酬月額変更届

出産・育児に関する手続きの概要

- ☑ **対象者** 　健康保険・介護保険・厚生年金保険被保険者、雇用保険被保険者
- ☑ **作成する書類** 　下表参照
- ☑ **確認する書類** 　賃金台帳、出勤簿、母子手帳写し、通帳写し、雇用契約書写し、住民票、戸籍抄本等
- ☑ **書類の提出** 　年金事務所、健康保険組合、協会けんぽ、ハローワークなど

●出産・育児に関する社会保険と雇用保険から受けられる援助

		健康保険	介護保険	厚生年金保険	雇用保険
出産		出産費用補助	なし	なし	なし
産前産後休業	所得補償	なし	なし	なし	
	保険料免除（被保険者分・事業主分両方）			なし	
育児休業 （出生時育休）	保険料免除（被保険者分・事業主分両方）			所得補償	
休業復帰時	保険料軽減措置			なし	
	なし	なし	年金優遇措置	なし	

　従業員の出産・育児に関しては、さまざまな手続きがあります。

　まずは社会保険料の免除。産前産後休業中と育児休業中は健康保険料、介護保険料、厚生年金保険料が被保険者負担分も事業主負担分も免除になります。

　次に所得補償。産前産後休業や育児休業は法律に定められた休業ですが、休業期間中に給与が支払われる会社は少ないのが現状。その間の生活費として産休中は健康保険、育児休業中は雇用保険から給付を受けることができます。

　正常分娩の場合、出産は病気ではないため、健康保険証を提示しても療養給付を受けることはできません。出産費用は全額自費診療となります。その代わり、出産費用を補うものとして、健康保険の出産育児一時金が受けられます。

　産休の開始から出産、育児休業、休業からの復帰まで健康保険、厚生年金保険、雇用保険と長期にわたり多くの手続きが発生しますので、どのタイミングでどの手続きを行うのか把握し、スケジュールを立てておきましょう。

> **memo** 　ダウンロードデータの「出産・育児手続き管理表」を使うと上のスケジュールが一括で管理できる。

業務をくわしく知ろう

Section 02 | 出産・育児の休業中の社会保険料免除

- ✓ 産休期間の免除は出産日（遅れて産まれたときは予定日）以前42日から出産の日後56日目までの間で、実際に休んだ期間（有休を含む）。
- ✓ それぞれの休業期間中または終了後1か月以内に申し出が必要。
- ✓ 社会保険料の免除は、給与と賞与でルールが異なる。

休業中に手続きすれば、産前産後休業と育児休業の期間は社会保険料が免除されるニャ。

社会保険料が免除される産前産後休業・育児休業

被保険者の産休や育休中に事業主が「産前産後休業取得者申出書」や「育児休業等取得者申出書」を保険者に提出することで、健康保険料、介護保険料、厚生年金保険料の被保険者負担分・事業主負担分の両方が免除されます。

産前産後休業とは、実際の出産日（予定日よりも遅れたときは予定日）以前42日（多胎妊娠の場合は98日）から出産日の翌日以降56日の期間内で、妊娠出産のために休業（欠勤・有給休暇を含む）した期間のことを指します。

免除対象となる育児休業とは、育児・介護休業法に定める出生後8週間以内の出生時育休（通称「産後パパ育休」）、1歳未満の子を養育するための休業、1歳から1歳6か月までの休業、1歳6か月から2歳までの休業のほか、育児休業の制度に準ずる措置による3歳までの休業のことをいいます。

免除対象となる育児休業の期間

給与の社会保険料は、「休業開始日を含む月から休業終了日の翌日が属する月の前月まで」、または「月末に休業していない場合は、休業期間が14日以上ある月」の分が免除されます。賞与の保険料は1か月を超える休業であって、月末に休業している月に払われた賞与のみが免除対象となります。

免除の申し出は、原則としてそれぞれの休業期間中または終了日から1か月以内に行います。休業終了日から1か月を超えて手続きする場合は理由書や事実確認書類の添付が必要になります。

● 社会保険料の免除対象になる産前産後休業の期間

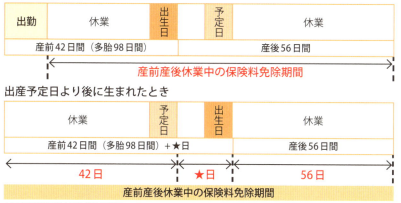

● 社会保険料の免除対象になる育児休業（出生時育休を含む）の期間

【給与の保険料免除①】 保険料は休業開始日が属する月の分から、休業を終了した日の翌日が属する月の前月分まで免除される。

【給与の保険料免除②】 休業開始日と終了日の翌日が同一月の場合は、休業期間が14日以上あればその月の分は免除される（出生時育児休業期間中の就労日がある場合は、就労日数を除く）※休業開始日・終了日翌日とも同一月の複数の育児休業は日数を合算

3/11休業開始	3/20休業終了	4/7休業開始	4/20休業終了	
出勤	育児休業期間10日間	出勤	育児休業期間14日間	出勤
3月：免除されない（14日未満）		4月：免除月（14日以上）		5月
3/25給与 ↑ 月末 保険料徴収（2月分）		4/25給与 ↑ 月末 保険料徴収（3月分）		5/25給与 ↑ 保険料免除（4月分）

【賞与の保険料免除】 暦日で1か月を超える休業の場合のみ、月末に育児休業している月に支払われた賞与の保険料が免除される

3/1休業開始	3/31休業終了	4/11休業開始		5/20休業終了
育児休業期間1か月		出勤	育児休業期間1か月と10日	出勤
3月：免除されない（1か月を超えない）		4月：免除月（1か月超・月末を含む）		5月：免除されない（月末を含んでいない）
↑ 3/5賞与 保険料徴収（3月分）	月末	4/10賞与 ↑ 保険料免除（4月分）	月末	5/15賞与 ↑ 保険料徴収（5月分） 月末

業務をくわしく知ろう　頻度：発生の都度　締切：産休終了後1か月以内

Section 02-1 従業員の産前産後休業中の社会保険料免除

- 実際の勤務がなければ休業中は有給でも無給でも免除対象。
- 届け出時期は出生前と出生後の2パターン。
- 出生前に届け出をした場合は、出生後に終了日等の変更手続きが必要になる。

出産後に提出すれば1回で済むのニャ。

社会保険料免除のための手続き

　産休中は休業していればその期間の給与の支払いの有無にかかわらず社会保険料が免除されますが、そのためには手続きが必要です。用紙は年金事務所の窓口で入手するか、日本年金機構のホームページからダウンロードします。
　この手続きには休業中の被保険者の署名・押印等は必要ありません。書類を作成したら、産前産後休業中か休業終了後1か月以内に年金事務所等に提出します。

産前産後休業取得者申出書/変更（終了）届の提出時期

　この申出書の提出時期には2通りあります。ひとつは産休を開始したらすぐに提出する方法、もうひとつは産休開始時点では提出せず、実際に出産してから提出する方法です。前者の場合はすぐに保険料が免除されるメリットがありますが、ほとんどのケースでは出産予定日と実際の出産日は一致しないため、出産後に出産日、開始日、終了日等の変更手続きが必要になります。後者の場合は申出時点で出産日も産休期間も確定しているため、手続きは1回で済みます。ただ、保険料は申出後に産休開始月に遡って免除されるため、それまでは事業主が被保険者分も一時的に立て替えることになります。
　どのタイミングで提出するかによって記載方法も異なりますので、記入見本を確認してください。

産前産後休業取得者申出書（出産後に提出）

健康保険 厚生年金

[提出先] 年金事務所　[提出時期] 休業期間中または休業終了から1か月以内

出産後の提出であれば、1回で済みます。この場合、手続きを行うまで保険料を請求されますが、手続きすることで保険料は休業開始月にさかのぼって免除となります。

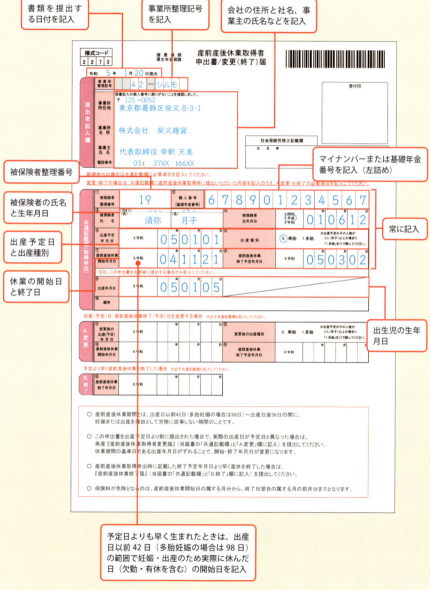

- 産前産後休業期間とは、出産日以前42日（多胎妊娠の場合は98日）～出産日後56日の間に、妊娠または出産を理由として労務に従事しない期間のことです。
- この申出書を出産予定日より前に提出された場合で、実際の出産日が予定日と異なった場合は、再度『産前産後休業取得者変更届』（当届書の「共通記載欄」と「A変更」欄に記入）を提出してください。休業期間の基準である出産年月日がずれることで、開始・終了年月日が変更になります。
- 産前産後休業取得申出時に記載した終了予定年月日より早く産休を終了した場合は、『産前産後休業終了届』（当届書の「共通記載欄」と「B終了」欄に記入）を提出してください。
- 保険料が免除となるのは、産前産後休業開始日の属する月分から、終了日翌日の属する月の前月分までとなります。

産前産後休業取得者申出書（出産前に提出）

健康保険　厚生年金

[提出先] 年金事務所　　[提出時期] 休業開始から出産前まで

出産前の届け出であれば、保険料の免除が年金事務所等からの請求額に早く反映されます。ただ、出産予定日と実際の出産日が同じ日でなければ出産後に再度「変更届」としての届け出が必要になります。

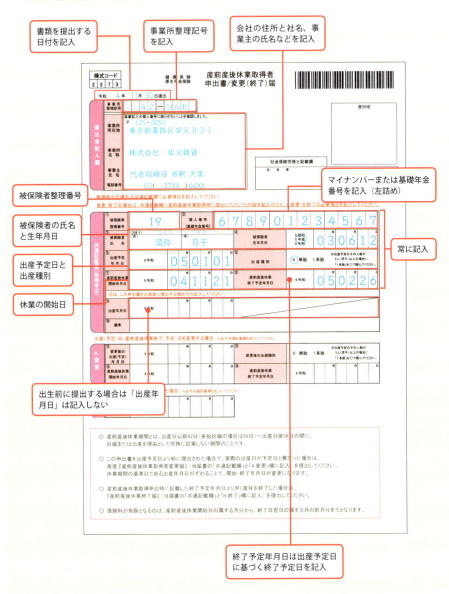

産前産後休業取得者変更届（出産日が異なるとき）

健康保険　厚生年金

［提出先］年金事務所　［提出時期］出産後の休業中または休業終了後1か月以内

出産前に提出していた場合で、出産予定日と実際の出産日が異なるときには変更届を提出します。

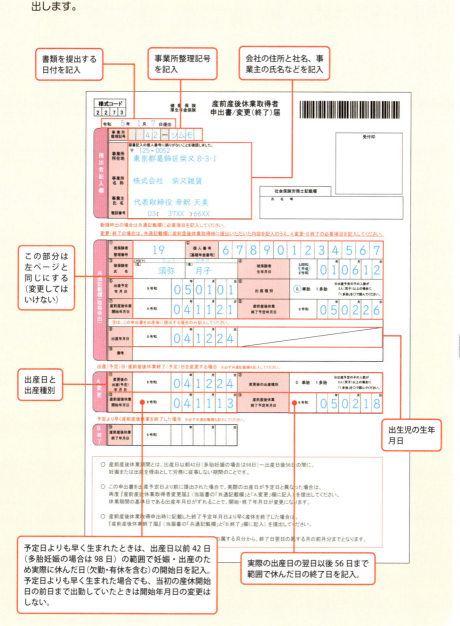

業務をくわしく知ろう　　頻度：発生の都度　　締切：育休終了後1か月以内

Section 02-2 従業員の育児休業中の社会保険料免除

- 育児休業等取得者申出書は原則としてそれぞれの休業ごとに提出する。
- 休業開始日と終了日翌日が同じ月の複数の育児休業はまとめて提出する。
- 休業を延長したときは「延長届」、予定日より早く休業を終了したときは「終了届」を提出。

本人の申出期間の変更のほか、1歳、1歳6か月、2歳の節目と終了時に届出をするよ。

申出を行う育児休業の種類は5つ

育児休業中の社会保険料免除は「育児休業等取得者申出書」により事業主が行います。免除対象となる育児休業は、①1歳までの休業（2回取得可能）、②1歳から1歳6か月までの休業（1回のみ）、③1歳6か月から2歳までの休業（1回のみ）、④3歳までの育児休業に準ずる休業、⑤産休を取得していない労働者が育児休業とは別に子の出生後8週間以内に最大4週間まで取得する出生時育休（2回に分割取得可能）があります。

育児休業等取得者申出書（新規・延長）／終了届の提出時期

免除のための申出はこれらの休業の都度行います。ただし、休業開始日と休業終了日翌日が同じ月に属する複数の育児休業の取得日数を通算することで14日以上となり免除対象となる場合（→P.159）は、免除対象となった時点で複数の育児休業をまとめて提出します。月末に休業していない14日未満の休業等、免除対象とならないものは提出する必要はありません。なお、保険料免除は労働者の休業が対象で、労働者に該当しない取締役等は申出を行えません。

育児休業を取得したときには「新規」、申出済の育児休業を延長したときには「延長」、予定よりも早く終了したときには「終了」の手続きとなります。用紙はすべて同じものです。なお、予定通りに育児休業を終了したときには終了届を提出する必要はありません。

健康保険 厚生年金

育児休業等取得者申出書（育児休業を開始）

［提出先］年金事務所　［提出期限］休業終了から1か月以内

育児休業を開始したときは、「育児休業等取得者申出書」を提出します。
（記入例：産休終了の翌日から子の1歳の誕生日の前日までの休業）

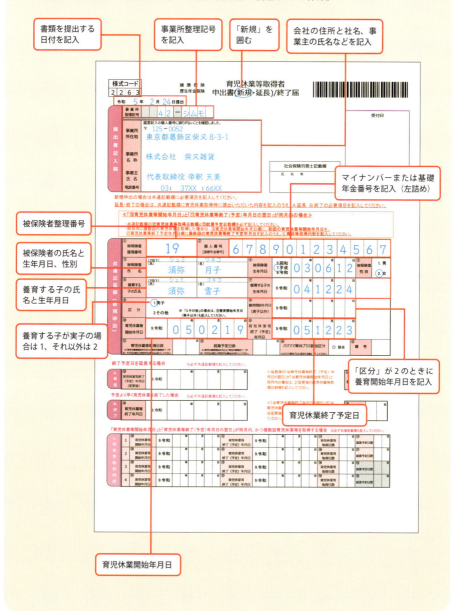

memo　「パパ・ママ育休プラス」とは、父と母がどちらも育児休業を取得する場合、1歳2か月まで育児休業を取得できる特例のこと。

育児休業等取得者申出書（出生時育休を取得）

[提出先] 年金事務所　[提出期限] 休業終了から1か月以内

1回14日未満、開始日・終了日翌日が同月の複数の休業はまとめて届出
（記入例：同月に2回、合計14日取得した産後パパ育休）

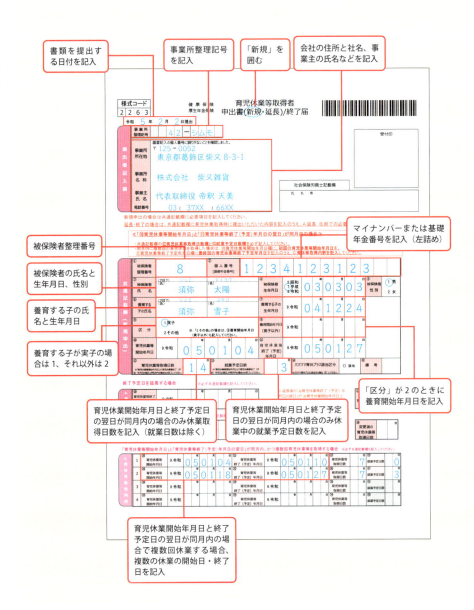

健康保険 厚生年金

育児休業等取得者申出書（休業の延長）

［提出先］年金事務所　［提出期限］休業終了から1か月以内

育児休業等取得者申出書を提出済の人が休業を延長するときは、「延長」の申し出を行います。
（記入例：当初、子の1歳誕生日前日まで休業予定だったのを1歳6か月応当日前日まで休業を延長）

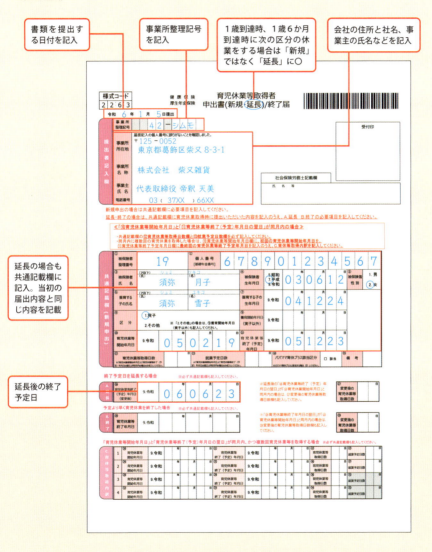

業務をくわしく知ろう　頻度：発生の都度　期間：制度による

Section 03 | 従業員と被扶養者の出産費用の給付

- 出産育児一時金は一児につき50万円（一部の医療機関は48万8,000円）。
- 直接支払制度や受取代理制度を利用すれば、医療機関窓口で支払う出産費用は出産育児一時金を超える額だけで済む。
- 直接支払制度・受取代理制度を利用しない選択も可能。

出産費用の給付を受けるには、医療機関の窓口で支払うお金が少なくて済む出産育児一時金の「直接支払制度」の利用が便利だニャ。

出産時の医療費をまかなう出産育児一時金

健康保険の被保険者や被扶養者が妊娠85日以上で出産したとき、正常分娩であれば、3割負担の療養の給付は受けられません。その代わり、一児につき50万円（産科医療補償制度に加入していない医療機関の場合は48万8,000円）の出産育児一時金が支払われます。

被保険者の立替払いが不要な直接支払制度・受取代理制度

出産した医療機関の窓口で出産費用を支払い、後日、保険者（協会けんぽ・健保組合など）に出産育児一時金を申請する方法だと、振り込まれるまでに時間がかかるため、一時的とはいえ経済的に大きな負担となります。「直接支払制度」を利用すれば、出産育児一時金は保険者から直接医療機関に支払われるため、医療機関へは50万円を超える部分の支払いで済みます。手続きも医療機関が行うため、手間がかかりません。

直接支払制度の利用ができない小規模の医療機関では、「受取代理制度」が利用できるところもあります。よく似た制度ですが、こちらは出産予定日の2か月前以降に医療機関で申請書に証明をもらい、事前に保険者に申請をする必要があります。被保険者の意思によりどちらの制度も利用しないこともできます。この場合は、医療機関との合意文書などの添付書類を揃え、出産育児一時金支給申請書を保険者に提出します。

●「直接支払制度」のしくみ

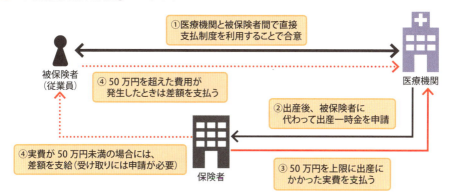

●「受取代理制度」のしくみ

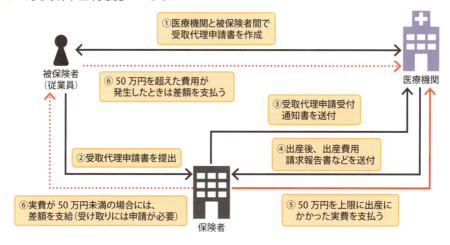

●被保険者が直接受領する場合

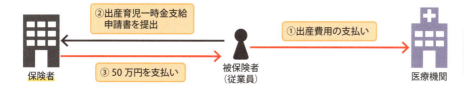

> **memo** 直接支払制度を利用した場合でも、出産費用が出産育児一時金よりも少ないときは、差額を保険者に請求できます。この場合は、「出産育児一時金内払金支払依頼書」に添付書類を付けて申請します。

健康保険 出産育児一時金内払金支払依頼書

[提出先] 協会けんぽ・健康保険組合　[提出期限] なし（時効2年）

被保険者が直接支払制度を利用していて、出産費用が50万円より少なかった場合には、差額を請求することができます。差額の請求を行うのが「出産育児一時金内払金支払依頼書」となります。

1ページ目

- 健康保険証に記載された8桁の番号
- 健康保険被保険者番号を左詰めで記入
- 被扶養者の出産であっても、ここには被保険者の氏名を記入
- 出産育児一時金の振込先口座を記入
  ※被保険者（申請者）名義のもの
  ゆうちょ銀行の場合は、振込専用の店名（例：〇一八支店）・口座番号（7桁）を記入
- 健康保険証の記号・番号が不明の場合はマイナンバーを記入。この場合は身元確認書類・個人番号確認書類の両方を添付して申請を行う

記入例:
- 記号: 42291513　番号: 19
- 生年月日: 2-03.06.12
- 氏名（カタカナ）: シュミ　ツキコ
- 氏名: 須弥　月子
- 郵便番号: 1300001
- 電話番号: 0356XX58XX
- 住所: 東京都 墨田区吾妻橋5-4-6 吾妻橋テラス501
- 金融機関名称: かえで
- 支店名: 吾妻橋
- 預金種別: 1 普通預金
- 口座番号: 2828282
- 6211201

---

memo 妊娠13週（85日）以上での帝王切開や流産・死産による措置（稽留流産・不完全流産の手術等）は健康保険が適用され、高額療養費の対象にもなる。（右ページにつづく）

従業員と被扶養者の出産費用の給付

ページ目

同一の出産についてほかの健康保険組合や国保等から出産育児一時金を受給した場合は1、受給していない場合は2。1と記入したときは受給できない

医師・助産師か市区町村長による出生事項の証明を受けること。ただし、医療機関等から交付された領収・明細書に「出産年月日」「出生児数」が記載されている場合、または死産の場合に「死産年月日」「妊娠週数」が記載されている場合は不要。

memo （左ページから続く）このとき出産育児一時金も支給されるが、22週未満の出産の場合は支払額が50万円ではなく一律48万8,000円となる。

業務をくわしく知ろう　　頻度：発生の都度　　締切：なし（時効2年）

Section 04 | 従業員の産休中の生活費の給付

ここだけCheck!

- 妊娠85日以上の健康保険被保険者の出産が対象。被扶養者の出産は対象外。
- 出産日（遅く生まれたときは予定日）以前42日（多胎妊娠は98日）から出産日の翌日以後56日までの期間で働かなかった日（公休日を含む）が対象期間。
- 日額＝（支給開始日以前12か月の標準報酬月額平均額均÷30×2／3）－給与額

> 産休中に給与が出なくても、健康保険から給与の3分の2くらいの金額の出産手当金がもらえるのニャ。

出産に伴う休業中の収入を補償する出産手当金

　健康保険の被保険者が出産のため仕事を休んだときは、出産日（出産予定日よりも後に出産したときは出産予定日）以前42日（多胎妊娠の場合は98日）から実際の出産日の翌日以後56日までの期間について、出産手当金が支払われます。この休業には所定休日も含まれます。ただし、休業中に給与が払われたときは、給与の方が少ない場合に限り、出産手当金との差額が支給されます。

　出産手当金の日額は、支給開始日以前12か月の標準報酬月額平均額を30日で割った額の3分の2の金額です。

申請は「出産手当金支給申請書」で行う

　出産手当金の手続きは、「出産手当金支給申請書」に医師・助産師の証明と事業主の証明を受けて保険者（協会けんぽ・健康保険組合）に提出します。産前産後休業の終了後にまとめて申請しても、産前・産後など複数回に分けて申請してもどちらでも構いません。複数回の申請の場合、医師等の証明は実際の出産日が初回の申請時に確認できれば以後の申請では省略できますが、事業主の証明は毎回必要になります。

●出産手当金が支給される期間

出産予定日より前に生まれたとき

出産予定日より後に生まれたとき

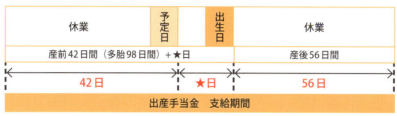

出産予定日よりも遅く出産したときは、遅れた期間（★日）だけ支給期間が延長されるんだ。

●出産手当金の日額

出産手当金の日額

$$= 支給開始前12か月の標準報酬月額平均額 \div 30 \times \frac{2}{3}$$

ただし、休業中に給与が支払われたときは、

$$その日の給与の支給額 < 出産手当金日額$$

のときのみ、下記の額が支払われる。

$$出産手当金日額 - その日の給与の支給額$$

> **memo** 切迫早産などで産休開始日直前まで傷病手当金を受給して出産予定日よりも早く出産すると、傷病手当金と出産手当金の期間が重なってしまう。この場合は出産手当金のみ支払われ、支給済の傷病手当金は出産手当金の先払いとみなされる。

健康保険 出産手当金支給申請書

[提出先] 協会けんぽ・健康保険組合　[提出期限] なし（時効2年）

1ページ目

- 健康保険証に記載されている記号・番号を左詰めで記入
- 被保険者の生年月日
- 被保険者の氏名と住所
- 出産手当金の振込口座

記号：42291513 19
番号：
生年月日：2 03.06.12

氏名（カタカナ）：スヤ ツキコ
氏名：須弥 月子
郵便番号：1300001
電話番号：0356XX58XX
住所：東京都 墨田区吾妻橋5-4-6 吾妻橋テラス501

金融機関名称：かえで（銀行）
支店名：吾妻橋
預金種別：1 普通預金
口座番号：2828282

6 1 1 1 1 0 1

ゆうちょ銀行の口座は振込専用の店名（例：〇一八支店）・預金種目・口座番号（7桁）を記入

> **memo** 健康保険証の記号・番号を記入せず、マイナンバーを記入した場合は、身元確認書類・番号確認書類の添付が必要となる。

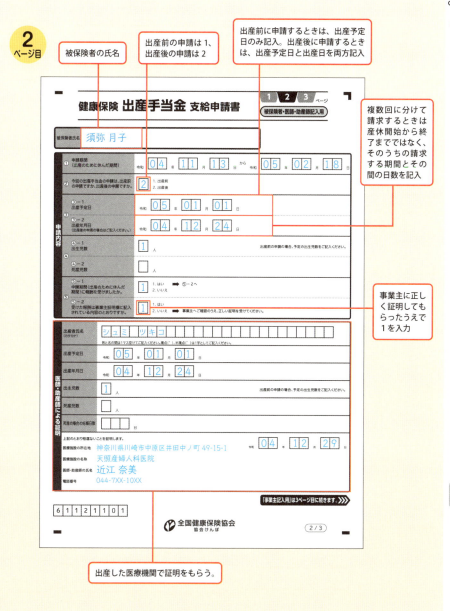

健康保険 出産手当金支給申請書

［提出先］協会けんぽ・健康保険組合　［提出期限］なし（時効2年）

3ページ目

- 被保険者の氏名
- 休業中、出勤した日のみ○で囲む。出勤日がない場合は何も書かないが、年月だけは記入
- 休業中、賃金の支給がある場合、その賃金の支給期間と金額を記入する。
- 事業主の社名と住所など
- 事業主の証明日 休業期間を含む賃金計算期間の末日の翌日以降

memo ＞健保組合の場合は用紙が異なります。ご加入の健保にお問い合わせください。

Column

出産・育児に伴う手続きの締め切りに遅れたら

　手続きには期限があります。厳密なものもあれば、多少遅れても特に問題のないものも。また、期限はずっと先ではあるものの、急がないと誰かに迷惑をかけてしまうようなものもあります。

　例えば出産手当金の時効は2年。2年以内に手続きすれば給付はされるのですが、所得補償の意味合いの給付なので手続きは急ぎたいところです。

　雇用保険の育児休業給付は休業開始から1か月ごとに区切った期間を「支給単位期間」として、その初日から4か月後の月末が期限です。以前はこの期限が厳密で、うっかり申請を忘れて受給できなくなることがありました。今ではこれが緩和され、期限を過ぎても2年の時効までであれば受給できるようになりました。

　産前産後休業取得者申出書、育児休業等取得者申出書等の社会保険料免除の手続きは以前は休業中に行わなければならなかったのですが、最長28日で分割取得可能の出生時育休が新設されたこともあり、休業中の届出は難しくなりました。そのため、現在では休業終了日から起算して1か月後までに行えばいいことになりました。

　この期限にも遅れてしまった場合は遅延理由書（任意書式）を作成し、事実確認ができる書類（出勤簿、賃金台帳等）を添付して年金事務所に提出します。

葛飾　年金事務所長　殿

遅延理由書

　当社の社員の健康保険・厚生年金保険産前産後休業取得者申出書の提出が遅れた理由は下記のとおりですので、理由書を提出いたします。

記

記号・番号	葛飾　しむも　19
氏　　名	須弥　月子
産前産後休業期間	令和4年11月21日〜令和5年3月2日
理由	会社は、当該社員より産休開始及び出産の申出を受け、当該社員は上記の期間休業していました。しかし、担当者が申請期限を誤って認識していたため、今回の申し出が遅れてしまったものです。

令和5年4月10日　　　　　事業所　所　在　地　東京都葛飾区柴又8-3-1
　　　　　　　　　　　　　　　　名　　　　　称　株式会社　柴又雑貨
　　　　　　　　　　　　　　　　代表者氏名　代表取締役　帝釈　天美　印
　　　　　　　　　　　　　　　　　　　　電　　話　03-37XX-66XX

業務をくわしく知ろう　頻度： ―　締切： ―

Section 05 退職後に受けられる出産・育児に伴う給付

- 資格喪失後の受給には、退職日まで継続して1年以上の被保険者期間が必要。
- 出産手当金は、退職日が出産予定日以前42日以降産後56日以内であって、退職日に休んでいることが必要。
- 出産育児一時金は、退職日の翌日以降6か月以内の出産が対象となる。

出産育児一時金や出産手当金は退職後でももらえることがあるのニャ。

条件によって退職後も出産手当金は受給できる

退職日まで継続して1年以上健康保険の被保険者だった人が、退職日の時点で出産手当金を受ける条件を満たしているときは、退職後も継続して出産手当金を受けることができます。

出産予定日以前42日以降の退職であっても、退職日当日に出勤してしまうと出産のために仕事を休んだという条件を満たさず、退職後は受給できなくなります。退職日に有休休暇をとるなどして退職日の給与が支払われたとしても休んでいれば、退職後に継続して受給できます。

退職後6か月以内の出産であれば出産育児一時金が支給される

退職日まで継続して1年以上健康保険の被保険者だった人が、退職日の翌日から6か月以内に出産したときは、資格喪失後であっても出産育児一時金を受けることができます。

出産育児一時金は被扶養者も対象となるため、退職後に家族の被扶養者になったときは、資格喪失後の出産育児一時金か家族出産育児一時金のどちらかを選択することになります。退職後に国民健康保険に加入した場合も、同様にどちらか一方の選択となり、重複して受給することはできません。

● 退職のタイミングと出産手当金の関係

```
          (予定日)出生日
|―― 産前42日間（多胎98日間）――|――産後56日間――|
         この期間の退職であれば、出産
         手当金を継続して受け取れる
```

退職日まで継続して1年以上健康保険の被保険者であれば、退職後も出産手当金を受け取ることができる。
なお、出産手当金を退職後も受け取るためには、退職日当日は出勤していないことが要件となる。

退職後に受給した出産手当金の日額が3,612円以上になると年130万円以上の収入とみなされ、受給期間内は家族の健康保険の被扶養者や国民年金第3号被保険者にはなれない。

● 退職のタイミングと出産育児一時金の関係

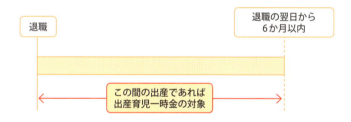

退職日まで継続して1年以上健康保険の被保険者であれば、退職の翌日から6か月以内の出産に対して出産育児一時金が受け取れる。

> **memo**　現在の事業所では1年未満でも、退職日翌日の再就職など、被保険者期間に空白期間がなければ、被保険者期間は他の事業所の分も通算できる。協会けんぽと健康保険組合でも通算は可能だが、任意継続被保険者期間は除く。

業務をくわしく知ろう　　頻度：発生の都度　　締切：　―

Section 06 | 従業員の育児休業中の生活費の給付

ここだけCheck!
- ✓ 育児休業給付の額は休業前6か月間の賃金平均額を元に計算される。
- ✓ 給付率は最初の6か月は67％、7か月目からは50％。
- ✓ 受給するには休業前2年間に賃金支払基礎日数が11日以上ある月が12か月必要。

雇用保険の被保険者は、要件を満たせば、育児休業中は2か月ごとに育児休業給付金がもらえるのニャ。

育児休業給付金の支給要件と受給額

雇用保険には、育児休業の期間の生活保障としての給付があります。休業中、賃金が払われないか減額された場合に、出生時育休は「出生時育児休業給付金」、育児休業は「育児休業給付金」が支給されます。

受給できる金額は、最初の6か月と出生時育休は、休業前6か月間の賃金を180で割った額（休業開始時賃金日額）に支給日数を掛けた額（賃金月額）の67％、7か月目以降は50％となっています。休業中に賃金が払われるときは、賃金が賃金月額の8割を超える場合は不支給、賃金と賃金月額に給付率を掛けた額との合計額が賃金月額の8割以下の場合は減額されず全額支給、それ以外は賃金額に応じて一部減額となります。（上限額・下限額あり）。

育児休業給付金の受給資格

育児休業給付金は、雇用保険の被保険者のうち、育児休業開始日前（原則どおりでは被保険者期間要件を満たせない場合は産前休業開始日前）2年間に賃金計算の基礎となる日数が11日（または時間数が80時間）以上ある月が12か月以上ある人が育児休業を取得した場合に受給できます。ただし、休業後に復帰するための制度ですので、最初から復帰せずに退職する予定の方は対象とはなりません。休業前2年間に産休・育休・傷病欠勤等により引き続き30日以上賃金が支払われていない期間がある場合は、その休業期間分を2年の期間に加えて最大4年とすることができます。

●育児休業給付金・出生時育児休業給付金の受給資格

育児休業給付金

1. 育児休業を取得した雇用保険被保険者

2. 休業開始前2年間に、賃金支払基礎日数が11日以上ある(ない場合は賃金支払基礎となった時間数が80時間以上の)完全月が12か月以上ある

3. 一支給単位期間(→P.188)中の就業日数が10日以下または就業した時間数が80時間以下

4. 期間雇用者の場合、養育する子が1歳6か月(1歳6か月以降延長した場合は2歳)に達する日までの間にその労働契約の期間が満了することが明らかでないこと

出生時育児休業給付金

1. 出生時育児休業を取得した雇用保険被保険者

2. 休業開始前2年間に、賃金支払基礎日数が11日以上ある(ない場合は賃金支払基礎となった時間数が80時間以上の)完全月が12か月以上ある

3. 休業期間中の就業が次の日数・時間以下
   休業日数が28日………10日(10日を超える場合は80時間)
   休業日数が28日未満……10日×休業日数÷28 (端数切り上げ)
   　　　　　　　　　　上記日数を超える場合は80時間×休業日数÷28

4. 期間雇用者の場合、養育する子の出生日(予定より早く生まれたときは出産予定日)から起算して8週間を経過する日の翌日から6か月を経過する日までに労働契約の期間が満了することが明らかでないこと

●育児休業給付金・出生時育児休業給付金の支給額

支給額 = 休業開始時賃金日額 × 支給日数 × 給付率

- 休業開始時賃金日額 = 育児休業開始日前6か月間の賃金÷180
- 賃金月額
- 給付率:
  ・育児休業の最初の6か月・出生時育休:67%
  ・育児休業の7か月目以降:50%

> **memo** 手続きは原則として事業主経由で行います。やむを得ない理由があり、事業主経由での申請が困難な場合や被保険者が自ら申請を行うことを希望する場合は、事業主を経由せずに手続きをすることも可能です。

● 休業期間を対象として賃金が払われた時の調整

休業中に給与が払われるときは、休業期間中に「支払われた賃金」の額に応じて一部が減額もしくは不支給となることがあります。

なお、育児休業給付金と出生時育児休業給付金では、支払われた賃金の基準と支給額の計算式が異なるため、注意が必要です。

育児休業給付金

支払われた賃金 ()は休業開始から181日目以降の場合	支給額
休業開始時賃金月額の13（30）％以下	休業開始時賃金日額×休業日数×67（50）％
休業開始時賃金月額の13（30）％超80％未満	休業開始時賃金日額×休業日数×80％－賃金額
休業開始時賃金月額の80％以上	不支給

育児休業給付金での「支払われた賃金」の基準は下記のようになります。

支払われた賃金＝支給単位期間中の賃金支給日に支払われた賃金のうち、休業期間に対して支払われたもの

・一部分でも休業期間外を対象とするような手当等（月の一部を休業しても減額されない住宅手当や通勤定期代等）や対象期間が不明確な手当等は含めない。
・一時的・臨時的に就労した日の分の賃金は含める。

【例】
賃金の支払い：月末締・翌月15日払い
支給単位期間：1回目は2/19〜3/18、2回目は3/19〜4/18

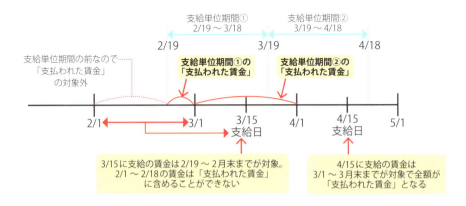

出生時育児休業給付金

支払われた賃金	支給額
「休業開始時賃金日額×休業日数」の13％以下	休業開始時賃金日額×休業日数×67％
「休業開始時賃金日額×休業日数」の13％超80％未満	休業開始時賃金日額×休業日数×80％－賃金額
「休業開始時賃金日額×休業日数」の80％以上	不支給

出生時育児休業給付金での「支払われた賃金」の基準は下記のようになります。

支払われた賃金＝出生時育児休業期間分を含む賃金月分として払われた賃金のうち、休業期間に対して払われたもの

・月の一部を休業しても減額されない住宅手当や通勤定期代等、就労時間・日数にかかわらず支払われる手当等は含めない。
・休業中に就労した場合の賃金は含める。
・完全月給制等で休業しても賃金が減額されず、休業中の賃金が特定できない場合は以下の計算式で求める（小数点以下切り捨て）
　　　支払われた賃金額×出生時育休取得日数
　　　　÷出生時育休を含む賃金月の賃金支払対象期間の日数

【例】
賃金の支払い：月末締・翌月15日払い
支給単位期間：1回目は1/26～2/1、2回目は2/5～2/25

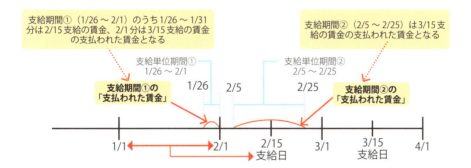

業務をくわしく知ろう　頻度：発生の都度　締切：制度ごとに異なる

Section 06-1 育児休業給付金① 受給資格確認・初回申請

- 受給資格を満たすには、育児休業開始前（または産前休業開始前）2年間に賃金支払基礎日数が11日以上の月が12か月必要。
- 「受給資格確認票・(初回)支給申請書」と「休業開始時賃金月額証明書」を提出。
- 出生時育児休業の場合は分割取得しても手続きはまとめて行う。

法律の要件には満たないけど、会社が特別に認めた育児休業では給付金はもらえないのニャ。

手続きの流れ

　手続きには受給資格確認と支給申請があり、事業主を経由する場合は同時に行えます。通常の育児休業は休業開始日から2か月経過後に、受給資格確認と2か月分の支給申請を行うのが最初の手続きとなります。このとき、同時に提出する「休業開始時賃金月額証明書」により休業開始前に賃金支払基礎日数が11日以上ある完全月が12か月以上あることの確認と休業開始前6か月の賃金額を確認することになります。なお、出生時育児休業の手続きは1回申請すればよく、分割取得のときも2回分まとめて申請します。

確認の手続き

　受給確認の手続きは、通常の育児休業は育児休業開始日から4か月経過日を含む月の末日までに、出生時育児休業の場合は、子の出生日（予定より早く生まれたときは出産予定日）から8週間を経過する日の翌日から、当該日から2か月を経過する日の属する月の末日までの間に、「受給資格確認票・(初回)支給申請書」と「休業開始時賃金月額証明書」を提出します。

　添付書類は、賃金台帳、出勤簿、育児休業申出書（勤務先に提出するもの）、受給資格確認票の記載事項の確認書類（母子手帳、雇用契約書など）があります。受給資格確認票には振込口座の金融機関で確認印をもらうか、通帳の写しを添付しますが、電子申請の場合は確認印や通帳写しは省略できます。

● 育児休業給付金の手続き

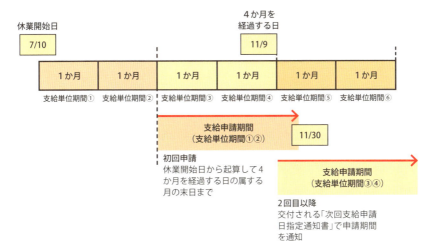

● 出生時育児休業給付金の手続き

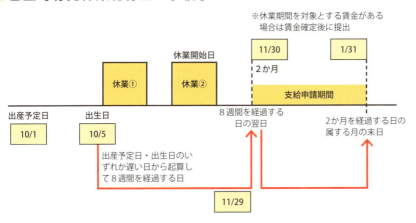

キーワード　受給資格確認

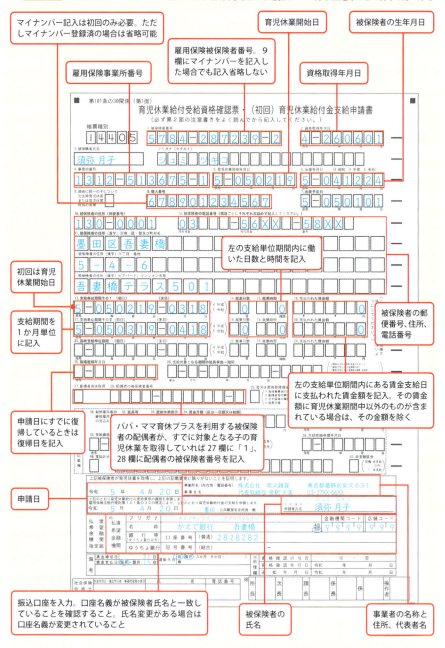

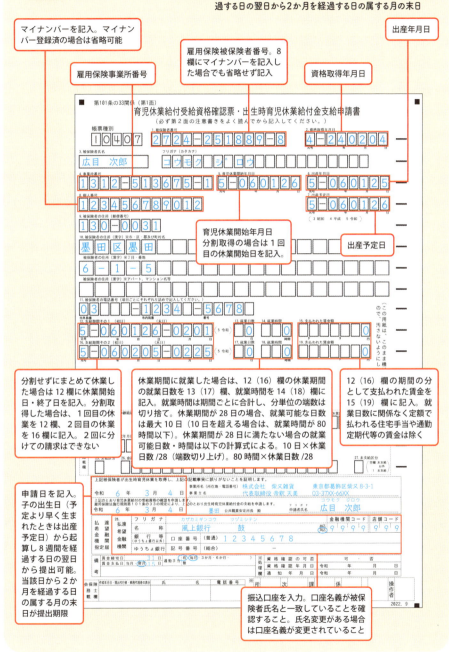

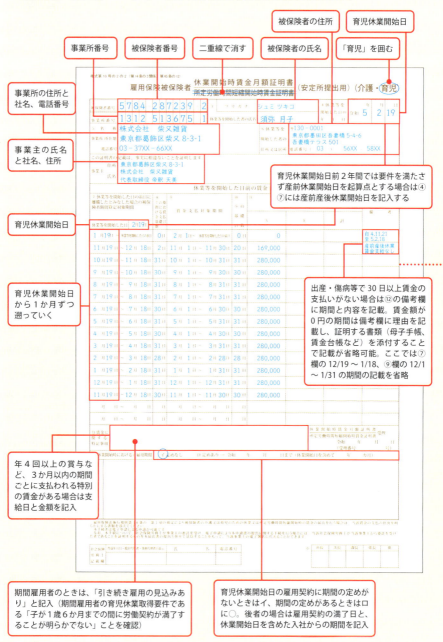

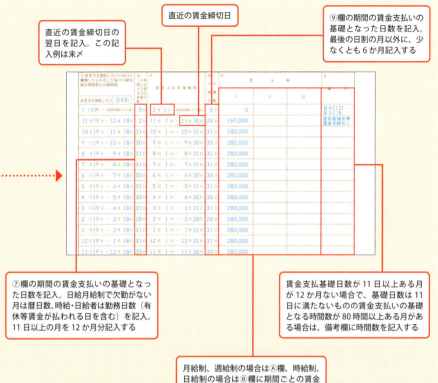

Column

期間雇用者の育児休業給付

　期間雇用者の場合は要件があります。休業開始日時点で、育児休業給付金は子が1歳6か月（1歳6か月以降にも育児休業を延長した場合は2歳）までに、出生時育児休業給付金は出生日か出産予定日のいずれか遅い方から8週間を経過する日の翌日から6か月を経過する日までに退職することが決まっていないことが必要です。

　要件を満たさない場合、会社が法律を上回る措置として育児休業を認めたとしても、育児休業給付は受給できません。

> **memo**　休業中に退職した場合、退職日の翌日を含む支給単位期間は支給されず、その直前の支給単位期間で終了となる。

業務をくわしく知ろう　　頻度：2か月ごと　　締切：　—

Section 06-2 育児休業給付金② 2か月ごとに行う手続き

- 原則として申請は2か月ごとに行う。
- 原則は1歳まで。一定の特別な事情があるときは1歳6か月（さらに2歳）まで延長できる。
- 延長には「延長が必要な特別な事情」を証明する書類を添付して手続きを行う。

認可保育所の入所が難しくても、あきらめないで、1歳の誕生日までの入所希望で申し込みをしておくのニャ。

2回目以降の支給申請は2か月ごとに行う

2回目以降の申請は、2か月ごとに「育児休業給付金支給申請書」に賃金台帳、出勤簿を添付してハローワークに提出します。申請書の用紙は申請の都度、次回申請分が交付されます。紙の申請の場合、毎回、申請書に休業中の被保険者の確認が必要ですが、最初に被保険者に「記載内容に関する確認書・申請等に関する同意書」をもらって事業主が保管しておけば、毎回の被保険者の記名を省略することができます。この場合、申請書の被保険者署名欄に「申請に同意済」と記載します（→P.194）。

延長の手続き

育児休業は子の1歳の誕生日の前日（父母がともに育児休業を取得するパパ・ママ育休プラス制度の場合は1歳2か月到達日）までの間で従業員が申し出た期間、取得できます。配偶者の死亡・傷病、別居や、認可保育所に入れないといった特別な事情がある場合は1歳6か月まで、さらに1歳6か月時点でも同様の事情があるときは2歳まで延長できます。

延長の手続きは、①延長直前の支給対象期間の分を当初の休業終了予定日以降に申請するとき、②延長後の期間を含む支給対象期間の分を申請するときのいずれかのタイミングで行います。このとき、保育所に入れなかった市区町村の証明書など、特別な事情を証明する書類の添付が必要になります。

雇用保険 育児休業給付金支給申請書

[提出先] ハローワーク　[提出期限] 次回支給申請日指定通知書に記載された申請期間の末日

- 2回目以降の申請はあらかじめ印字された用紙が交付される
- 支給単位期間ごとに働いた日数・時間と支給単位期間内にある給与支給日に支払われた賃金額を記入
- 被保険者の氏名
- 育児休業を延長する場合に延長事由の番号を記入
  1. 申し込んでいた認可保育所に入所できない
  2. 配偶者の死亡
  3. 配偶者の負傷・疾病等
  4. 離婚等
  5. 配偶者の産休等
- 1歳以降、1歳6か月以降の休業をする場合に記入。延長事由、元号、延長後の期間の初日を記入。
- 19欄・20欄は、子の1歳に達する日を含む支給単位期間までの支給申請時に、「パパ・ママ育休プラス」制度により、対象の子が1歳以降1歳2か月未満までの期間も育児休業を取得する場合のみ記載。同一の子について配偶者がすでに育児休業をしている（いた）場合に19欄に「1」と記入、20欄にその配偶者の被保険者番号を記入する。このとき、住民票の写し等、配偶者であることが確認できる書類と、配偶者の育児休業開始日が確認できる書類を添付する。

Column

保育所の申し込みと育児休業給付金の関係

都市部では年度の途中で保育所に入ることが難しい市区町村が多く、保育所の申し込みをせずにあきらめてしまう人がいます。

1歳（または1歳6か月）に達する日の翌日（1歳誕生日等）までの日を入所希望日として申し込んでおかないと、市区町村の証明書が発行されず、延長ができなくなってしまいます。たとえ会社が育児休業の延長を認めても育児休業給付金は受給できませんので要注意です。

memo ▶ 育児休業給付金は、1歳時点の延長、1歳6か月時点の延長手続きしかない。

業務をくわしく知ろう　頻度：発生の都度　締切： ―

Section 07 | 従業員の将来の年金額の優遇措置

- 3歳未満の子と同居し養育する厚生年金保険被保険者を対象とした優遇措置。
- 子の出生月前月よりも標準報酬月額が下がったとき、保険料の計算には実際の標準報酬月額、将来の年金額の計算には出生月前月の標準報酬月額で計算。
- 被保険者と子のマイナンバーを記載すれば住民票は省略可能。

> 3歳未満の子を育てている厚生年金被保険者は、住民票と戸籍抄本を付けて手続きすれば将来もらえる年金額が優遇されるニャ!

厚生年金保険の養育期間の従前標準報酬月額みなし措置とは

小さい子どもを育てていると、時短勤務や残業の減少などで給与が下がってしまうことがあります。それに伴い標準報酬月額が下がると厚生年金保険料は安くなりますが、反面、将来受け取る年金額も減ってしまいます。

そうならないよう、3歳未満の子を育てる被保険者が申し出を行うことにより、子の出生月前月よりも標準報酬月額が低くなったときには、特例期間の年金額計算に出生月前月の下がる前の標準報酬月額を適用させて、年金額を下げないようにすることができます。この制度のことを養育特例制度といいます。

特例措置を受けるためには

申し出には、「厚生年金保険養育期間標準報酬月額特例申出書」のほか、戸籍謄（抄）本と発行から90日以内の住民票の写しが必要です。ただし、申出者が世帯主で、住民票で子との続柄が確認できる場合は戸籍謄（抄）本は省略できます。また、申出者と子のマイナンバーがどちらも申出書に記載された場合は、住民票は省略できます。住民票を省略したときは、世帯主であっても戸籍謄本は省略できません。なお、令和7年1月1日からは取扱いが変わり、申出者と子の身分関係の証明について事業主による確認を受けた場合には戸籍謄（抄）本の添付が不要となります。保険料が免除される産休・育休期間は特例期間にならないため、職場復帰の際に手続きを行います。申し出は任意で、実際に報酬が下がってからでも問題ありません。

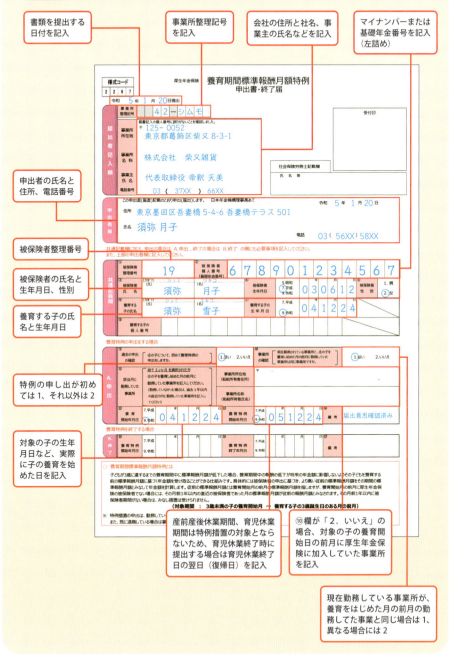

Column

記載内容に関する確認書・申請等に関する同意書

　育児休業給付金は従来は申請ごとに申請書に被保険者の署名か押印が必要で、手間のかかるものでした。現在では、初回の申請時のみ「記載内容に関する確認書・申請等に関する同意書」をほかの書類と一緒に提出すれば、2回目以降も被保険者の記名は省略可能になりました。この申請書は、下記のURLの厚労省のホームページからダウンロードが可能です。

URL：https://www.mhlw.go.jp/stf/seisakunitsuite/bunya/0000150982_00001.html

---

記載内容に関する確認書
申請等に関する同意書
（育児休業給付用）

令和5年2月24日

私は、下記の事業主が行う

記

☑　雇用保険被保険者休業開始時賃金月額証明書の提出について同意します。

☑　育児休業給付の受給資格の確認の申請について同意します。

☑　雇用保険法施行規則第101条の30・第101条の33の規定による育児休業給付金の支給申請について同意します（今回の申請に続く今後行う支給申請を含む。）。

（該当する項目にチェック。複数項目にチェック可）

※　本同意書の保存期限は、雇用保険法施行規則第143条の規定により本継続給付に係る完結の日から4年間とします。

事業所名称　　　株式会社　柴又雑貨

事業主氏名　　　代表取締役　帝釈　天美

被保険者番号　　5784-287239-2

被保険者氏名　　須弥　月子　　　　　　　　㊞

以上

Chapter

年齢ごとに発生する

Keyword

介護保険第2号被保険者／健康保険・厚生年金保険の
上限年齢／高年齢雇用継続給付／同日得喪

業務の流れをつかもう

Section 01 | 年齢ごとに発生する手続きの全体像をつかもう

● 会社が行う手続きのうち年齢により発生するもの

年齢／該当者	保険	概要	提出書類
20歳到達／配偶者	厚生	20歳未満の健康保険被扶養者である配偶者がいたとき、配偶者の20歳到達時に3号被保険者となる	・国民年金 第3号被保険者関係届
60歳到達／従業員	雇用	高年齢雇用継続給付金の資格確認・賃金登録・受給開始。60歳以降の賃金低下の収入補助	・高年齢雇用継続給付受給資格確認票・(初回)高年齢雇用継続給付支給申請書 ・被保険者六十歳到達時等賃金証明書
60歳以上65歳未満／従業員	雇用	高年齢雇用継続給付金の受給。60歳以降の賃金低下の収入補助。2か月ごとに手続き	・高年齢雇用継続給付支給申請書
60歳以上／従業員	健康・厚生	同日得喪。更新等で給与が下がったとき本人の希望により行う手続き	・被保険者資格喪失届 ・被保険者資格取得届
70歳到達／従業員	厚生	厚生年金保険資格喪失、70歳以上被用者該当。厚生年金被保険者ではなくなるが報酬と老齢年金との調整は行われる	・70歳到達届
75歳到達／従業員・被扶養者	健康	75歳に到達すると後期高齢者医療制度に加入するため、被保険者も被扶養者も健康保険の資格を失う	・被保険者資格喪失届 ・被扶養者(異動)届

　社会保険には加入年齢の下限・上限や年齢による保険料免除の制度などがあります。そのため年齢の節目ごとに、行政への手続きや給与計算での社会保険料控除の変更といった業務が発生します。これらを円滑に行うためには、節目となる年齢を把握した上で、毎月、その年齢に到達する従業員の抽出作業が必要になります。

　注意したい年齢は40歳、60歳、64歳、65歳、70歳、75歳です。給与から介護保険料を徴収するのは40歳から64歳まで。60歳から65歳到達前の年齢は、一定の条件を満たせば雇用保険の給付金が受け取れます。70歳になると厚生年金保険の資格を喪失しますが、同時に70歳以上被用者となります。75歳になると自動的に後期高齢者医療制度に加入するため、健康保険の資格は喪失します。

ダウンロードデータの「名簿（誕生日前日での年齢確認）」を使うと60歳以上の社員の年齢を漏れなく管理できます。

Chapter 5 年齢ごとに発生する手続き

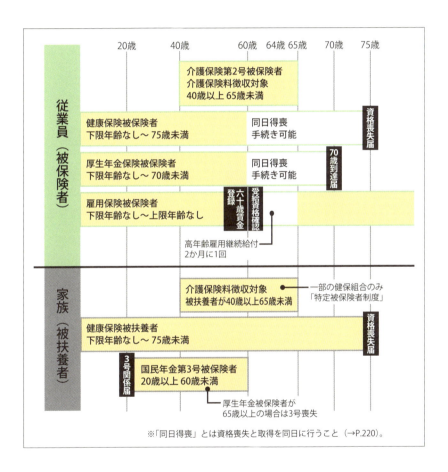

※「同日得喪」とは資格喪失と取得を同日に行うこと（→P.220）。

業務を**くわしく**知ろう

Section 02 | 40歳以上65歳未満 介護保険料の徴収年齢

- 給与から介護保険料を天引きするのは40歳以上65歳未満の第2号被保険者。
- 40歳到達時と65歳到達時の介護保険被保険者の手続きは自動的に行われる。
- 介護保険料は、40歳の誕生日前日が属する月から65歳の誕生日前日が属する月の前月の分までを健康保険料と一緒に給与天引きする。

6月と12月に賞与を払う会社なら、生年月日が7月1日と1月1日の39歳には要注意ニャ。

介護保険の第1号被保険者・第2号被保険者

　介護保険の被保険者には1号と2号があります。第1号被保険者は65歳以上の人、第2号被保険者は40歳以上65歳未満の人をいい、給与から健康保険料と一緒に介護保険料を徴収されるのは第2号被保険者の方です。

　健康保険の被保険者が40歳になると自動的に介護保険の被保険者となり、65歳になると自動的に第2号から第1号被保険者に変更され、市区町村から本人の自宅に保険料の納付書が届きます。介護保険の被保険者になるための手続きなどはありません。

介護保険料の徴収開始月・終了月

　給与計算の処理をするにあたっては、健康保険の被保険者に40歳になる人、65歳になる人がいないかどうか毎月確認が必要です。第2号被保険者の介護保険料は、40歳到達月（40歳の誕生日の前日が属する月）の分から65歳到達月（65歳の誕生日の前日が属する月）の前月分までを給与天引きします。

　法律上、社会保険料は翌月に支給される給与から天引きするのがルールなので、例えば4月分の保険料なら、その会社の給与締日とは関係なく、5月に支給日のある給与から引くことになります。これに対し、賞与は支給日基準で考えます。12月に支給される賞与なら、その賞与で引かれるのは12月分の社会保険料です。

介護保険の被保険者

第1号被保険者

65歳以上の人。
要介護状態または要支援状態になると介護サービスが受けられる。
介護保険料は原則として年金から天引きされる。

第2号被保険者

40歳以上65歳未満の健康保険被保険者。
要介護（支援）状態が特定疾病に該当する場合に限り介護サービスが受けられる。
給与から健康保険料と一緒に介護保険料を天引きされる。

第2号被保険者が65歳になると手続きなしに自動的に第1号被保険者になるニャ。

Column

介護保険第2号被保険者にならないケースとは

40歳以上65歳未満の健康保険被保険者・被扶養者でも、海外居住期間、介護保険施設等の入所期間、在留資格が3か月以下の外国人などは介護保険第2号被保険者にはなりません。

日本に住民票を残さずに海外赴任する場合など、第2号被保険者でなくなるときは、手続きは自動的には行われません。「介護保険適用除外等該当・非該当届」を提出します。逆の場合も同様です。

Column

一部の健康保険組合にある介護保険の「特定被保険者」

介護保険料を徴収するかどうかは、通常は健康保険被保険者の年齢で決まります。

ただし、健康保険組合の中には被保険者の年齢が徴収年齢でなくても、被扶養者の年齢が40歳以上65歳未満なら介護保険料を徴収するところがあります。この保険料徴収対象となる被保険者のことを「特定被保険者」といいます。健保組合加入の事業所の場合は、加入先がこの制度を採用しているかどうかを確認しておきましょう。

誕生日と介護保険料徴収月の関係〜40歳になったとき

給与支給時

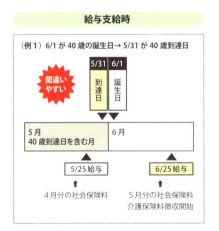

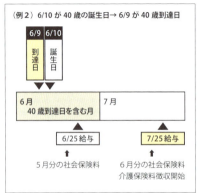

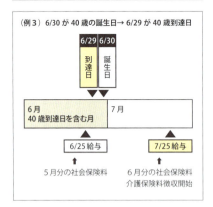

賞与支給時

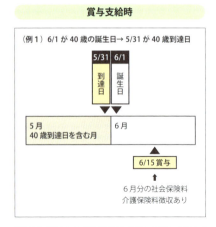

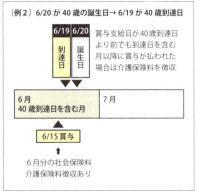

● 誕生日と介護保険料徴収月の関係〜65歳になったとき

給与支給時

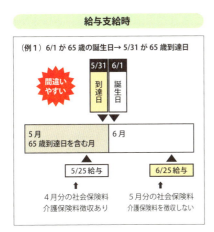

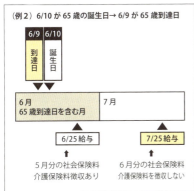

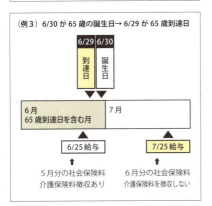

賞与支給時

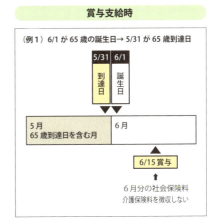

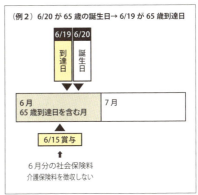

業務をくわしく知ろう

Section 03 | 70歳・75歳 社会保険の上限年齢

- ✓ 厚生年金保険は70歳の誕生日前日に資格喪失する。
- ✓ 健康保険は75歳の誕生日に資格喪失する。
- ✓ 70歳になったら厚生年金保険の資格喪失と同時に70歳以上被用者該当の手続きが自動的に行われる。標準報酬が変わる場合は届出が必要。

厚生年金保険は70歳の誕生日前日、健康保険は75歳の誕生日当日に資格を喪失するニャ。

厚生年金保険は70歳まで

　厚生年金保険には加入開始年齢の決まりはありませんが、70歳の誕生日の前日になると被保険者資格を喪失します。厚生年金保険の被保険者でなくなるため、70歳到達月の分より厚生年金保険料は徴収されません。厚生年金保険の資格は喪失しますが、同時に厚生年金保険70歳以上被用者となるため、標準報酬月額や標準賞与額による老齢年金の一部停止は継続します（→P.206）。これらの手続きは原則として自動的に行われます。70歳到達時点の報酬額から算出した標準報酬月額相当額が、直近の月変・算定等による標準報酬月額と異なる場合のみ、日本年金機構から送られてくる70歳到達届を到達日から5日以内に提出します。

健康保険は75歳まで

　健康保険も加入開始年齢の決まりはありませんが、75歳の誕生日になると被保険者資格を喪失します。これは、75歳の誕生日に後期高齢者医療制度の資格を取得するためです。後期高齢者医療制度加入の手続きは自動的に行われ、75歳の誕生月の前月には市区町村から新しい健康保険証が自宅に届きます。健康保険喪失続きは自動的には行われないため、健康保険被保険者資格喪失届に健康保険証と高齢受給者証を添えて年金事務所等に提出します。

● 社会保険の上限年齢

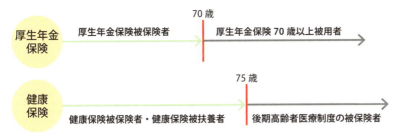

75歳になると後期高齢者医療制度には自動的に加入するけど、健康保険の喪失手続きはやらなきゃいけないよ。70歳以上被用者になるときは70歳になったときの報酬額によって手続きが必要な場合と不要な場合とがあるのだ。

― Column ―

75歳未満の被保険者の被扶養者が75歳になったときの処理

　75歳になるとそれまでの健康保険証が使えなくなるのは被扶養者も同じです。75歳以上の人はその収入にかかわらず後期高齢者医療制度に加入することになります。

　被扶養者が75歳の誕生日を迎えたら、被扶養者（異動）届に健康保険証と高齢受給者証を添付して扶養から外す手続きを行います。

― Column ―

75歳になった被保険者の被扶養者の処理

　健康保険被保険者が75歳になったときは、75歳未満の被扶養者も加入していた医療制度は使えなくなります。

　後期高齢者医療制度加入の場合は新しい健康保険証が何もしなくても送られてきますが、被扶養者だった家族は自分で国保等に加入する手続きが必要になります。会社としては、国保加入に必要な資格喪失証明書を対象従業員に交付してください。

memo　厚生年金保険料は70歳誕生日前日の属する月の前月分まで、健康保険料は75歳誕生日の属する月の前月分まで控除する。

厚生年金

厚生年金保険 70歳到達届（厚生年金保険の被保険者が70歳になったとき）

［提出先］年金事務所　［提出期限］70歳誕生日の前日から5日以内

　70歳到達により、厚生年金保険の資格を喪失する届出と70歳以上被用者に該当する届出を同時に行うものです。70歳到達月の前月に日本年金機構から事業主にこの用紙が送られてきます。70歳到達時点の報酬に基づく標準報酬月額相当額がそれまでの標準報酬月額と同じ場合は届出不要です。

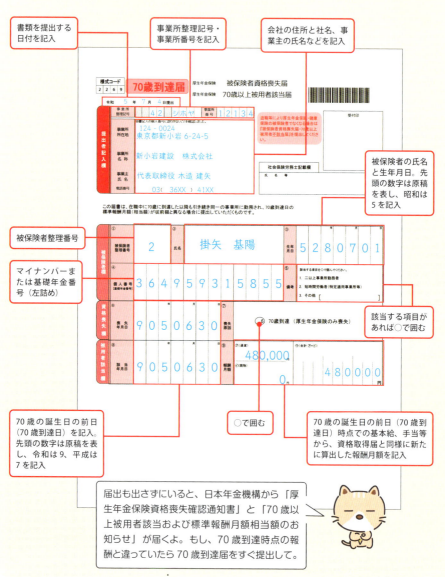

届出も出さずにいると、日本年金機構から「厚生年金保険資格喪失確認通知書」と「70歳以上被用者該当および標準報酬月額相当額のお知らせ」が届くよ。もし、70歳到達時点の報酬と違っていたら70歳到達届をすぐ提出して。

健康保険
厚生年金

健康保険被保険者資格喪失届（健康保険の被保険者が75歳になったとき）

[提出先] 年金事務所、健康保険組合　[提出期限] 75歳の誕生日から5日以内

75歳の誕生日から後期高齢者医療制度に自動的に加入するため、健康保険の資格喪失の届出を行うものです。

- 書類を提出する日付を記入
- 事業所整理記号・事業所番号を記入
- 会社の住所と社名、事業主の氏名などを記入
- 被保険者整理番号
- マイナンバーまたは基礎年金番号を記入（左詰め）
- 被保険者の氏名と生年月日
- 75歳の誕生日当日を記入
- 「7」の「75歳到達（健康保険のみ喪失）」に○

Chapter 5　年齢ごとに発生する手続き

書類　厚生年金保険 70歳到達届、健康保険被保険者資格喪失届

業務をくわしく知ろう

Section 04 厚生年金保険 70歳以上被用者

- ✓ 過去に厚生年金保険の加入歴があり、厚生年金保険の適用事業所で厚生年金保険被保険者と同様の勤務をする70歳以上の人は70歳以上被用者となる。
- ✓ 70歳以上被用者は保険料の負担はないが、報酬に応じて年金が減額される。
- ✓ 算定、月変、賞与支払届など、報酬に関する届出を行う。

70歳以上被用者の月変や算定の書類にはマイナンバーを記入するニャ。

70歳以上被用者とは

厚生年金保険70歳以上被用者とは、次の条件のすべてに該当する70歳以上の人のことです。

- 過去に厚生年金保険の被保険者期間があること
- 厚生年金保険の適用事業所に勤務していること
- 年齢以外の労働条件が厚生年金保険の加入要件に該当すること

厚生年金保険の被保険者ではないので保険料は徴収されませんが、65歳以上70歳未満の被保険者と同様に、標準報酬月額と直近1年間の標準賞与額に応じて、在職老齢年金が一部支給停止されます。

70歳以上被用者の届出

70歳以上被用者の手続きには該当届、不該当届のほか、標準報酬月額や標準賞与額に関する手続きがあります。算定基礎届、月額変更届、賞与支払届、養育特例、産休取得者申出、育児休業等取得者申出、産休終了時月変、育休等終了時月変です。これらの用紙は厚生年金保険被保険者のものと同じです。備考欄の「70歳以上被用者」のところに○をつけます。このうち算定、月変、賞与は、70歳以上被用者のみマイナンバーまたは基礎年金番号を記入します。なお、在職中に70歳に到達し、標準報酬月額が従前と変わらない場合は該当届の提出は不要ですが、70歳以上被用者を新たに雇用したときの手続きは省略できません。

●厚生年金保険70歳以上被用者の条件

過去に厚生年金保険の被保険者期間があること

厚生年金保険の適用事業所に勤務していること

月所定労働日数と週所定労働時間等、年齢以外の労働条件が厚生年金保険の加入要件に該当すること

厚生年金保険70歳以上被用者に該当すると、標準報酬月額と直近1年間の標準賞与額に応じて、在職老齢年金が一部支給停止されるのだ。

●70歳以上被用者について行う届出

主な届出名	
70歳到達届	算定基礎届
月額変更届	賞与支払届
養育特例	産前産後休業取得者申出
育児休業等取得者申出	産前産後休業終了時月変
育児休業等終了時月変	

memo　以前は労働時間等の要件に該当しても昭和12年4月1日以前生まれの人は70歳以上被用者から除外。平成27年10月1日以降は対象になり、所定労働時間の概念がない常勤役員は高齢でも該当する可能性あり。

業務をくわしく知ろう

Section 05 | 60歳以降の雇用保険と老齢年金の調整

- 60歳以降は条件により、給与、雇用保険の給付、年金の3つが得られる。
- 厚生年金保険被保険者、70歳以上被用者の受ける年金は、給与や賞与の額に応じて支給停止される。
- 厚生年金保険被保険者が高年齢雇用継続給付と年金を同時に受けるときは、高年齢雇用継続給付の額に応じて老齢年金が一部支給停止される。

60歳代前半は給与のほかに雇用保険の給付や年金がもらえることがあるニャ。

60歳代前半の3つの収入

60歳を過ぎて働く場合、60歳の定年再雇用等で給与が大幅に減る人が少なくありません。この収入減を補う制度として、雇用保険の高年齢雇用継続給付という制度があります。一定の要件を満たす雇用保険の被保険者が、60歳到達以降の賃金低下率に応じて低下後の賃金の最大15％（令和7年4月以降は10％）を支給するものです。また、段階的に受給開始年齢は遅くなっていますが、厚生年金保険の受給資格がある人は、老齢厚生年金の報酬比例部分を受け取ることができます。60歳代前半の収入は、給与、雇用保険の給付、厚生年金の3つの収入の組み合わせになります。

制度間の調整

3つの収入は金額に応じてそれぞれの制度で調整があります。厚生年金保険被保険者や70歳以上被用者が受け取る老齢年金は標準報酬月額と直近1年間の標準賞与額の平均額に応じて一部または全部が支給停止されます（在職老齢年金制度）。また、厚生年金保険被保険者が老齢年金と高年齢雇用継続給付を同時に受けられるときは、高年齢雇用継続給付の額に応じて年金額が一部支給停止されます。60歳以降は所定労働時間を減らすなどして厚生年金保険に加入せず雇用保険のみ加入する場合は、これらの支給停止はありませんが、労働時間が少ない分、給与も相対的に少なくなります。

● 3つの収入と制度間の調整

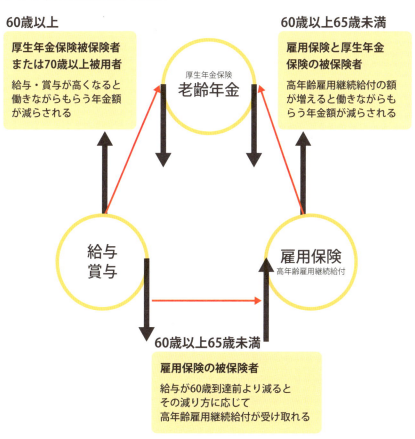

雇用保険の高年齢雇用継続給付は令和7年4月から段階的に縮小し、最終的には廃止されることが決まっているんだ。逆に在職老齢年金は支給停止されにくくなってきた。
働きすぎずに給付をもらうより、働いて給与をもらうというのが主流になってきたのかもしれないね。

> **memo** 雇用保険の被保険者が退職し、失業給付（基本手当）を受給する期間は、65歳到達前の老齢年金は支給停止される。高年齢雇用継続給付とは異なり、1日でも失業給付を受けた月は年金の全額が支給停止となる。

在職老齢年金の計算方法のフローチャート

年金額と給与との関係(令和6年度)

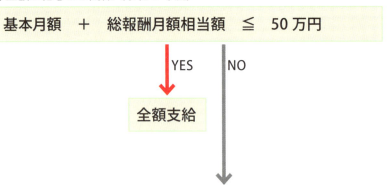

- 基本月額=老齢厚生年金額(報酬比例部分)÷12
  ※加給年金額を除く

- 厚生年金保険被保険者の場合
  総報酬月額相当額=その月の標準報酬月額+その月以前1年間の標準賞与額÷12

- 70歳以上被用者の場合
  総報酬月額相当額=その月の標準報酬月額相当額+その月以前1年間の標準賞与額に相当する額÷12

厚生年金保険被保険者・70歳以上被用者の老齢厚生年金部分の年金受給額　　　令和6年4月

		総報酬月額相当額（≒給与・賞与の月平均額）				
		10万円	20万円	30万円	40万円	50万円
基本月額（停止前の年金月額）	5万円	全額支給	全額支給	全額支給	全額支給	2.5万円
	10万円	全額支給	全額支給	全額支給	全額支給	5万円
	15万円	全額支給	全額支給	全額支給	12.5万円	7.5万円
	20万円	全額支給	全額支給	全額支給	15万円	10万円
	25万円	全額支給	全額支給	22.5万円	17.5万円	12.5万円
	30万円	全額支給	全額支給	25万円	20万円	15万円

総報酬月額相当額＝その月の標準報酬月額＋（その月以前1年間の標準賞与額÷12）
基本月額＝老齢厚生年金（報酬比例部分）の月額（加給年金額を除く）

- **（基本月額＋総報酬月額相当額）が50万円以下なら、年金は全額支給**
- **（基本月額＋総報酬月額相当額）が50万円を超える場合は**
  50万円を超える部分の半分が支給停止
- **老齢基礎年金は、総報酬月額相当額に関係なく、全額支給**

高齢者の働く意欲がなくならないように、令和4年4月に制度が見直されたんだ。60歳代前半も65歳以上と同様の計算法になったよ。

業務をくわしく知ろう

60歳以上65歳未満の雇用保険の高年齢雇用継続給付

- 高年齢雇用継続給付は、雇用保険の一般被保険者が60歳から65歳到達までに受ける各月の賃金が60歳到達時の75％未満に低下したときに受給できる。
- 基本給付金と再就職給付金があり、失業給付の受給の有無で給付の種類が変わる。
- 60歳到達時には受給資格確認と60歳到達時の賃金登録を行う。

高年齢雇用継続給付は定年再雇用の人だけじゃなくて、60歳以上で新たに入社してきた人も対象になる可能性があるニャ。

基本給付金と再就職給付金

雇用保険の被保険者であった期間が通算5年以上ある60歳以上65歳未満の雇用保険被保険者（一般被保険者が対象。短期雇用特例被保険者、高年齢被保険者、日雇労働被保険者は対象外）に支払われる各月の賃金が、60歳到達時の賃金の75％未満に低下したとき、その各月の低下率に応じて、60歳以降の各月の賃金の最大15％（令和7年4月以降は10％）が支給されます。この雇用保険の給付が高年齢雇用継続給付です。

高年齢雇用継続給付には、失業給付（基本手当・再就職手当）を受給していない人が対象の基本給付金と、失業給付（基本手当）は受給したものの基本手当の支給残日数が100日以上で再就職した人を対象とした再就職給付金があります。

高年齢雇用継続給付の手続き

雇用保険の被保険者が60歳になると、高年齢雇用継続給付受給資格確認票と六十歳到達時等賃金証明書をハローワークに提出し、受給資格の確認と賃金登録の手続きを行います。60歳到達時点で被保険者であった期間が通算5年に満たないときは、5年に到達した時点で受給資格確認と5年到達時点での賃金登録を行います。以後の支給申請は事業所ごとに決められた奇数月か偶数月に2か月ごとに行うことになります。

● 60歳以降も雇用保険に継続して加入していたとき

【基本給付金】
(例1) 60歳到達時点で通算して5年以上、雇用保険の被保険者であった期間があるとき

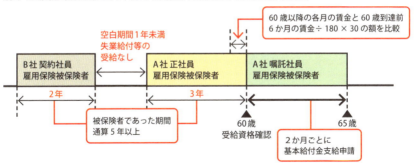

【基本給付金】
(例2) 60歳到達時点で通算して5年以上の雇用保険の被保険者であった期間がないとき

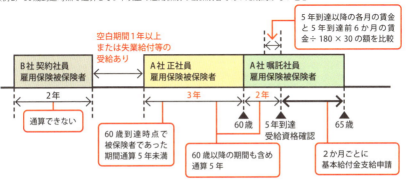

● 60歳到達以降退職し、再度雇用保険に加入したとき

【基本給付金】
(例) 退職後、失業給付・再就職手当（求職者給付・就業促進手当）を受給せずに、1年未満で再就職したとき

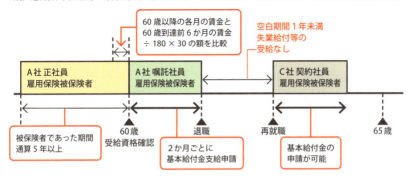

> **memo** 高年齢雇用継続給付の受給期間は、基本給付金は60歳到達月～65歳到達月、再就職給付金は再就職前日の基本手当の支給残日数が200日以上で2年間、100日以上200日未満で1年間。どちらも各月の初日～末日まで被保険者である期間が対象。

60歳到達前に退職し、60歳到達以降に再度雇用保険に加入したとき

【基本給付金】
(例) 退職後、失業給付・再就職手当（求職者給付・就業促進手当）を受給せずに、1年未満で再就職したとき

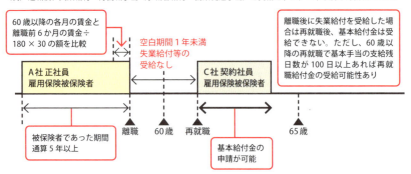

高年齢雇用継続基本給付金を受給後離職し、1年未満で再就職したとき

【再就職給付金】
(例1) 退職後、失業給付（求職者給付）の支給残日数100日以上で再就職手当を受給せずに再就職したとき

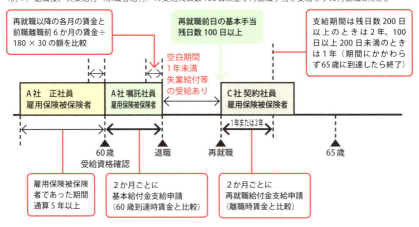

memo　高年齢雇用継続給付の各月の賃金額は、実際の支払額とは限らない。欠勤等で減額された月は減額分を加算した額を各月の賃金額と考え、この額をみなし賃金額という。減額の理由は欠勤以外に、事業所の休業なども含む。

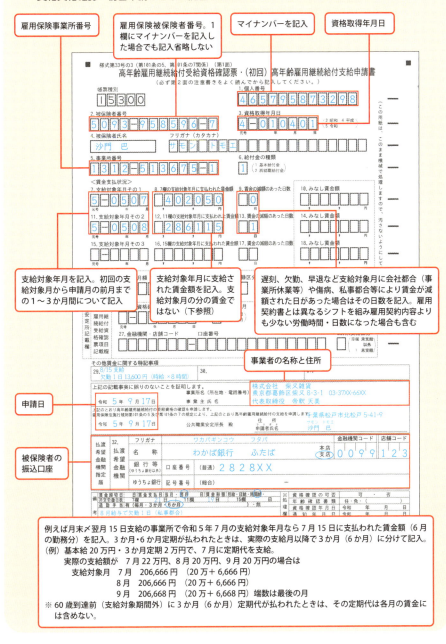

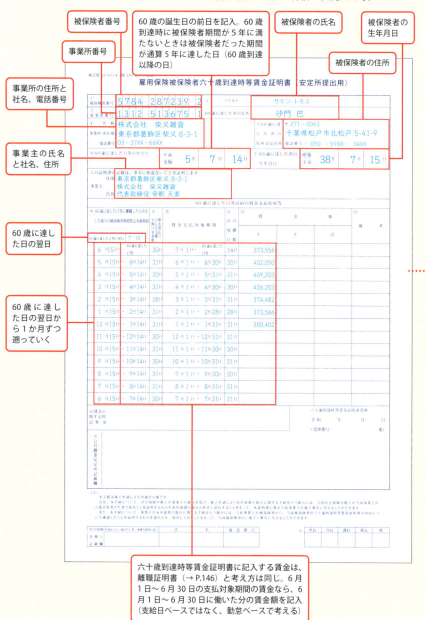

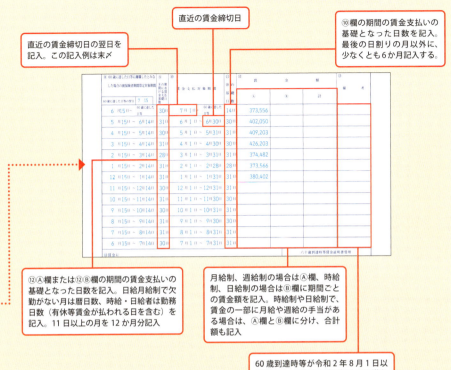

直近の賃金締切日の翌日を記入。この記入例は末〆

直近の賃金締切日

⑩欄の期間の賃金支払いの基礎となった日数を記入。最後の日割りの月以外に、少なくとも6か月記入する。

⑫Ⓐ欄またはⒷ欄の期間の賃金支払いの基礎となった日数を記入。日給月給制で欠勤がない月は暦日数、時給・日給者は勤務日数（有休等賃金が払われる日を含む）を記入。11日以上の月を12か月分記入

月給制、週給制の場合はⒶ欄、時給制、日給制の場合はⒷ欄に期間ごとの賃金額を記入。時給制や日給制で、賃金の一部に月給や週給の手当がある場合は、Ⓐ欄とⒷ欄に分け、合計額も記入

60歳到達時等が令和2年8月1日以降の場合、⑨欄の日数が11日に満たない月であっても、賃金支払いの基礎となった労働時間数が80時間以上の月は1か月としてカウントできる。11日未満で労働時間80時間以上の月は、備考欄に労働時間数を記入する。

memo > 60歳到達直前に再就職した場合など、60歳到達時の事業所の被保険者期間が6か月未満の場合で、前職の期間が通算できる場合は、前職の離職票を添付する。

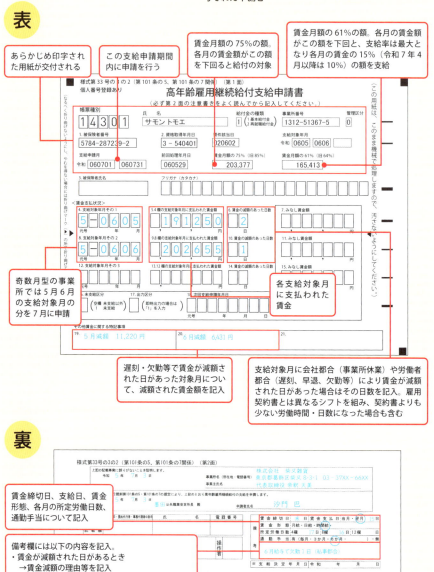

雇用保険 記載内容に関する確認書・申請等に関する同意書

[提出先] 原本を事業主が保管　[提出時期] 高年齢雇用継続給付受給資格確認・初回申請の際

最初に被保険者に「記載内容に関する確認書・申請等に関する同意書」をもらって事業主が保管しておけば、毎回の高年齢雇用継続給付支給申請書への被保険者の記名は省略可能です。この場合、高年齢雇用継続給付支給申請書の被保険者氏名欄に「申請に同意済」と記載します。

記載内容に関する確認書
申請等に関する同意書
（高年齢雇用継続給付用）

令和 5 年 9 月 17 日

私は、下記の事業主が行う

記

☑ 高年齢雇用継続給付の受給資格の確認の申請について同意します。

☑ 雇用保険法施行規則第101条の5・第101条の7の規定による高年齢雇用継続給付の支給申請について同意します（今回の申請に続く今後行う支給申請を含む。）。

（該当する項目にチェック。複数項目にチェック可）

※　本同意書の保存期限は、雇用保険法施行規則第143条の規定により本継続給付に係る完結の日から4年間とします。

事業所名称　　株式会社　柴又雑貨

事業主氏名　　代表取締役　帝釈 天美

被保険者番号　5093-958596-7

被保険者氏名　沙門　巴

以上

業務をくわしく知ろう

Section 05-2 | 60歳以降の標準報酬月額変更と同日得喪

- 60歳以上の健康保険・厚生年金保険の被保険者が退職日の翌日に再雇用されるときは、いったん喪失し、同日に取得する同日得喪の取り扱いができる。
- 同日得喪のメリットは、早く社会保険料が安くなること。デメリットは給付額が減ること。
- 同日得喪の手続きは強制ではなく任意。

同日得喪を希望するかどうか、必ず本人に意思確認をするニャ。

月変と同日得喪

退職後1日の空白もなく同じ会社で再雇用された場合、退職金の支払い有無や身分関係の変更等に関係なく、実質は使用関係が継続していると考えるため、社会保険の資格は喪失することなくそのまま継続するのが原則です。ところが原則どおりだと、定年退職による再雇用で大幅に給与が下がっても、月変により標準報酬月額が変更されるのは4か月後で、それまでは正社員のときの高い社会保険料を払わなければなりません。そのため、60歳以上の者に限り、定年再雇用や契約更新など、退職日の翌日に再雇用される場合、いったん資格喪失し、同日に資格取得をする特別な取り扱いが認められています。これを同日得喪といいます。月変と異なり、1等級の差で手続きできます。

同日得喪の手続き

同日得喪の手続きは、取得日と喪失日が同日の資格取得届と資格喪失届を同時に提出します。それまで使っていた健康保険証は返却し、被扶養者がいる場合は被扶養者(異動)の提出も必要です。添付書類は退職日と入社日を証明する書類。例えば定年退職について記載された就業規則の該当ページコピー、契約満了日や入社日が確認できる雇用契約書コピーなどがあります。同日得喪の届出書類には被保険者の押印箇所はありませんが、同日得喪を行うかどうかは必ず本人の希望を確認してください。この手続きは強制ではありません。保険料が早く安くなるメリットがある反面、将来受け取る年金額や傷病手当金などの給付額が少なくなるデメリットもあるためです。

● 通常の標準報酬月額の改定（随時改定）

通常の標準報酬月額の改定（随時改定）

60歳以上の再雇用・契約更新等の特例（同日得喪）

● 同日得喪と月変（随時改定）の違い

	同日得喪	月変
きっかけ	退職し、翌日再雇用されたこと	固定的賃金の変動があったこと
対象者の年齢	・60歳以上の被保険者 ・70歳以上被用者	・全被保険者 ・70歳以上被用者
標準報酬月額	1等級以上変動すること ※等級が下がるケースだけでなく上がるケースもあり	2等級以上変動すること （最高・最低等級の例外あり）
標準報酬月額変更月	取得・喪失日の属する月	固定的賃金変動月から4か月目
届出義務	届出は任意	届出は義務

memo ▷ 同日得喪ができるのは定年再雇用だけではない。60歳以上であれば、再雇用後の契約更新、パートタイムの契約更新、取締役の退任翌日の就任なども該当する。回数の制限もなく、再雇用のたびに何度でも行える。

健康保険・厚生年金保険 被保険者資格喪失届（同日得喪）

［提出先］年金事務所　［提出期限］5日以内

60歳以上の被保険者が退職した翌日に同じ事業所で再雇用され、再雇用後の報酬が下がったとき、喪失届と取得届を同時に提出することで標準報酬月額を早く下げることができる届出。

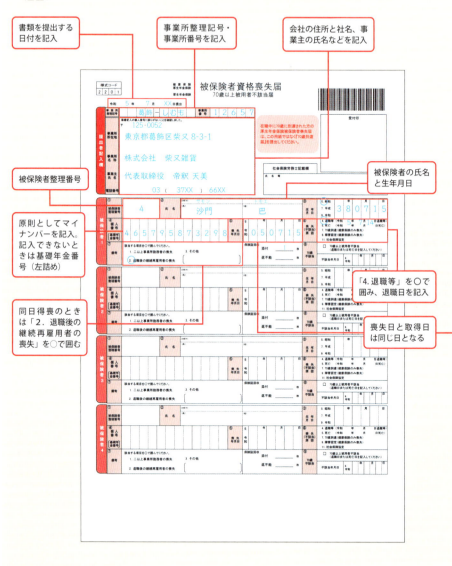

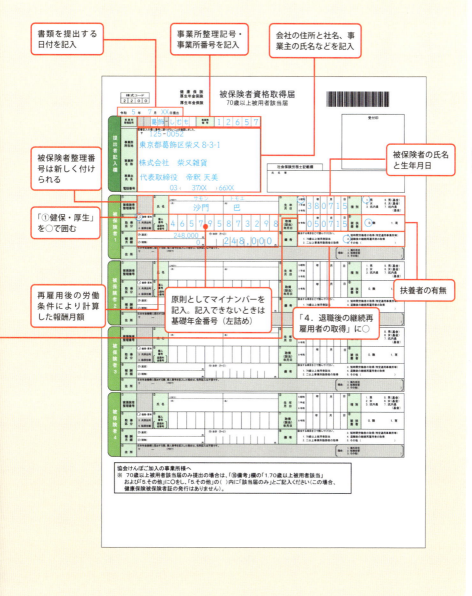

健康保険・厚生年金保険 被保険者区分変更届

[提出先] 年金事務所　[提出期限] 5日以内

（参考）「特定適用事業所・任意特定適用事業所」の被保険者または70歳以上被用者が契約変更により、「通常の労働者」から「短時間労働者」に（またはその逆）変更したときに届出（同日得喪の手続きを行った場合は提出不要）。

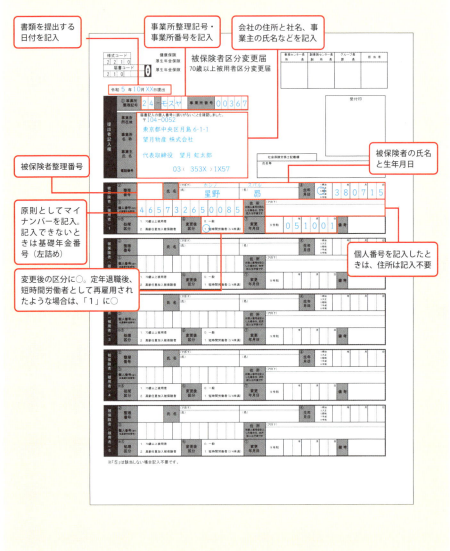

Column
65歳以降の失業給付

雇用保険の被保険者が65歳以降で退職したとき、65歳未満の場合と異なり、失業給付は「基本手当」ではなく「高年齢求職者給付金」という名称の一時金となります。基本手当のように4週間ごとにハローワークに通って就職活動をする必要はありませんが、トータルで受給できる金額は基本手当よりも少なくなります。ただし、基本手当の方は受給すると老齢年金が支給停止になってしまうというデメリットがあります。

失業給付もたくさんほしい、でも年金も受け取りたい、という場合は、65歳の誕生日の前々日までに退職し、65歳になってから基本手当を受給するようにすると年金の支給停止はありません。

高年齢求職者給付金と基本手当の違い

	高年齢求職者給付金	基本手当
離職日	65歳の誕生日の前日以降に離職	65歳の誕生日の前々日までに離職
受け取り方	一時金	4週間ごとに28日分ずつ
就職活動	不要	必要
給付日数	被保険者だった期間が 1年以上　　50日分 1年未満　　30日分	定年・自己都合等の場合 被保険者だった期間に応じ 90〜150日 解雇等の場合 90〜240日（60歳以上）
日額の上限額 （令和6年8月1日から）	7,065円	7,420円（60歳以上）
老齢年金との併給調整	支給停止なし	年金が全額支給停止 ※ただし、基本手当を実際に受給するのが65歳以降の場合、年金の支給停止なし
待期期間	7日間	7日間
給付制限期間	自己都合退職等の場合 5年間に2回まで2か月（令和7年4月1日以降1か月）。3回目以降3か月	自己都合退職等の場合 5年間に2回まで2か月（令和7年4月1日以降1か月）。3回目以降3か月

Section 06 従業員や家族が自分で行う手続き

- 老齢年金請求のための書類は、事前に本人の自宅に届く。
- 第3号被保険者が60歳になると、自動的に資格を喪失する。
- 60歳未満の被扶養配偶者がいる厚生年金保険被保険者が65歳になったときは、配偶者が国民年金第1号被保険者に切り替える手続きをするよう知らせる。

60歳を過ぎると社会保険の手続きも複雑。従業員が行う手続きも、会社としては情報提供などでフォローしていきたいニャ。

老齢年金の請求手続き

特別支給の老齢厚生年金の支給開始年齢になると、開始年齢到達3か月前に日本年金機構から自宅に年金の請求書が送られてきます。開始年齢になったら、自分で年金事務所で年金の請求手続きを行います。65歳になると老齢基礎年金と老齢厚生年金に切り替わるため、日本年金機構から自宅に年金請求書（はがき）が送られてくるので、それを65歳到達月の末日までに提出します。

家族の年金に関する手続き

第3号被保険者である配偶者が60歳になると、第3号被保険者の資格を喪失します。自動的に喪失するため、手続きは不要ですが、配偶者の年金加入期間が40年に満たず老齢年金を満額受給できないときは、国民年金に任意で加入することもできます。任意加入は配偶者本人が市区町村窓口で行います。

また、厚生年金保険の被保険者が65歳になり、老齢基礎年金の受給資格を満たしているときは、厚生年金保険の被保険者ではあっても、国民年金第2号被保険者ではなくなります。この従業員に第3号被保険者である配偶者がいるとき、従業員が第2号被保険者でなくなることで配偶者は第3号被保険者ではなくなります。会社での手続きは不要ですが、配偶者は市区町村窓口や年金事務所で国民年金（第1号被保険者）に加入する手続きが必要になります。

老齢年金の受給開始年齢

生年月日		老齢年金受給開始年齢	
男性	女性		
S28.4.2～s30.4.1	S33.4.2～s35.4.1	報酬比例部分 ▲61歳	老齢厚生年金 / 老齢基礎年金
S30.4.2～s32.4.1	S35.4.2～s37.4.1	▲62歳	老齢厚生年金 / 老齢基礎年金
S32.4.2～s34.4.1	S37.4.2～s39.4.1	▲63歳	老齢厚生年金 / 老齢基礎年金
S34.4.2～s36.4.1	S39.4.2～s41.4.1	▲64歳	老齢厚生年金 / 老齢基礎年金
S36.4.2～	S41.4.2～	▲65歳	老齢厚生年金 / 老齢基礎年金

Column

老齢年金の繰り上げ・繰り下げ

　年金には受給開始年齢を早める繰り上げ、受給開始年齢を遅くする繰り下げという制度があります。

　本来の老齢年金（老齢基礎年金・老齢厚生年金）は65歳から受給できますが、繰り上げを行うと年金額が一生減額（繰り上げ月数×0.4%※）され、繰り下げを行うと年金額が一生増額（繰り下げ月数×0.7%）されます。繰り上げは60歳まで、繰り下げは75歳まで行うことができます。ただし、繰り下げを行っても、在職老齢年金で支給停止になった年金部分については増額されません。なお、60歳代前半に受け取る特別支給の老齢厚生年金には繰り下げ制度はありません。

※昭和37年4月1日以前生まれの方の減額率は、0.5%（最大30%）

Column

名簿（誕生日前日での年齢確認）の活用

ダウンロードデータの「名簿（誕生日前日での年齢確認）.xlsx」（P.366参照）を使うと60歳以上の社員の年齢を管理するリストが作成できます。40歳以上、60歳以上、65歳以上、70歳以上、75歳以上の社員がわかるように色付けされています。

被保険者名簿					誕生日で算出した年齢	誕生日の前日で算出した年齢		指定日入力
						2024/6/1	2024/6/30	2024/5/31
社員コード	氏名（漢字）	氏名（カナ）	性	生年月日	今日の年齢	前月初日	前月末	指定日年齢
					0	0	0	0
					0	0	0	0
					0	0	0	0
					0	0	0	0
					0	0	0	0
					0	0	0	0
					0	0	0	0
					0	0	0	0
					0	0	0	0
					0	0	0	0
					0	0	0	0
					0	0	0	0

75歳以上　　　　　　　　　　　　　赤・太字
70歳以上　　　　　　　　　　　　　赤字
40歳以上65歳未満　　　　　　　　　水色
60歳以上65歳未満　　　　　　　　　緑字

		桁-6桁			4桁-6桁-1桁			
	年金番号	取得日	喪失日	標準報酬	改定月	雇保被保険者番号	雇保取得	雇保離職日	郵便番号

Chapter

怪我、病気、死亡に伴う

Keyword

労働災害／業務災害／労災指定医療機関

業務をくわしく知ろう

Section 01 | 健康保険と労災保険の給付

- 健康保険は私傷病、労災保険は業務災害、通勤災害による傷病が対象となる。
- 健康保険は被保険者と被扶養者、労災保険は労働者を対象としている。
- 給付内容は労災保険の方が手厚い。

健康保険証は、通勤途中の事故や仕事が原因の怪我や病気では使えないのニャ。

健康保険と労災保険とでは利用できる場面が異なる

　健康保険と労災保険はどちらも怪我や病気をしたときに給付される公的保険ですが、どちらを使うかはその発生原因により決められています。労災保険は、就業中の事故や業務が原因の災害などの業務災害か、通勤中に発生した通勤災害による怪我や病気を対象とし、健康保険は原則として私傷病（労災保険で給付されないもの）を対象としています。

　労災保険には被保険者という概念はなく、臨時のアルバイトであっても除外されません。ただし、労働者性のない役員については対象から除かれます。健康保険は被保険者と被扶養者が給付を受けることができます。

3割の自己負担が必要な健康保険、自己負担なしの労災保険

　健康保険と労災保険では給付内容にも違いがあります。

　例えば医療機関で治療を受けたとき、健康保険の場合は通常3割の自己負担がありますが、労災保険の場合はほぼ自己負担なしで受診できます。療養のため休業する場合も、労災の方が給付される日額が多いだけでなく、労災には健康保険のような受給できる期間の制限もありません。その他、労災には健康保険にはない障害、遺族補償などの給付もあり、健康保険よりも手厚い給付内容になっています。

● 健康保険と労災保険でカバーする治療と対象者

健康保険
対象：私生活での傷病
対象者：被保険者、被扶養者

労災保険
対象：就業中・通勤中での傷病
対象者：労働者

● 労災保険の書類の流れ（医療機関を受診するとき）

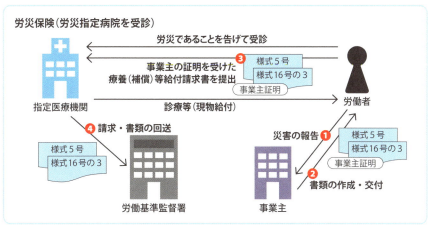

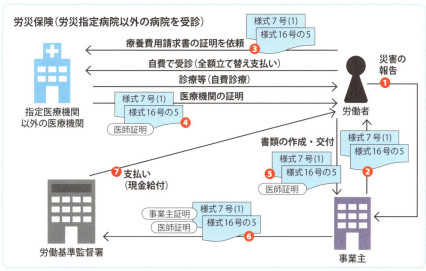

> **memo** 健康保険は私傷病が対象であり、役員の業務中の怪我は労災だけでなく健康保険も使えない。救済策として、5人未満の法人の役員に限り、一般の労働者と同様の労務に従事中の負傷は健康保険から給付を受けとれる。

給付一覧

	健康保険			
怪我や病気の原因	私生活で発生したもの（労災保険で給付されないもの）			
対象者	被保険者・被扶養者	被保険者	被扶養者	
医療機関で治療を受けるとき	**療養の給付**（現物給付） 健康保険証（70歳以上は健康保険証と併せて高齢受給者証）を提示し、一部負担金で受診 　通常　　3割負担 　小学校入学前　2割負担 　70歳以上　標準報酬月額28万円以上　　3割負担 　　　　　　　〃　　　　　28万円未満　　2割負担 　被保険者70歳未満の被扶養者　　　　　　　2割負担	○	○	
医療機関で治療費等を負担したとき	**療養費**（現金給付） 健康保険証が手元にない、治療用装具購入等の理由で医療費全額を立て替えた場合に、後日一部負担金相当額の払い戻しを受けるもの	○	○	
海外の医療機関で治療を受けたとき	**海外療養費**（現金給付） 海外旅行中や海外赴任中に、海外の医療機関を受診した場合に、後日国内基準で計算した治療費の額から自己負担相当額を差し引いた額の払い戻しを受けるもの	○	○	
医療費が高額になるとき	**限度額適用認定**（現物給付） 入院、通院等で一部負担額が高額になりそうなとき事前に「限度額適用認定証」の交付を受け、提示することで窓口での支払いを自己負担限度額までにするもの	○	○	
	高額療養費（現金給付） 同一月の医療期間窓口での一部負担金が自己負担限度額を超えたとき、超えた分の金額の払い戻しを受けるもの	○	○	
療養のため仕事を休んだとき	**傷病手当金** 療養のため働くことができず連続して3日以上休んだときに休業4日目から支給 　一日あたりの支給額： 　　支給開始月以前12か月の標準報酬月額平均額 　　÷30日の3分の2 　支給期間は、支給開始日から通算1年6か月が限度	○	×	
障害が残ったとき	なし	×	×	
	※障害には、国民年金（障害基礎年金1級・2級）、厚生年金保険（障害厚生年金1級・2級・3級）の制度あり。同じ傷病で健康保険の傷病手当金または労災の年金が受給可能なときは、健康保険・労災の給付額が調整される			
死亡したとき	**埋葬料** 被保険者が死亡したとき、被保険者に生計を維持された者（生計の一部でも維持されていれば可）に一律5万円支給	○	×	
	家族埋葬料 被扶養者が死亡したとき、被保険者に一律5万円支給	×	○	
	埋葬費 埋葬料を受給できる家族等がいない場合に、実際に埋葬を行った人に5万円を限度に葬儀費用等の実費を支給	○	×	
	※死亡には、国民年金（遺族基礎年金）、厚生年金保険（遺族厚生年金）の制度あり。労災の遺族年金が同時に受給可能なときは、労災の給付額が調整される			

memo 労災対象の傷病に健康保険証を使った場合は、すぐに受診した医療機関に連絡をし、労災保険に切り替えてもらう。時間がたつと窓口での切り替えがでなくなるので注意。（右ページに続く）

労災保険（労働者災害補償保険）
業務災害、通勤災害（業務災害の給付は名称に「補償」が入る）
労働者
療養の給付 **療養補償等給付・療養給付**　（現物給付） 　負担なしで受診 　　※通勤災害については、休業給付を受ける場合は、初回の休業給付の額から療養給付の一部負担金として200円を控除
療養の費用の支給 **療養補償等給付・療養給付**　（現金給付） 　現物給付として療養の給付が受けられず、治療費等を負担した場合に、後日、払い戻しを受けるもの 　労災指定以外の医療機関、治療用装具、看護料、移送費／労災指定以外の薬局／ 　柔道整復師／はり・きゅう／訪問看護
海外出張の災害のみ対象（海外赴任中は特別加入をしていなければ対象外）
なし（自己負担自体がほとんどない）
休業補償等給付・休業給付 　療養のため働くことができず通算3日以上休んだときに休業4日目から支給 　　一日あたりの支給額：給付基礎日額（平均賃金）の80%（保険給付60%＋特別支給金20%） 　　支給期間の限度なし（治癒するか、傷病補償等年金・傷病年金の受給開始まで）
傷病補償等年金・傷病年金 　傷病等級（1〜3級）に該当し、その状態が継続している間 　傷病（補償）等年金、傷病特別支給金、傷病特別年金を支給
障害補償等給付・障害給付 　傷病が治癒（症状固定）し、一定の障害が残ったとき障害の程度に応じて一時金か年金を支給 　　・1級〜7級：年金　　　・8級〜14級：一時金
葬祭料等（業務災害）・**葬祭給付**（通勤災害） 　葬祭を行った人に対し、下記①②のいずれか高い方を支給 　①315,000円＋給付基礎日額の30日分　　②給付基礎日額の60日分
遺族補償等給付・遺族給付 　生計を維持されていた遺族の続柄・年齢・人数等に応じ遺族（補償）等年金、遺族特別支給金（一時金）、遺族特別年金を支給。遺族（補償）等年金を受けることができる遺族がいないときは　遺族（補償）等一時金を遺族のうち最先順位者に支給。

> **memo**　（左ページより）この場合には、健康保険の保険者（協会けんぽ等）に連絡し、健康保険から現物給付された7割分を保険者に支払い、あらためて労災保険へ10割の現金給付を請求する。

業務をくわしく知ろう

Section 02 従業員や被扶養者が病院等で治療を受けるとき

- 健康保険は3割の自己負担、労災保険は自己負担なしに受診できる。
- 現物給付を受けるには、健康保険は健康保険証またはマイナ保険証を提示、労災は療養（補償）等給付たる療養の給付請求書を医療機関に提出する必要がある。
- 労災で医療機関を変更するには、変更後の病院に変更届を提出する。

健康保険は健康保険証、労災保険は会社が証明した所定の書類で受診するニャ。

健康保険は7割、労災保険は10割の現物給付

保険医療機関である病院で治療を受けたり、保険薬局で薬を購入するとき、窓口で健康保険証またはマイナ保険証を提示すれば、支払うお金は医療費の3割（小学校入学前は2割、70歳以上は2割の場合あり）で済みます。残りの7割は、健康保険の制度から医療サービスなどの現物が支給されているのです。この現物給付のことを療養の給付といいます。

労災保険の場合は、労災指定医療機関であれば窓口での負担なしに医療サービスを受けることができます。

受診には、健康保険は健康保険証、労災保険は会社が作成する書類が必要

健康保険は従業員が持っている健康保険証で受診することができるため、会社が手続きを行うことはありませんが、労災保険は会社が作成する書類が必要になります。業務災害は「様式第5号　療養補償給付及び複数事業労働者療養給付たる療養の給付請求書」、通勤災害の場合は「様式第16号の3　療養給付たる療養の給付請求書」に事業主が証明を行い、被災労働者から医療機関に提出してもらいます。直接書類を労基署に出すのではなく、医療機関経由の手続きとなります。病院や薬局を変更するときも手続きが必要です。この場合は、「指定病院等（変更）届」（業務災害：様式第6号　通勤災害：様式第16号の4）を変更後の指定病院等に提出します。

健康保険で治療を受ける手段

健康保険で治療を受ける手段

種類	現在・今後の状況
マイナ保険証	マイナンバーカードを健康保険証として利用するには ①マイナンバーカードの取得 ②健康保険証としての利用登録　が必要。 利用登録はスマホアプリや医療機関窓口の顔認証カードリーダーで行うことができる。希望すれば利用登録解除も可能。
健康保険証	今後は廃止。令和6年12月2日以降は新規発行は行われず、紛失した場合も再交付はされない。廃止前に発行された健康保険証は廃止日から最長1年間利用可能。ただし、その前に有効期限が切れる場合は有効期限まで。
資格確認書	令和6年12月2日以降、マイナ保険証の利用登録をしていない人に旧健康保険証に代わるものとして自動的に交付される。有効期間は最長5年で保険者が設定。サイズ・材質は現行の健康保険証と同じものになる予定。

健康保険の窓口での負担割合

年齢	負担割合
通常	3割
小学校入学前	2割

年齢	負担割合
70歳以上	標準報酬月額28万円以上　　3割 〃　　　　28万円未満　　2割 被保険者70歳未満の被扶養者　2割

労災保険で治療を受けるときの手続き

会社が作成する書類

治療を受けるとき
業務災害：様式第5号 療養補償等給付請求書
通勤災害：様式第16号の3 療養給付請求書
➡被災労働者から指定病院等に提出

病院や薬局を変更するとき
業務災害：様式第6号 指定病院等（変更）届
通勤災害：様式第16号の4 指定病院等（変更）届
➡被災労働者から変更後の指定病院等に提出

> **memo**　自己負担割合確認のため、70歳以上75歳未満の人は窓口に高齢受給者証を提示する必要があったが、マイナ保険証の場合はオンラインで自己負担割合の確認ができるため、高齢受給者証の持参は不要。

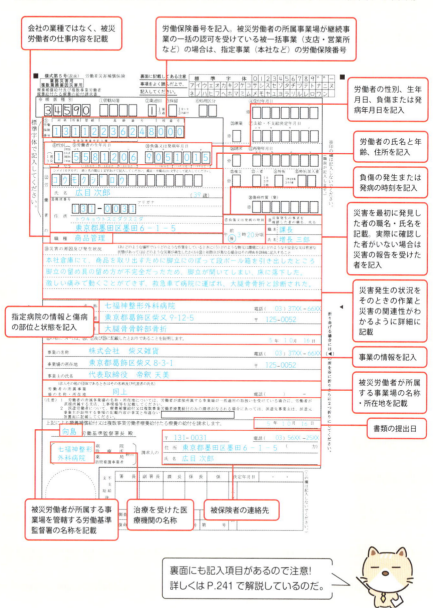

㉒業務災害 様式第6号 療養補償給付及び複数事業労働者療養給付たる療養の給付を受ける指定病院等（変更）届

[提出先] 変更後の労災指定医療機関を経由して被災労働者所属事業場管轄の労基署
[提出期限] 時効2年 ※実務上は月末までに提出が望ましい

業務災害で、途中から病院や薬局を変更したときに、変更後の指定病院や指定薬局等に提出する書類。

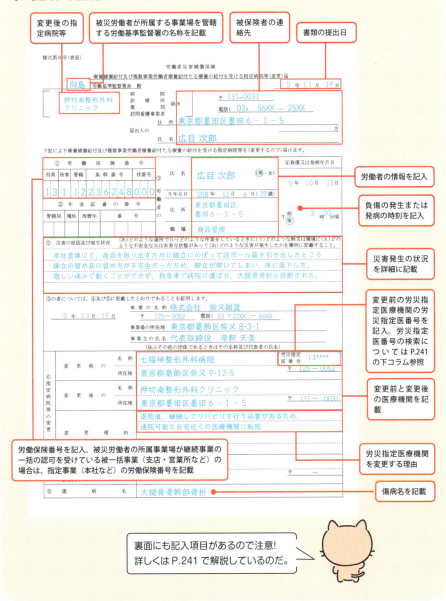

memo （左ページから続く）骨折・脱臼は応急処置を除き、医師の同意があれば対象。神経痛などの慢性の病気や事故の後遺症などは対象外。

様式第16号の3 療養給付たる療養の給付請求書

［提出先］労災指定医療機関を経由して被災労働者所属事業場管轄の労基署
［提出期限］時効2年　※実務上は月末までに提出が望ましい

通勤災害で、治療を受けた指定病院や薬を購入した指定薬局などに提出する書類。

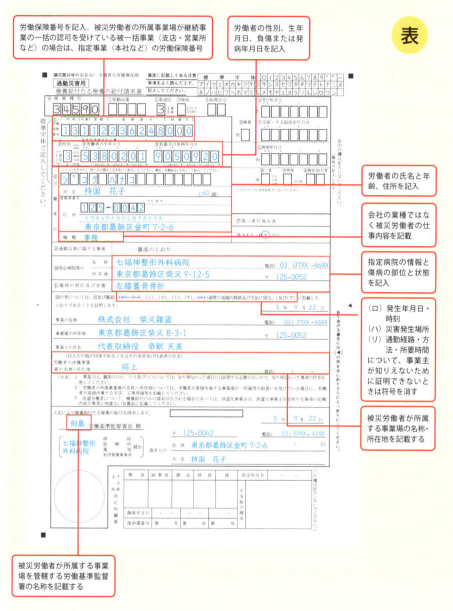

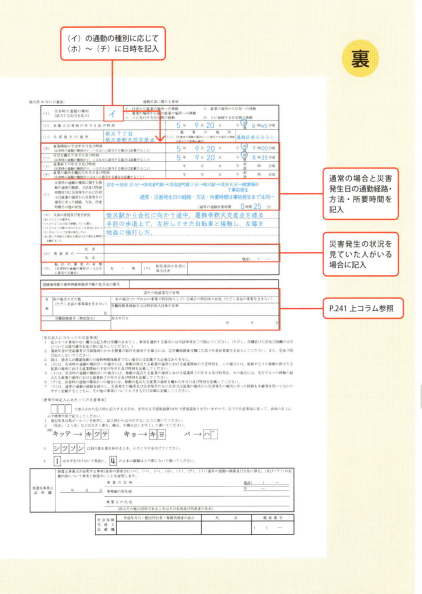

㉕通勤災害 **様式第16号の4 療養給付たる療養の給付を受ける指定病院等（変更）届**

[提出先] 変更後の労災指定医療機関を経由して被災労働者所属事業場管轄の労基署
[提出期限] 時効2年 ※実務上は月末までに提出が望ましい

通勤災害で、途中から病院や薬局を変更したときに、変更後の指定病院や指定薬局等に提出する書類。

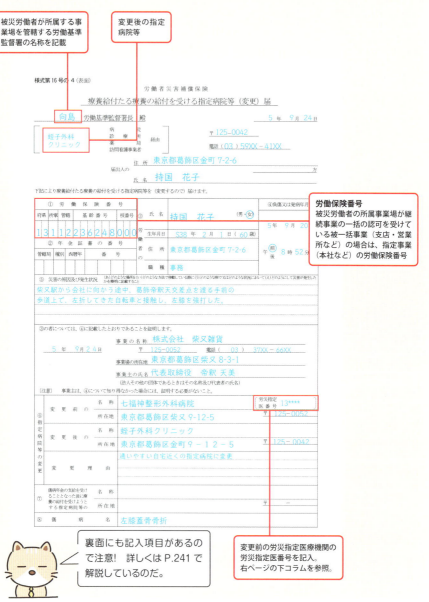

被災労働者が所属する事業場を管轄する労働基準監督署の名称を記載

変更後の指定病院等

労働保険番号
被災労働者の所属事業場が継続事業の一括の認可を受けている被一括事業（支店・営業所など）の場合は、指定事業（本社など）の労働保険番号

変更前の労災指定医療機関の労災指定医番号を記入。右ページの下コラムを参照。

裏面にも記入項目があるので注意！ 詳しくはP.241で解説しているのだ。

Column

被災労働者がダブルワークをしているとき

　業務災害や通勤災害にあった被災労働者が複数の会社で仕事をするいわゆる「ダブルワーク」をしているときには、提出する書類にダブルワークの有無、ほかの事業場での労災保険の加入状況などを記載する必要があります。

　多くの書類では裏面にその項目がありますが、ダブルワークをしていない被災労働者でもダブルワークの有無の項目のみは無を選択する必要があるので忘れないようにします。

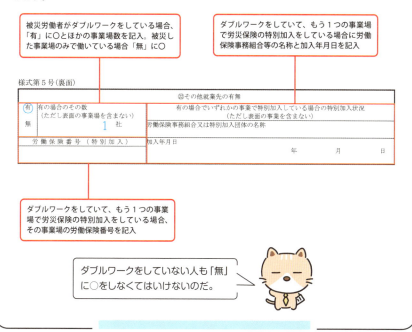

Column

労災指定医療機関かどうかを調べるには

　労災指定医療機関は、厚生労働省のHPより検索ができます。わからない場合は、受診しようとする医療機関に電話をすれば、指定を受けているかどうか教えてくれますので、事前に確認するように社内で周知しておきましょう。

厚生労働省 HP
https://rousai-kensaku.mhlw.go.jp/

業務をくわしく知ろう

Section 03 | 従業員や被扶養者が医療費を立て替えたときの処理

- 指定医療機関以外での受診、健康保険証のない受診、治療用装具等はいったん窓口で全額を支払い、後日、払い戻しの請求を行う。
- 支給申請書の用紙は、用途により異なる。
- 労災指定医療機関以外での受診はデメリットが大きい。

労災指定じゃない病院にかかってしまうと、医療費が全額戻ってこないこともあるニャ。

現物給付が受けられないケース

医療サービスはすべて現物給付が受けられるわけではありません。保険医療機関・労災指定医療機関以外での受診、健康保険証が手元にない場合、ギプス等の治療用装具、はり・きゅう治療、海外での受診など、保険対象でも全額立て替えが必要なものがあります。これらの場合は、領収証、その他の必要な書類を添付して、後日、健康保険の保険者や労基署へ払い戻しの請求を行います。

支給申請書の様式は用途によって細かく分けられていますので、間違いのないようにしましょう。

労災指定医療機関以外の受診でのデメリット

健康保険が使えない医療機関はあまり見かけませんが、労災指定医療機関でない病院や薬局は少なくありません。この場合、保険診療ではなく自由診療となるため、保険制度で決められた医療費と同額とは限らず、もっと高く請求されることもあります。労災では決められた診療報酬点数による金額までしか支払われないため、差額は労働者負担となってしまいます。それだけではなく、医療機関によっては労災の請求に必要な証明も拒否するところすらあります。

事故が発生すると医療機関を選ぶ余裕もないかもしれませんが、極力、労災指定病院等であることを確認して受診するよう、社内に周知しておきましょう。

● 健康保険・労災保険の対象でも全額立て替えが必要になるもの

- 保険医療機関・労災指定医療機関以外での受診（健康保険・労災保険）
- ギプス等の治療用装具（健康保険・労災保険）
- 健康保険証が手元にないとき（健康保険）
- はり・きゅう治療（健康保険・労災保険）
- 海外での受診（健康保険）　など

領収証、その他の必要な書類を添付して、健康保険の保険者や労基署へ払い戻しの請求を行う

● 労災保険の立替払いの手続きで使う書類

治療などの支払い	業務災害	通勤災害
労災指定以外、治療用装具、看護料、移送費	様式第7号(1)	16号の5(1)
労災指定以外の薬局	様式第7号(2)	16号の5(2)
柔道整復師	様式第7号(3)	16号の5(3)
はり・きゅう	様式第7号(4)	16号の5(4)
訪問看護	様式第7号(5)	16号の5(5)

● 健康保険の立替払いの手続きで使う書類

治療などの支払い	書類名
治療費の立替払い	健康保険 被保険者 家族 療養費支払申請書（立替払等）
治療用装具代の全額負担	健康保険 被保険者 家族 療養費支払申請書（治療用装具）
海外で受診したときの立替払い	海外療養費支給申請書

> **memo** 柔道整復師での施術では、労災保険の指定医療機関かどうかにかかわらず、療養の費用請求書の様式を使用する。労災給付の受け取りを柔道整復師に委任することで窓口での負担なく現物給付が受けられる。

キーワード　労災指定医療機関

様務災害 様式第7号（1）療養補償給付及び複数事業労働者療養給付たる療養の費用請求書

[提出先] 被災労働者所属事業場管轄の労基署　[提出期限] 時効2年

業務災害で、治療に関連して発生する立替払いの払い戻しを労基署へ請求する書類。

労働保険番号
被災労働者の所属事業場が継続事業の一括の認可を受けている被一括事業（支店・営業所など）の場合は、指定事業（本社など）の労働保険番号を記載

表

（健康保険／厚生年金／労災保険／雇用保険）

従業員や被扶養者が医療費を立て替えたときの処理

治療を受けた医療機関で証明を書いてもらう

被災労働者が所属する事業場を管轄する労働基準監督署の名称を記載する

療養の給付を受けなかった理由を記載
指定病院以外の病院等を受診した場合の請求であれば「近くに労災指定病院がなかったため」等

立替払いの払い戻しができる場合は次のとおり。
・労災指定病院以外の病院等で治療を受けたとき
・ギプスなど、治療用装具を購入したとき
・看護料の請求があったとき
・移送費の請求があったとき　など

災害を最初に発見した者の職名・氏名を記載。実際に確認した者がいない場合は災害の報告を受けた者を記入

災害発生の状況をそのときの作業と災害の関連性がわかるように詳細に記載する

P.241 上コラム参照

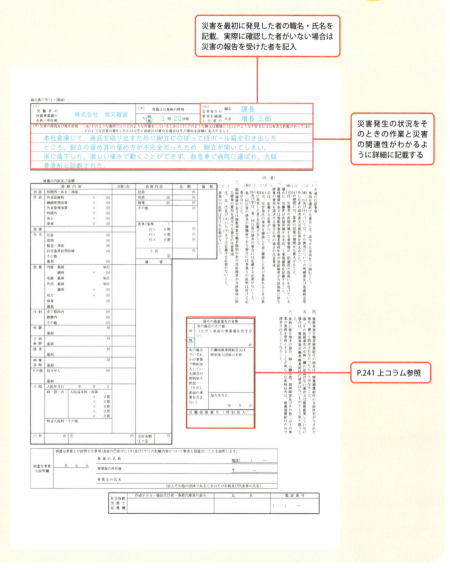

Chapter 6　怪我、病気、死亡に伴う手続き

書類　様式第7号（1）療養補償給付及び複数事業労働者療養給付たる療養の費用請求書

⑨通勤災害 様式第16号の5（3）療養給付たる療養の費用請求書

[提出先] 柔道整復師経由で被災労働者所属事業場管轄の労基署 または 被災労働者所属事業場管轄の労基署　[提出期限] 時効2年　※実務上は月末までに提出が望ましい

通勤災害で、柔道整復師（接骨院）で施術を受けたときの立替払いの払い戻しを労基署へ請求する書類。労災認定を受けていない柔道整復師（接骨院）もこの書類を使用する。

柔道整復師が労災指定を受けていて、裏面の委任状で柔道整復師に労災給付の受領を委任する場合は、振込先は柔道整復師の口座になるため未記入のまま接骨院等に提出

表

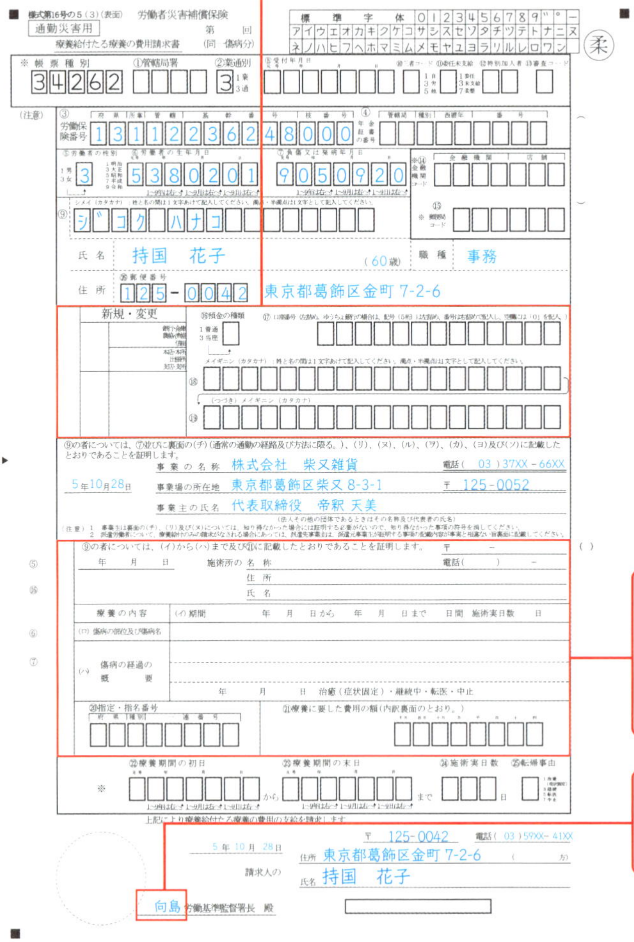

労災指定ではない接骨院などで、費用を支払って後日請求する場合は柔道整復師の証明を記載してもらい領収証を添付して労基署に提出

被災労働者が所属する事業場を管轄する労働基準監督署の名称を記載する

健康保険　厚生年金　労災保険　雇用保険

従業員や被扶養者が医療費を立て替えたときの処理

労災指定のある柔道整復師（接骨院）では療養の給付と同様に、費用を窓口で支払うことなく柔道整復師経由で請求できる。

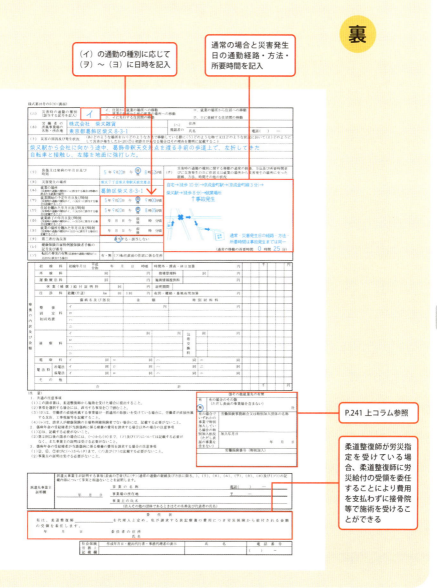

健康保険 療養費支給申請書（立替払等）

[提出先] 協会けんぽ、健康保険組合　[提出期限] 時効2年

健康保険で、医療費を立替払いしたとき、その金額を保険者に後日請求するときの書類。

1枚目

申請書記入例の主要項目：

- **被保険者証**：記号 42291513、番号 18、生年月日 昭和57.08.01
  - 健康保険証に記載された8桁の番号
  - 健康保険被保険者番号を左詰めで記入
- **氏名（カタカナ）**：タモン　ハジメ
- **氏名**：多間　始
- **郵便番号**：1310031
- **電話番号**：0334XX13XX
- **住所**：東京都 墨田区墨田7-3-5
- **振込先指定口座**
  - 金融機関名称：風天（銀行）
  - 支店名：根古三（本店）
  - 預金種別：1（普通預金）
  - 口座番号：0134***

振込先口座を記入
※被保険者（申請者）名義のもの
ゆうちょ銀行の場合は、振込専用の店名（例：〇一八支店）・口座番号（7桁）を記入

申請内容欄：66111101

健康保険証の記号・番号が不明の場合はマイナンバーを記入。この場合は身元確認書類・個人番号確認書類の両方を添付して申請を行う

治療の原因が怪我の場合に健康保険の現金給付を受けるときは、初回のみ「負傷原因届」（→P.252）の添付が必要だよ。

（側注）従業員や被扶養者が医療費を立て替えたときの処理

立替払いの払い戻しができる場合は次のとおり。
- 健康保険証が手元にない、近くに健康保険を利用できる医療機関がなかったなどの理由で自費で医療費を払った
- 入社前の国保等の健康保険証を使ってしまった
- 限度額適用認定証を提示しなかったため入院時の食事療養費を減額されない金額で払った
- 生血液の輸血を受けた(保存血液は療養の給付=現物保険給付の対象)
- 臍帯血等を搬送した　など

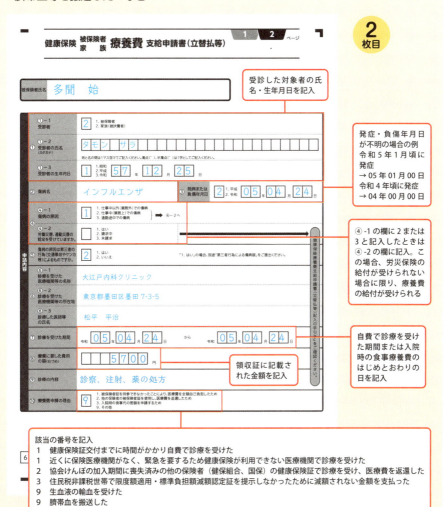

健康保険 **療養費支給申請書（治療用装具）**

［提出先］協会けんぽ、健康保険組合　［提出期限］時効2年

　健康保険で、治療用装具代を全額負担したとき、その金額を保険者に後日請求する書類。具体的には下記のようなケース。

- 医師の指示で、コルセット、関節固定器、義手・義足・義眼、弾性着衣などの治療に必要な装具を購入
- 9歳未満の小児が小児弱視等の治療でメガネやコンタクトレンズを購入

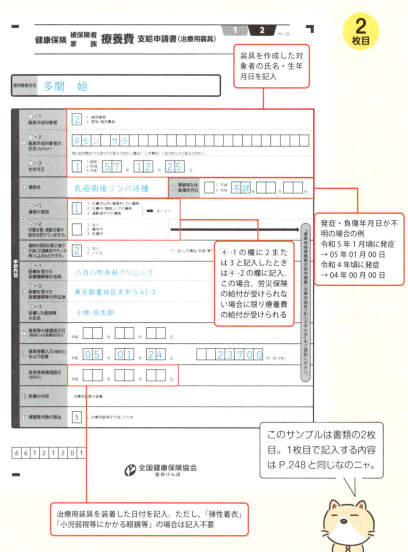

健康保険
海外療養費支給申請書

[提出先] 協会けんぽ、健康保険組合　[提出期限] 時効2年

健康保険で、海外で受診し、医療費を立て替えた場合に、その金額を後日保険者に請求する書類。

Chapter 6 怪我、病気、死亡に伴う手続き

書類　療養費支給申請書（治療用装具）、海外療養費支給申請書

海外療養費 支給申請書（2枚目・被保険者記入用）

- 被保険者氏名：多聞　始

申請内容

- ① 受診者：1. 被保険者
- ①-① 家族の場合はその方の氏名／生年月日：昭和57年12月25日
- ② 傷病名：腰・左下肢打撲
- ③ 発病または負傷年月日：令和5年8月14日
- ④ 発病の原因および経過（詳しく）：2. 病気
  - ※ケガ → 負傷原因届を併せてご提出ください。
  - 〔注記〕怪我による場合は負傷原因届を添付
- ⑤ 診療を受けた医療機関等の情報
  - 国名：アメリカ合衆国
  - 医療機関名：アロハオエ医療救急病院
  - 所在地：69XX Kalakaua Ave, Suite309, Honolulu, HI96819
  - 診療した医師等の氏名：桃井　太郎
- ⑥ 診療を受けた期間：令和05年08月15日から令和05年08月15日まで　日数 1日
  - 〔注記〕自費で診療を受けた期間とその日数を記入
- ⑥-① 上記の期間に入院していた場合は、その期間：（空欄）
- ⑦ 療養に要した費用の額：426　アメリカドル
  - 通貨単位を記入してください。(例：アメリカドル)
  - 〔注記〕領収証に記載された金額をその国の通貨単位で記入
- ⑧ 診療の内容
- ⑨ 受診者の情報
  - (1) 受診者の海外渡航期間：令和5年8月11日～令和5年8月18日
  - ※申請書に添付していただいた受診者の海外渡航期間が確認できる書類に☑してください。
    - ☑パスポートのコピー（①氏名、顔写真と②当該期間の出入国スタンプのページ）
    - □査証（ビザ）のコピー（氏名と有効期限が記載されたもの）
    - □航空チケットのコピー（eチケットの控えを含む）
  - (2) 診療を受けた期間における海外渡航（滞在）の理由について、該当箇所に☑をしてください。その他の場合は具体的にご記入ください。
    - □海外勤務（同行家族を含む）　☑旅行　□留学
    - □その他（理由：　　）

様式番号 661218

全国健康保険協会　協会けんぽ

〔注記〕治療目的の渡航や日本で保険診療の対象外となっている治療の場合は対象外

〔吹き出し〕このサンプルは書類の2枚目。1枚目で記入する内容はP.248と同じなのニャ。

健康保険　**負傷原因届**

[提出先] 協会けんぽ、健康保険組合　[提出期限] 初回給付請求時に添付

　治療を受ける原因が怪我のとき、保険給付の請求時に添付書類として提出。傷病手当金や高額療養費など、複数回請求する場合は、初回の支給申請時に添付が必要。

　怪我の原因が業務災害か通勤災害であれば健康保険の給付対象にはならず、その怪我が第三者の行為によるものであれば保険者がその給付費用を第三者に請求することになるため、その確認のために提出を求めているのがこの「負傷原因届」。

　第三者の行為による怪我の場合は、別途「第三者行為による傷病手当」の提出も必要となる。

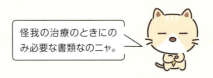
怪我の治療のときにのみ必要な書類なのニャ。

健康保険 負傷原因届

被保険者・事業主記入用

記入方法および添付書類等については、「健康保険 負傷原因届 記入の手引き」をご確認ください。
届書は、黒のボールペン等を使用し、楷書で枠内に丁寧にご記入ください。

記入見本 0123456789アイウ

被保険者情報

被保険者証の	記号	番号	生年月日
(なづめ)	42291513	18	☑昭和 □平成 □令和 570801

氏名(フリガナ): タモン ハジメ / 多聞 始

住所: 〒131-0031 東京 ☑都 墨田区墨田7-3-5
電話番号(日中の連絡先): TEL 03(34XX)13XX

被保険者または負傷した方が記入するところ

- 負傷した方: ☑被保険者・□被扶養者(氏名 　　)
- 負傷した方の勤務形態: ☑正社員、契約、派遣、パート、アルバイト / □議員、法人の役員、ボランティア、インターンシップ等 / □無職 / □その他( )
- 労災保険に特別加入していますか。: □特別加入している / ☑特別加入していない
- 傷病名: 腰・左下肢打撲
- 負傷日時: □平成 ☑令和 5年 8月 14日 □午前・☑午後 11時頃
- 負傷した時間帯(状況): □勤務時間中 □勤務日の休憩中 □出張中 ☑私用中 □その他( ) / □通勤途中(□出勤 □退勤/□寄り道等有り □寄り道等無し)
- 負傷場所: □会社内 □路上 □駅構内 □自宅 ☑その他( )
- 負傷原因 負傷原因で次にあてはまるものがありますか。: □交通事故 □暴力(ケンカ) □スポーツ中 □職場行事 □職場行事以外 / □動物による負傷(飼い主:□有 □無) / ☑あてはまらない
- 上記にあてはまる原因がある場合、相手はいますか。また、その場合は、あなたは被害者ですか、加害者ですか。: 相手: □有 → □あなたは被害者 / □あなたは加害者 / □無
  ※相手がいる負傷の場合は「第三者行為による傷病届」の届出が必要です。
- 負傷した時の状況を具体的にご記入ください。: 飲食店で飲酒をしていて椅子から床に落ちた際に腰・足を打撲した。
- 治療経過: 令和 5年 8月 31日現在 ☑治癒 □治療継続中 □中止
- 治療期間: □平成 ☑令和 5年 8月 15日から □平成 ☑令和 5年 8月 15日まで

事業主欄 業務災害及び通勤災害の場合のみ事業主の記入を受けてください。

事業所の労災適用	有・無	社員総数	名	事業内容	
業務(通勤)災害 該当の確認	有・無 → 「無」の場合、その理由				

上記、本人の申し立てのとおり □業務災害 □通勤災害 に相違ないことを認めます。

事業所所在地: (〒 -)
事業所名称:
事業主氏名:
電話番号: ( )

様式番号 / 協会使用欄 / 受付日付印

全国健康保険協会 協会けんぽ

1/1

業務をくわしく知ろう

Section 04 従業員や被扶養者の治療費が高額になるとき

ここだけCheck!
- 自己負担限度額を超えて医療費を払ったときは、後日払い戻しが受けられる。
- 70歳以上の場合は窓口で支払う医療費が自己負担限度額までに抑えられている。
- 70歳未満の場合はあらかじめ限度額適用認定申請をしておけば、窓口での支払額を自己負担限度額までにすることができる。

健康保険の自己負担には収入に応じた限度額が決まっているのニャ。

高額療養費

　健康保険では、医療機関窓口で支払った1か月の自己負担額が年齢と収入に応じて決められた自己負担限度額を超えたとき、払い戻しの請求をすることで、その超えた分の金額が後日還付されます。これを高額療養費といいます。

　高額療養費の対象は保険診療分の金額だけなので、差額ベッド代やインプラント治療などは含まれません。入院中の食事の自己負担額も対象外です。

　70歳未満の自己負担額は同一月に支払った①受診者ごと、②医療機関ごと（院外処方は処方箋発行の医療機関の治療費と合算可能）、③医科・歯科別（同じ医療機関でも別計算）、④入院・外来別の区分に応じ計算し、それぞれの区分ごとに21,000円以上の金額を合算して計算します。なお、70歳以上の場合は、21,000円未満であっても合算できます。

限度額適用認定証

　高額療養費の請求をしても、実際に還付されるまでには3か月以上かかります。70歳未満の方で、事前に医療費が高額になりそうなことがわかっている場合は、限度額適用認定申請を行います。申請により交付される限度額適用認定証を医療機関窓口で提示すれば、支払いを自己負担限度額までにできます。

　70歳以上75歳未満の場合は、健康保険証と高齢受給者証を提示すると支払いは自己負担限度額までとなるため、限度額適用認定の手続きは不要です。

70歳未満の場合

標準報酬月額	自己負担限度額	多数該当
83万円以上	252,600円＋（総医療費－842,000円）×1%	140,100円
53万円～79万円	167,400円＋（総医療費－558,000円）×1%	93,000円
28万円～50万円	80,100円＋（総医療費－267,000円）×1%	44,400円
26万円以下	57,600円	44,400円
低所得者（市区町村民税非課税者）	35,400円	24,600円

直近1年間で3か月以上高額療養費を受けた月があったとき、4か月目から自己負担限度額が、上表の「多数該当」の金額までに軽減されるのニャ。

健康保険の高額医療費に関する手続きで使う書類

項目	書類名
自己負担限度額を超えた高額医療費の請求	健康保険 被保険者 被扶養者 世帯合算 高額療養費支給申請書
高額な医療費がかかることが予想できるときの申請	健康保険 限度額適用認定申請書

限度額適用認定は通院だけの場合でも申請できるんだ。高額療養費を後日請求するより限度額適用認定証の交付を受けた方がずっといいよ。

Column

限度額適用認定証が不要な場合

　オンライン資格確認のシステムが導入された医療機関・薬局では、あらかじめ限度額適用認定証を発行しなくても、医療機関等の窓口でマイナンバーカードや健康保険証を提示することで自己負担限度額を超える支払いが免除されます。

　健康保険証の場合は窓口で、「オンライン資格確認で限度額情報を確認してほしい」と申し出ます。マイナンバーカードの場合はあらかじめマイナ保険証としての利用登録を行い、医療機関等のカードリーダーで「高額療養費制度を利用」「限度額情報を提供する」を選択します。これらの方法は協会けんぽや健康保険組合にマイナンバーが登録されていることが前提となります。令和6年12月2日以降は健康保険証の新規発行はされなくなりますが、マイナ保険証を登録しない人の健康保険証に代わる資格確認書でこの取り扱いができるかどうかは2024年7月時点では不明です。

---

memo　医療機関の診療報酬請求から自動的に自己負担限度額の超過額を計算し、還付を行う健康保険組合もある。このときは高額療養費の手続きは不要。自己負担限度額の設定も法定よりも低い健康保険組合がある。

健康保険 高額療養費支給申請書

[提出先] 協会けんぽ、健康保険組合　[提出期限] 時効2年

健康保険で、同一月に払った保険診療分の自己負担額が自己負担限度額を超えたときに超過分の還付を保険者に請求する書類。

従業員や被扶養者の治療費が高額になるとき

- 1枚の用紙に書けるのは同一月（1日〜月末）分だけ
- 受診者ごと、医療機関・薬局ごと、通院、入院別に記入

2枚目

健康保険　被保険者・被扶養者・世帯合算　高額療養費 支給申請書

被保険者氏名：多聞　始

① 診療年月：令和 05年 09月

受診者氏名	多聞　始	多聞　始	
受診者生年月日	1 昭和 57.08.01	1 昭和 57.08.01	
医療機関（薬局）の名称	本八幡呼吸器内科医院	本八幡呼吸器内科医院	
医療機関（薬局）の所在地	市川市鬼高5-21-3	市川市鬼高5-21-3	
病気・ケガの別	1 病気	1 病気	
療養を受けた期間	01日 〜 04日	05日 〜 30日	
支払額	243000円	88000円	

- 医療機関等で実際に支払った額（領収証記載の額）のうち保険診療分の金額を記載。差額ベッド代などの保険外負担額や入院時の食事負担額などを除く

⑥ 診療年月：1 令和　2 令和　3 令和

- 診療年月以前1年間に高額療養費に該当する月が3か月以上あるときは該当した診療年月（直近3か月）を記入

⑧ 非課税等：□

情報照会
- 被保険者郵便番号：□□□□□□□
- 希望しない：□

- 「記入の手引き」の4ページ「④低所得者について」に該当する場合は✓を入れる

全国健康保険協会　協会けんぽ　(2/2)

- このサンプルは書類の2枚目。1枚目で記入する内容はP.248と同じのニャ。
- ⑧欄の非課税等に✓を入れ、マイナンバーによる情報照会を希望しないときはここに✓を入れる。この場合は添付書類として非課税証明書の添付が必要。※ほかの申請ですでに提出済の場合は添付省略可
- ⑧欄の非課税等に✓を入れた場合はマイナンバーを利用した情報照会を行うため郵便番号を記入。ただし、マイナンバーによる情報照会を希望しないときは郵便番号は記入しない

memo 高額療養費は1日から末日までの1か月で計算。各月の自己負担限度額は低くはなく、長期療養では負担が大きくなる。なお、直近1年間に限度を超える月が3回以上あると4回目からは限度額が引き下げられる（多数該当）。

健康保険 限度額適用認定申請書

［提出先］協会けんぽ、健康保険組合　［提出期限］適用を受けようとする月の末日まで
（有効期間の開始日は受付日の属する月の初日までしか遡れない。）

健康保険で、70歳未満の入院・通院などのときに医療機関窓口での支払いが、高額になることが見込まれる場合に、事前に限度額適用認定証の交付を受けるための申請書。限度額適用認定証を窓口で提示することで月の負担額を自己負担限度額までにすることができる。

- 健康保険証に記載された8桁の番号
- 健康保険被保険者番号を左詰めで記入

記号：42291513　番号：19　生年月日：2（平成）03.06.12

氏名（カタカナ）：シュミ　ツキコ
氏名：須弥　月子
郵便番号：1300001
電話番号：0356XX58XX
住所：東京（都）墨田区吾妻橋5-4-6 吾妻橋テラス501

- 限度額認定の対象者を記入

認定対象者欄　氏名（カタカナ）：シュミ　ツキコ
生年月日：2（平成）03.06.12

- 入院している医療機関や勤務先など限度額適用認定証の送付先を自宅以外に指定したい場合に記入

MN確認：23011101

- オンライン資格確認システムが導入された医療機関では限度額適用認定証は不要になったよ。

- 健康保険証の記号・番号が不明の場合はマイナンバーを記入。この場合は身元確認書類・個人番号確認書類の両方を添付して申請を行う

業務をくわしく知ろう

Section 05 | 従業員の傷病による休業のため収入が減ったとき

- 受給には待期期間として、健保は連続3日、労災は通算3日の休業が必要。
- 給付額は、健康保険は直近1年の標準報酬月額平均を日額換算した額の3分の2、労災は特別支給金と併せて平均賃金の8割。
- 健康保険は受給開始から通算1年6か月が限度。労災保険は支給限度期間はない。

健康保険も労災保険も休業4日目から給付を受けることができるけど、支給要件や金額で違う部分が色々あるのニャ。

給付が受けられる要件

傷病による休業期間の所得補償制度には、健康保険で傷病手当金、労災保険で休業（補償）等給付があります。どちらも療養のため働けず、健康保険は継続して3日、労災は通算3日休んだとき、休業4日目から給付されます（最初の休業3日間を待期期間という）。業務災害では事業主は待期期間も休業補償（1日につき平均賃金の6割）を支払わなければなりません。休業期間は、労災では就業時間内の災害で終業時刻まで働けなかったときは災害発生当日から、残業時間中の事故や帰宅途中の事故であれば翌日からカウントします。

給付額

傷病手当金の一日あたりの支給額は、支給開始日を含む月以前12か月間の各月の標準報酬月額を平均した額を30日で割った3分の2の額です。支給開始日から通算1年6か月を限度として支給されます。

労災の方の一日あたりの支給額は、休業（補償）等給付として給付基礎日額（≒平均賃金。災害発生前3か月間の賃金の平均額）の6割、休業特別支給金として給付基礎日額の2割で、合計8割が支給されます。

労災では、療養開始後1年6か月を経過した日またはその日以降に、傷病が治癒しておらず、傷病等級に該当したときには休業（補償）等給付から傷病（補償）等年金に切り替わります。傷病等級に該当せず、治癒もしていないときは、引き続き休業（補償）等給付が受けられます。

●労災保険・健康保険の傷病による休業に対する補償の手続き

保険の種類	書類名
労災保険	業務災害：様式第8号 休業補償等給付支給請求書・休業特別支給金支給申請書
	通勤災害： 様式第16号の6 休業給付支給請求書・休業特別支給金支給申請書
健康保険	健康保険 傷病手当金支給申請書

どの書類も医療機関で労務不能の証明（意見）をもらうんだ。休業が長くなるようなら1か月ごとに区切って請求するといいよ。

Column
所定労働時間の一部だけ働いた日があるときの処理

所定労働時間の一部だけ働いた日があるとき、休業（補償）等給付は給付基礎日額からその日の賃金を引いた額の6割が支給されます。傷病手当金は一部でも働いてしまうと休業日ではないと考えるため、その日はまったく支給されません。完全休業日に賃金が払われたときは、労災は賃金が労災給付額未満であれば通常どおり、健康保険は支給額と賃金の差額が支給されます。

Column
損害賠償等が受けられるときの労災請求

休業特別支給金（給付基礎日額の2割）は、休業中に賃金が払われても、交通事故などで損害保険金などを受け取ることができるような場合でも、相殺されることなく全額支給されます。損害賠償等が受けられる場合には労災請求をしない人が多いのですが、特別支給金だけは申請することができますので覚えておきましょう。

㉜**業務災害** 様式第8号 休業補償給付 複数事業労働者休業給付支給請求書・休業特別支給金支給申請書

[提出先] 被災労働者所属事業場管轄労基署　[提出期限] 時効2年

業務災害による傷病のため4日以上休業し、賃金を受けない場合に被災労働者の所属事業場管轄の労基署に提出する書類。

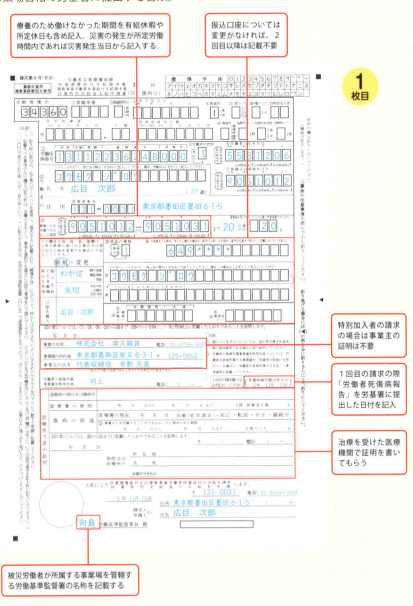

療養のため働けなかった期間を有給休暇や所定休日も含め記入。災害の発生が所定労働時間内であれば災害発生当日から記入する。

振込口座については変更がなければ、2回目以降は記載不要

特別加入者の請求の場合は事業主の証明は不要

1回目の請求の際「労働者死傷病報告」を労基署に提出した日付を記入

治療を受けた医療機関で証明を書いてもらう

被災労働者が所属する事業場を管轄する労働基準監督署の名称を記載する

健康保険　厚生年金　労災保険　雇用保険

従業員の傷病による休業のため収入が減ったとき

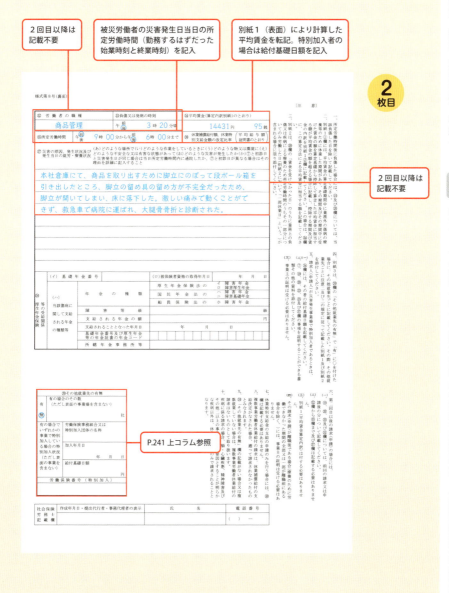

㊓業務災害 **様式第8号 休業補償給付 複数事業労働者休業給付支給請求書・休業特別支給金支給申請書（別紙1）**

[提出先] 被災労働者所属事業場管轄労基署　[提出期限] 時効2年

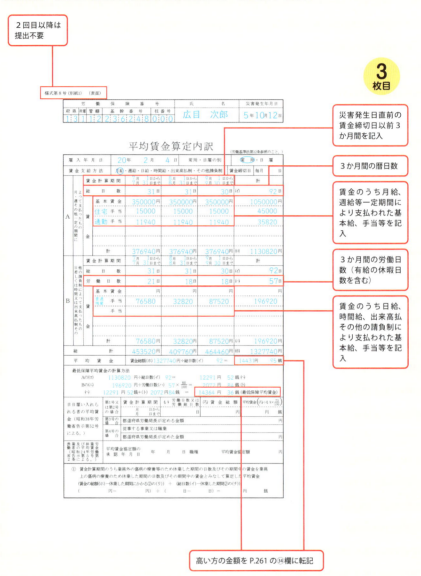

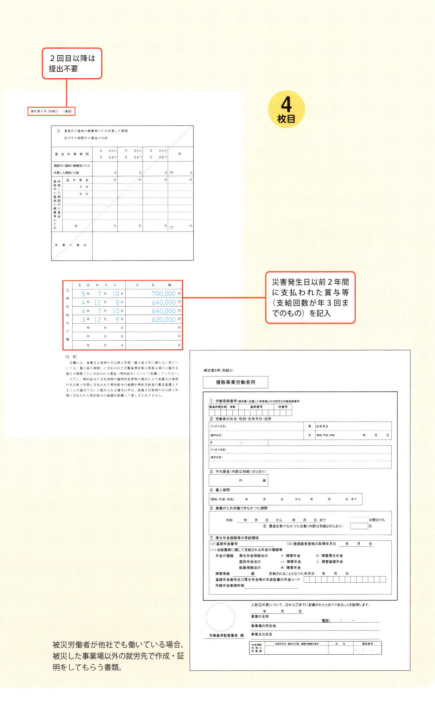

㊜通勤災害 様式第16号の6 休業給付支給請求書・休業特別支給金支給申請書

［提出先］被災労働者所属事業場管轄労基署　［提出期限］時効2年

通勤災害による傷病のため4日以上休業し、賃金を受けない場合に労働者の所属事業場管轄の労基署に提出する書類。

従業員の傷病による休業のため収入が減ったとき

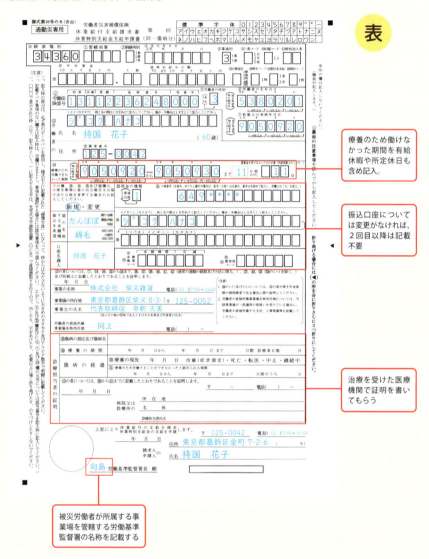

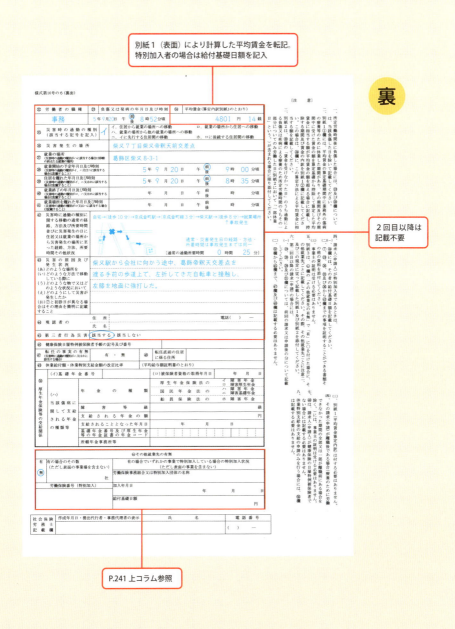

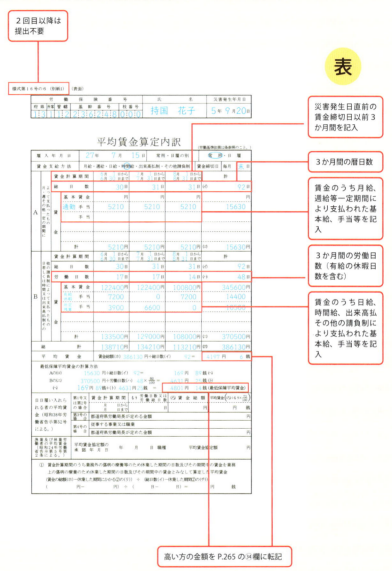

Chapter 6 怪我、病気、死亡に伴う手続き

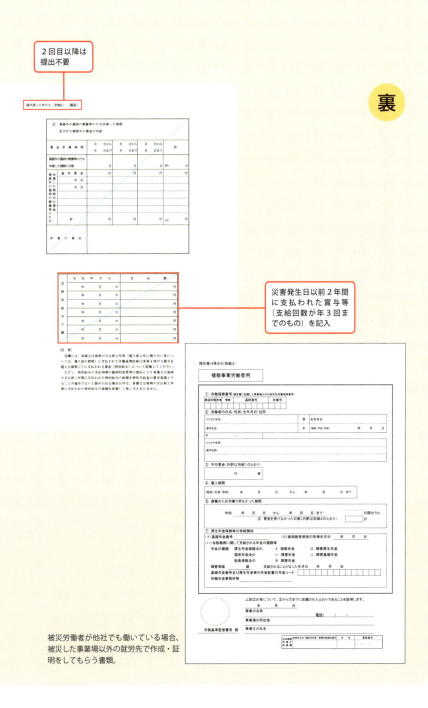

裏

2回目以降は提出不要

災害発生日以前2年間に支払われた賞与等（支給回数が年3回までのもの）を記入

被災労働者が他社でも働いている場合、被災した事業場以外の就労先で作成・証明をしてもらう書類。

書類 様式第16号の6 休業給付支給請求書・休業特別支給金支給申請書

健康保険

傷病手当金支給申請書

［提出先］協会けんぽ、健康保険組合　［提出期限］時効2年

健康保険で、私傷病のために連続3日休業したときに、休業4日目から支払われる傷病手当金を保険者に申請する書類。

従業員の傷病による休業のため収入が減ったとき

（1枚目　被保険者記入用）

- 健康保険証に記載された8桁の番号
- 健康保険被保険者番号を左詰めで記入
- 健康保険証の記号・番号が不明の場合はマイナンバーを記入。この場合は身元確認書類・個人番号確認書類の両方を添付して申請を行う
- 休業が長くなるときは、この用紙を本人にまとめて渡しておいて、通院のときに直前の賃金締切日までの休業期間について病院で意見を書いてもらうようにするといいよ。

記入例：
- 被保険者証　記号42291513　番号14　生年月日 昭和42年04月03日
- 氏名（カタカナ）ソウチョウ サブロウ
- 氏名　増長 三郎
- 郵便番号 2720023
- 電話番号 090XX78XX77
- 住所 千葉県 市川市南八幡7-9-8
- 金融機関名称 たんぽぽ（銀行）
- 支店名 鼓（本店）
- 預金種別 1 普通預金
- 口座番号 0638****

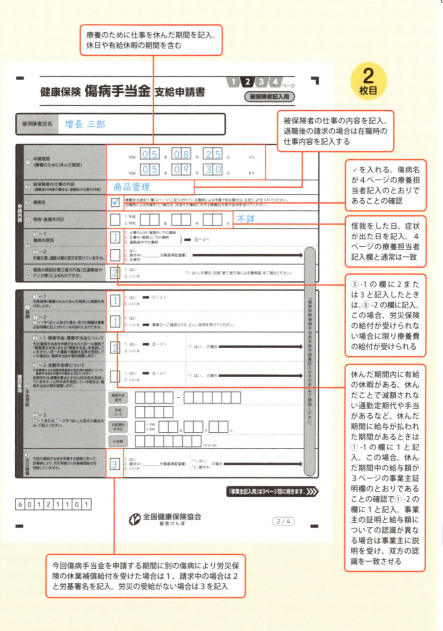

健康保険 傷病手当金支給申請書（続き）

[提出先] 協会けんぽ、健康保険組合　[提出期限] 時効2年

従業員の傷病による休業のため収入が減ったとき

健康保険 傷病手当金 支給申請書

4枚目 療養担当者記入用

患者氏名（カタカナ）	ソ゛ウチョウ サフ゛ロウ
労務不能と認めた期間	令和 05年 08月 25日 から 令和 05年 09月 30日 まで
傷病名	肺気腫
初診日	2.令和 05年 08月 25日
発病または負傷の原因	気道感染
発病または負傷の年月日	不詳
労務不能と認めた期間に診療した日がありましたか。	1. はい
上記期間中における「主たる症状及び経過」「治療内容、検査結果、療養指導」等	痰を伴う咳、体動時息切れに対し、気管支拡張薬投与 低酸素血症のため、在宅酸素療法を実施し、労務不能

上記のとおり相違ないことを証明します。

医療機関の所在地	千葉県市川市鬼高 5-21-3
医療機関の名称	本八幡呼吸器内科医院
医師の氏名	原木　敦史
電話番号	047-378-86XX

証明日：令和 05年 10月 05日

6 0 1 4 1 1 0 1

全国健康保険協会 協会けんぽ

> 請求期間の末日以降に証明をもらう。一般的な診断書等と異なり、未来については証明はできない

> 請求期間に受診した医療機関で労務不能期間について証明をもらう。請求期間の途中で転院した場合は転院前、転院後の医療機関でそれぞれ証明をもらう。労務不能期間には療養のため働けなかった期間であれば休日や有給休暇等も含む

> 転院などの事情で、働けなかった全期間についてひとつの医療機関に意見を書いてもらえなかったときは、「4療養担当者記入用」をもう1枚用意して、転院前の医療機関等に書いてもらうんだ。

Chapter 6　怪我、病気、死亡に伴う手続き

書類　傷病手当金支給申請書

業務をくわしく知ろう

Section 06 | 従業員に障害が残ったとき

- 健康保険には障害を対象とした給付はない。
- 労災保険の障害等級の1級から7級は年金給付、8級から14級は一時金。
- 障害（補償）等給付の請求にはマイナンバーの記入が必要だが、事業主は労災請求に関して従業員のマイナンバーを取り扱うことはできない。

労災の障害（補償）等給付は、障害の重さに応じて年金の場合と一時金の場合とがあるニャ。

体に障害が残ったときに労災保険から支給される障害（補償）等給付

健康保険には障害に該当したときの給付はありませんが、労災保険には傷病が治癒（症状が固定）し、障害等級に該当したときに請求できる障害（補償）等給付があります。障害等級第1級から第7級に該当するときは年金（1級：給付基礎日額の313日分～7級：131日分）、第8級から第14級は一時金（8級：給付基礎日額の503日分～14級：56日分）が受けられます。同時に障害特別支給金（一時金）と、障害特別年金または障害特別一時金も受給できます。

給付の手続きにはマイナンバーが必要

労災保険の障害（補償）等給付支給請求書には、マイナンバーの記入が必要です。労災請求は、支給請求書に事業主等の証明を受けて、被災労働者本人が行うのが原則ですが、実務上は事業主が労働者に代わって労基署に書類を提出していることも多いでしょう。しかし、労災保険の手続きでは、事業主は個人番号関係事務実施者にはならないため、本人に対し、マイナンバーの提供を求めることができません。この場合は原則どおり、被災労働者本人が手続きを行います。それが困難なときは、事業主が労働者から委任を受ければ代理人として手続きを行うことは可能です。なお、マイナンバーは障害のほか、遺族（補償）等年金についても記入が必要となっています。

●従業員に障害が残ったときの労災保険の手続き

保険の種類	書類名
労災保険	業務災害：様式第10号 障害補償給付 複数事業労働者障害給付支給請求書 障害特別支給金 障害特別年金 障害特別一時金 支給申請書
	通勤災害：様式第16号の7 障害給付支給請求書 障害特別支給金 障害特別年金 障害特別一時金 支給申請書

Column

従業員への説明

障害（補償）等給付の手続きを従業員が行う場合、従業員としては何をどうすればいいのかわからないというのが実際のところではないでしょうか。会社には支給申請書の事業主欄に証明するだけでなく、従業員が請求しやすいように手助けをすることが求められます。

何度も繰り返し請求するものではありませんので、用紙は会社で用意し、事業主の証明が記入済のものを従業員（またはその家族）に渡し、請求先である管轄労基署の所在地・電話番号を伝えるといいでしょう。

労災給付に関する相談先には管轄の労基署のほか、請求前の一般的な内容については、労災給付専門の電話相談窓口があります。

労災保険相談ダイヤル
0570-006031
月〜金（祝日、年末年始を除く） 8:30 〜 17:15

厚生労働省 障害（補償）等給付の請求手続 リーフレット ダウンロード
https://www.mhlw.go.jp/stf/seisakunitsuite/bunya/koyou_roudou/roudoukijun/gyousei/rousai/040325-8.html

---

Column

障害者になったときに受けられる給付の種類

障害者になったときに受けられる社会保険の給付は、労災保険以外に、国民年金の障害基礎年金、厚生年金保険の障害厚生年金があります。厚生年金保険に加入中の傷病により障害等級の1級または2級に該当したときは障害基礎年金に上乗せして障害厚生年金、3級に該当したときは障害厚生年金だけが支給されます。これらの手続きは従業員本人が行います。

> **memo** 事業主が労働者の代理人としてマイナンバーが記載された障害（補償）等給付の請求書を提出する際は、委任状、代理人（事業主）の身元確認書類、労働者本人の番号確認書類の提示または提出が必要。

業務をくわしく知ろう

Section 07 | 従業員や被扶養者が亡くなったとき

- 埋葬料と家族埋葬料は5万円、埋葬費は5万円を限度として実費が支払われる。
- 葬祭料等・葬祭給付は、315,000円＋給付基礎日額の30日分か、給付基礎日額の60日分のいずれか高い方。
- 労災の遺族への給付内容・金額は受給できる遺族の数に応じて決まる。

従業員が亡くなったときの保険給付手続きは遺族が行うのが原則だけど、事業主の証明や手続きの案内など、会社もできるだけ協力するニャ。

健康保険の給付は埋葬料と家族埋葬料

　私傷病により健康保険の被保険者が亡くなったとき、被保険者によって生計を維持されていた家族等がいる場合は、埋葬料として一律5万円が支給されます。埋葬料を請求する家族等がいない場合には、実際に埋葬（葬儀等）を行った者に、埋葬費として5万円を限度に葬儀費用等の実費が支給されます。

　被扶養者が亡くなったときは、被保険者に対し、家族埋葬料として一律5万円が支給されます。

労災保険の給付は葬祭料等・葬祭給付、遺族（補償）等給付

　死亡に関する労災保険の給付には、葬儀費用に対する給付の葬祭料等（業務災害）・葬祭給付（通勤災害）と、遺族の生計費に対する給付の遺族（補償）等給付があります。葬祭料等・葬祭給付は葬祭を行った人に315,000円＋給付基礎日額の30日分か、給付基礎日額の60日分のいずれか高い方が支給されます。

　遺族（補償）等給付には、遺族（補償）等年金と遺族（補償）等一時金の2種類があり、被災労働者の死亡時に、その労働者によって生計を維持していた一定の遺族（妻以外は年齢や一定の障害要件あり）がいる場合に年金、遺族（補償）等年金を受給できる遺族がいない場合などに一時金が支給されます。支給される金額は受給できる遺族の数などに応じて決定されます。

　なお、遺族（補償）等年金には請求人のマイナンバーを記入する必要があり、事業主が手続きを行うことは原則としてできません。

●健康保険で受けられる死亡に関する給付

給付の名称	埋葬料	埋葬費	家族埋葬料
原因	私傷病	私傷病	—
亡くなった人	被保険者	被保険者	被扶養者
目的	葬儀費用	葬儀費用	葬儀費用
受取人	被保険者によって生計を維持していた者	実際に埋葬(葬儀等)を行った者 ※埋葬料を受給する者がいない場合に支給される。	被保険者
支給内容	5万円	埋葬費用の実費 (上限5万円)	5万円

●労災保険で受けられる死亡に関する給付

原因	業務災害	通勤災害	業務災害	通勤災害
亡くなった人	労働者	労働者	労働者	労働者
目的	葬儀費用	葬儀費用	遺族の生活費	遺族の生活費
受取人	葬祭(葬儀等)を行う者		被災労働者によって生計を維持していた配偶者(夫の場合は60歳以上か一定の障害あり)、子(18歳到達後の年度末まで。または一定の障害あり)、父母(60歳以上か一定の障害あり)等、10段階に順位が決められた一定の遺族	
支給内容	次の額のうち高い方 ・315,000円+給付基礎日額30日分 ・給付基礎日額の60日分		遺族の数に応じ給付日数を決定 (支給額を受給権者の人数で割った額が一人当たりの受給額) ・遺族(補償)等年金 　給付基礎日額153日分(1人)～245日分(4人以上) ・遺族特別支給金(一時金) 　300万円 ・遺族特別年金 　算定基礎日額153日分(1人)～245日分(4人以上)	

> **memo** 亡くなった従業員により「生計を維持していた」という要件は、「扶養されていた」という意味ではなく、生計の一部を維持していれば共稼ぎの配偶者等も含まれる。

⑧業務災害 様式第16号 葬祭料・複数事業労働者葬祭給付請求書

[提出先] 被災労働者所属事業場管轄労基署　[提出期限] 時効2年

業務災害により被災労働者が亡くなったときに、葬祭を行った人が労基署に請求する書類。通常は家族だが、家族がいない場合などで会社が社葬を行った場合は、会社が請求を行う。

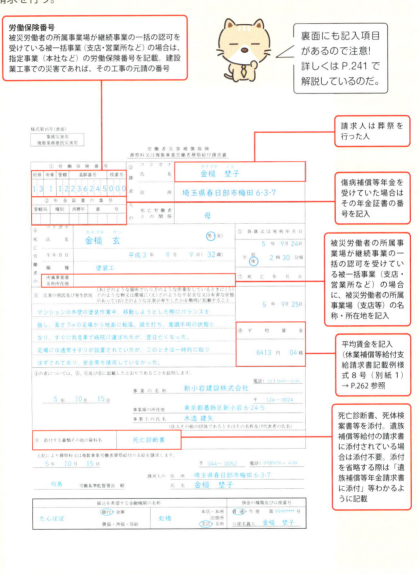

様式第16号の10 葬祭給付請求書

⑥通勤災害

[提出先] 被災労働者所属事業場管轄労基署　[提出期限] 時効2年

通勤災害により労働者が亡くなったときに、葬祭を行った人が労基署に請求する書類。通常は家族だが、家族がいない場合などで会社が社葬を行った場合は、会社が請求を行う。

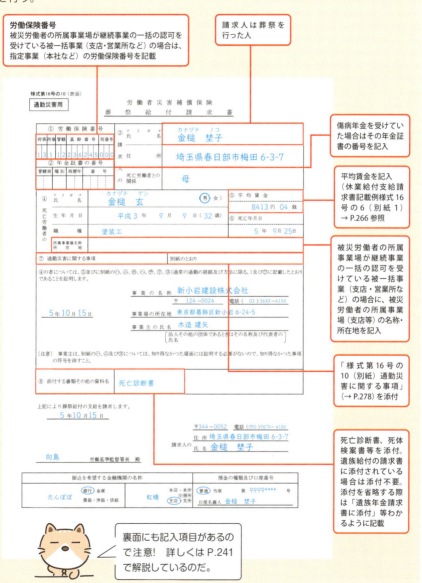

- **労働保険番号**：被災労働者の所属事業場が継続事業の一括の認可を受けている被一括事業（支店・営業所など）の場合は、指定事業（本社など）の労働保険番号を記載
- **請求人は葬祭を行った人**
- 傷病年金を受けていた場合はその年金証書の番号を記入
- 平均賃金を記入（休業給付支給請求書記載例様式16号の6（別紙1）→ P.266参照）
- 被災労働者の所属事業場が継続事業の一括の認可を受けている被一括事業（支店・営業所など）の場合に、被災労働者の所属事業場（支店等）の名称・所在地を記入
- 「様式第16号の10（別紙）通勤災害に関する事項」（→ P.278）を添付
- 死亡診断書、死体検案書等を添付。遺族給付の請求書に添付されている場合は添付不要。添付を省略する際は「遺族年金請求書に添付」等わかるように記載

裏面にも記入項目があるので注意！詳しくはP.241で解説しているのだ。

通勤災害 様式第16号の10 葬祭給付請求書（別紙）通勤災害に関する事項

［提出先］被災労働者所属事業場管轄労基署　［提出期限］時効2年

P.277の「様式16号の10 葬祭給付請求書」に添付する書類です。

様式第16号の10（別紙）

通勤災害に関する事項

㋑ 労働者の氏名	持国　花子					
㋺ 災害時の通勤の種別 （該当する記号を記入）	イ	イ．住居から就業の場所への移動 ロ．就業の場所から他の就業の場所への移動 ハ．ニに先行する住居間の移動		ニ．就業の場所から住居への移動 ホ．ハに後続する住居間の移動		
㋩ 負傷又は発病の年月日及び時刻	令和5年　9月　20日		午前/午後	8時	52分頃	
㋥ 災害発生の場所	柴又7丁目 柴又帝釈天前交差点					
㋭ 就業の場所 （災害時の通勤の種別がハに該当する場合は移動の終点たる就業の場所）	葛飾区柴又8-3-1					
㋬ 就業開始の予定年月日及び時刻 （災害時の通勤の種別がイ、ハ又はニに該当する場合は記載すること）	令和5年　9月　20日		午前/午後	9時	00分頃	
㋣ 住居を離れた年月日及び時刻 （災害時の通勤の種別がイ又はニに該当する場合は記載すること）	令和5年　9月　20日		午前/午後	8時	35分頃	
㋠ 就業終了の年月日及び時刻 （災害時の通勤の種別がロ、ハ又はホに該当する場合は記載すること）	年　月　日		午前/午後	時	分頃	
㋷ 就業の場所を離れた年月日及び時刻 （災害時の通勤の種別がロ又はハに該当する場合は記載すること）	年　月　日		午前/午後	時	分頃	
㋦ 災害時の通勤の種別に関する移動の経路、方法、所要時間及び災害発生の日に住居又は就業の場所から災害発生の場所に至った経路、方法、所要時間その他の状況	自宅→（徒歩10分）→京成金町駅→（京成金町線3分）→柴又駅→（徒歩8分）→就業場所 　　　　　　　　　　　　　　　　　　　　　　　　　　　　　　　　　　　↑災害発生 通勤時・災害発生時の経路・方法・所要時間は事故発生までは同一。 柴又駅から災害発生場所までの地図を別途添付 （通常の移動の所要時間）　0時間　35分					
㋸ 災害の原因及び発生状況 (あ)どのような場所を (い)どのような方法で移動している際に (う)どのような物で又はどのような状況において (え)どのようにして災害が発生したか を簡明に記載すること	通勤のため、柴又駅から会社に向かう途中、柴又帝釈天交差点の横断歩道を渡っていたときに、信号を無視し直進してきた自動車にひき逃げされた。救急車で病院に搬送されたが、その後死亡が確認された。					
㋻ 現認者の	住所	葛飾区柴又9-9-9				
	氏名	立石　由美子		電話（ 03 ）XX11-22XX		
㋴ 転任の事実の有無（災害時の通勤の種別がイ又はホに該当する場合）	有・無	㋵ 転任の直前の住居に係る住所				

［注意］
1. ㋬は、災害時の通勤の種別がハの場合には、移動の終点たる就業の場所における就業開始の予定年月日及び時刻を、ニの場合には、接続するイの移動の終点たる就業の場所における就業開始の予定年月日及び時刻を記載すること。
2. ㋠は、災害時の通勤の種別がハの場合には、移動の起点たる就業の場所における就業終了の年月日及び時刻を、ホの場合には、先行するロの移動の起点たる就業の場所における就業終了の年月日及び時刻を記載すること。
3. ㋷は、災害時の通勤の種別が口又はハの場合には、移動の起点たる就業の場所を離れた年月日及び時刻を記載すること。
4. ㋦は、通常の通勤の経路を図示し、災害発生の場所及び災害の発生の日に住居又は就業の場所から災害発生の場所に至った経路を朱線等を用いてわかりやすく記載するとともに、その他の事項についてもできるだけ詳細に記載すること。

健康保険

埋葬料（費）支給申請書

［提出先］協会けんぽ、健康保険組合　［提出期限］時効2年

健康保険で、被保険者または被扶養者が死亡したときに保険者へ埋葬料を請求する書類。

1枚目

- 健康保険証に記載された8桁の番号
- 健康保険被保険者番号を左詰めで記入
- 申請者について記入。亡くなったのが被扶養者の場合はこの欄には被保険者が申請者、亡くなったのが被保険者の場合は被保険者により生計を維持されていた人が申請者。被保険者が亡くなり、被保険者により生計を維持されていた人がいない場合は埋葬（葬儀）を行う人が申請者となる。
- 申請者の口座を記入
- 健康保険証の記号・番号が不明の場合はマイナンバーを記入。この場合は被保険者の身元確認書類・個人番号確認書類の両方を添付して申請を行う

memo ▷ 埋葬料を請求する者は、親族でなければならないという要件はない。

健康保険 埋葬料（費）支給申請書

［提出先］協会けんぽ、健康保険組合　［提出期限］時効2年

2枚目

従業員や被扶養者が亡くなったとき

健康保険　被保険者・家族　**埋葬料（費）支給申請書**　2ページ（被保険者・事業主記入用）

被保険者氏名：増長 三郎

①-1 死亡者区分：**1**
- 亡くなったのが被保険者の場合は①-1に1を記入。被保険者により生計を維持されていた人がいた場合は①-2に1（埋葬料）を記入。被保険者により生計を維持されていた人がいなかった場合で、葬儀を行う人が請求するときは、①-2に2（埋葬費）を記入する。亡くなったのが被扶養者の場合は①-1に2、①-2に3を記入する。

①-2 申請区分：**1**
1. 埋葬料（被保険者の死亡かつ、生計維持関係者による申請）
2. 埋葬費（被保険者の死亡かつ、生計維持関係者以外による申請）
3. 家族埋葬料（家族（被扶養者）の死亡かつ、被保険者による申請）

②-1 死亡した方の氏名（カタカナ）：ソウチョウ サブロウ

②-2 死亡した方の生年月日：1（昭和）**42年04月03日**

②-3 死亡年月日：令和 **05年10月10日**

②-4 続柄（身分関係）：**妻**
- 被保険者が亡くなったときは被保険者と申請者の関係、被扶養者が亡くなったときは被保険者との続柄を記入

③-1 死亡の原因：**1**
1. 仕事中以外（業務外）での傷病
2. 仕事中（業務上）での傷病
3. 通勤途中での傷病

③-2 労働災害、通勤災害の認定を受けていますか：
1. はい
2. 請求中
3. 未請求

④ 傷病の原因は第三者の行為（交通事故やケンカ等）によるものですか：**2**
1. はい
2. いいえ

⑤ 同一の死亡について、健康保険組合や国民健康保険等から埋葬料（費）を受給していますか：**2**
1. 受給した
2. 受給していない

⑥-1 埋葬した年月日：令和　年　月　日

⑥-2 埋葬に要した費用の額：　　　　円

死亡した方の氏名（カタカナ）：ソウチョウ サブロウ
死亡年月日：令和 05年10月10日

事業主証明欄
- 事業所所在地：東京都葛飾区柴又8-3-1
- 事業所名称：株式会社 柴又雑貨
- 事業主氏名：代表取締役 帝釈 天美
- 電話番号：03-37XX-66XX
- 令和 05年11月01日

6 3 1 2 1 1 0 1

全国健康保険協会　協会けんぽ　(2/2)

- 死亡した事実を事業主が証明
- 亡くなったのが被保険者で、被保険者により生計を維持されていた人がおらず、葬儀を行う人が埋葬費を請求する場合のみ⑥-1に埋葬日（葬儀日）、⑥-2に費用を記入

Chapter 6 怪我、病気、死亡に伴う手続き

遺族（補償）等年金の請求には請求人のマイナンバーが必要なので、事業主が手続きを行うことは原則としてできないのニャ。

Column

遺族が受けられる給付の種類

　遺族が受けられる社会保険の給付は、健康保険、労災保険以外に、国民年金の遺族基礎年金、厚生年金保険の遺族厚生年金があります。遺族基礎年金と遺族厚生年金は、亡くなった被保険者によって生計を維持していた遺族の続柄や年齢、その他の要件により受けられる年金が決まります。18歳到達年度の年度末までの子か一定の障害を持つ20歳までの子を持つ妻の場合は、遺族基礎年金と遺族厚生年金を受給できます。これらの手続きは遺族が行います。

書類　埋葬料（費）支給申請書

業務をくわしく知ろう

Section 08 | 事業場で、死亡者、休業者が発生したときの報告

- 死亡または4日以上の休業が発生したときは「様式第23号」で遅滞なく提出。
- 4日未満の休業のときは「様式第24号」で、3か月まとめて提出。
- 派遣労働者の被災の場合は、派遣先・派遣元のどちらも提出が必要。

「労災隠し」っていうのは、この報告をしないことなのニャ!

労働者死傷病報告

　労働災害等により労働者が死亡または休業したとき、事業者には労基署に報告する労働安全衛生法上の義務があります。この報告を「労働者死傷病報告」といいます。この報告をしないのがいわゆる「労災隠し」で、場合によっては会社や責任者が書類送検されることがあります。

　報告のタイミングは、休業が4日以上の場合や労働者が死亡した場合は「様式第23号」を遅滞なく、休業4日未満の場合は「様式第24号」を、事業場ごとに3か月分(1月、4月、7月、10月に前月までの3か月分)まとめて行います。

対象労働者

　労働者死傷病報告の対象となる労働者は、直接雇用する労働者だけでなく、派遣労働者も含まれます。派遣労働者が派遣先での労働災害等により死亡または休業したときは、派遣先、派遣元の両方の事業者が、それぞれの事業場を管轄する労基署に報告します。

　この場合、災害の状況を把握しているのは派遣先ですので、まず、派遣先で死傷病報告を労基署に提出し、その死傷病報告書の写しを派遣元事業者に送付します。派遣元はその写しをもとに死傷病報告を作成し、派遣先から送付された写しを添付するなどして労基署に提出します。

● 労働災害等により労働者が死亡または休業したときの報告義務

労働者死傷病報告 労働災害等により労働者が死亡または休業したときに労基署に報告する労働安全衛生法上の事業者の義務

● 労働者死傷病報告の対象となる労働者

直接雇用する労働者 **派遣労働者**

● 労働者死傷病報告の様式と報告のタイミング

報告の要件	書式	報告時期
休業が4日以上の場合や労働者が死亡した場合	様式第23号	遅滞なく報告
休業4日未満の場合	様式第24号	事業場ごとに3か月分(1月、4月、7月、10月に前月までの3か月分)をまとめて報告

● 派遣労働者の労働者死傷病報告のフロー

派遣労働者の労働者死傷病報告では、派遣先と派遣元の両方の事業者が、それぞれの事業場を管轄する労基署に報告する必要があります。

派遣先で死傷病報告を労基署に提出

↓

派遣先が死傷病報告書の写しを派遣元事業者に送付

↓

派遣元は写しをもとに死傷病報告を作成

↓

派遣先の写しを添付するなどして労基署に提出

> **memo** 労働者が出向中に災害が発生した場合は、出向先の事業主が労働者死傷病報告を提出する。

様式第23号 労働者死傷病報告

[提出先] 被災労働者所属事業場管轄労基署　[提出期限] 遅滞なく（概ね2週間以内）

被災した労働者が4日以上休業したとき、または死亡したときに提出する書類です。労災保険の給付対象にならないケースでも就業中、事業場内、付属する建設物・敷地内等での負傷、窒息、急性中毒の場合は提出します。

事業場で、死亡者、休業者が発生したときの報告

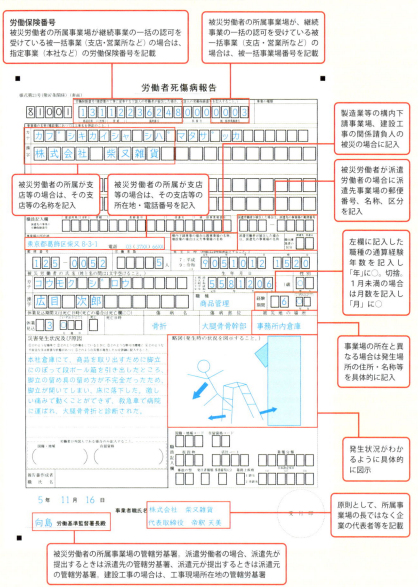

⑤業務災害　様式第 24 号 労働者死傷病報告

[提出先] 被災労働者所属事業場管轄の労基署　[提出期限] 1月末日（10〜12月分）、4月末日（1〜3月分）、7月末日（4〜6月分）、10月末日（7〜9月分）

休業が 4 日未満のときは、同じ事業場の災害をまとめて、様式24号を次の期間に提出します。

- 1月〜3月に発生　→　4月末日まで
- 4月〜6月に発生　→　7月末日まで
- 7月〜9月に発生　→　10月末日まで
- 10月〜12月に発生　→　1月末日まで

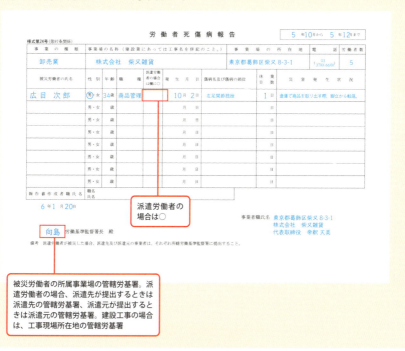

Column

電子申請義務化

令和 7 年 1 月 1 日以降、労働者死傷病報告は原則として電子申請で行わなければならなくなります。電子申請になると同時に入力項目も一部変更があり、プルダウンでの選択やコード入力となるなど、これまでよりもわかりやすくなります。また、帳票入力支援サービスも利用できます。電子申請できるよう準備を進めておきましょう。

業務をくわしく知ろう

Section 09 従業員の介護休業のため収入が減ったとき

- 支給額は、休業開始時賃金日額×支給日数×67％。
- 休業開始前2年間に、賃金支払基礎日数11日以上の月が12か月必要。
- 休業終了日の翌日から2か月を経過する日の属する月の末日までの期間に申請。

介護休業給付金は最長3か月、分割して休業するときは通算93日を限度に3回までもらえるニャ。

介護休業給付金の支給要件と受給額

　介護休業給付金は、労働者が家族を介護するために休業した場合の生活保障として支給される雇用保険の給付です。受給額は、介護休業開始日前6か月間の賃金を180で割った額（休業開始時賃金日額）に支給日数を掛けた額（賃金月額）の67％です。休業中に賃金が払われる場合でも、賃金月額の13％未満の額であれば同じく67％です。賃金月額の80％以上の賃金が払われるときは受給できません。賃金月額の13％以上80％未満の賃金額であれば、賃金月額の80％の額と賃金の差額が支給されます。受給するには、原則として休業開始前2年間に賃金支払基礎日数が11日以上ある月（労働時間が80時間以上の月も含む）が12か月あることが必要となります。

手続きの流れ

　手続きは事業主を経由して行うことが一般的です。事業主が行う場合は、各介護休業の終了日の翌日から起算して2か月を経過する日の属する月の末日までに、事業所の管轄のハローワークに「介護休業給付金支給申請書」「休業開始時賃金月額証明書」を提出します。

　育児休業給付金や高年齢雇用継続給付金は2か月ごとに継続して申請を行いますが、介護休業の場合は休業自体が最長でも3か月で終了するため、継続した手続きにはなりません。3か月まとめて一度に休業する場合は1回のみ、3回に分けて休業する場合は終了の都度、最高3回申請を行うことになります。

雇用保険 様式第33号の6 介護休業給付金支給申請書

[提出先] ハローワーク　[提出期限] 各介護休業の終了日の翌日から起算して2か月を経過する日の属する月の末日

Chapter 6 怪我、病気、死亡に伴う手続き

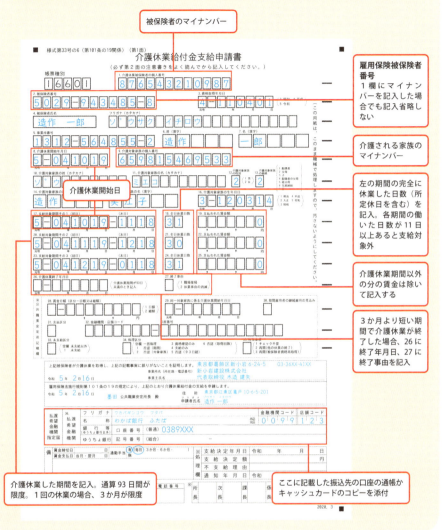

Column

介護給付を受けるための対象となる家族の範囲

対象となる家族は、負傷、疾病、身体上または精神上の障害により、2週間以上にわたり常時介護を必要とする状態にある、配偶者（事実婚を含む）、父母、子、配偶者の父母、祖父母、兄弟姉妹、孫のいずれかをいいます。

書類 様式第33号の6 介護休業給付金支給申請書

雇用保険 休業開始時賃金月額証明書

[提出先] ハローワーク　[提出期限] 各介護休業の終了日の翌日から起算して2か月を経過する日の属する月の末日

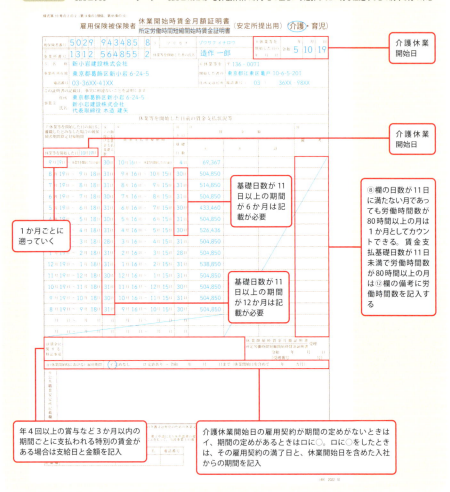

Column

期間雇用者の介護休業給付支給の条件

　期間雇用者の場合は、休業開始日時点で、休業開始予定日から93日を経過する日から6か月を経過する日までに退職することが決まっていないこと（更新の可能性があること）が必要です。要件を満たさない場合、会社が法律を上回る措置として介護休業を認めたとしても、介護休業給付は受給できません。

Chapter

7

従業員の届出内容の変更手続き

Keyword

氏名変更／扶養／出向・転籍／海外赴任／再交付

業務をくわしく知ろう

Section 01 氏名が変わったとき

- ✅ 厚生年金保険と協会けんぽの健康保険の氏名変更は手続き不要。
- ✅ 被扶養者と健康保険組合の氏名変更は自動的には行われない。
- ✅ 雇用保険の氏名変更は、喪失届などと同時に行えばいい。

協会けんぽの氏名変更は自動的に行われるようになったよ。

健康保険・厚生年金保険の氏名変更

　厚生年金保険と協会けんぽの健康保険被保険者の氏名変更手続きは自動的に行われます。氏名が変わると、協会けんぽから会社に新しい健康保険証が届きます。新旧の健康保険証を交換し、古いものを年金事務所等に返却します。年金手帳はそのまま被保険者が自分で新しい氏名を書き入れます。しかし、マイナンバーや住民票の住所を日本年金機構が把握していない人には変更が自動的に行われません。新しい健康保険証が届かないときはマイナンバーと基礎年金番号の紐づけができていない可能性があるため、年金事務所に問い合わせます。

　被扶養者や健康保険組合加入の事業所の氏名変更は自動的に行われないため、手続きが必要です。被扶養者の氏名変更届は扶養認定のときと同じ「被扶養者（異動）届」の用紙を使用し、古い氏名を赤字、新しい氏名を黒字で二段書きして作成し、古い健康保険証を添えて年金事務所等に届け出ます。

雇用保険の氏名変更

　雇用保険の氏名変更は自動的には行われませんが、氏名変更単独の届出はなくなりました。氏名が変わった後に行う資格喪失や育児休業給付金支給申請、高年齢雇用継続給付金支給申請等の手続きの際に、氏名変更を同時に行うことになります。それぞれの用紙に氏名・フリガナの欄が設けられましたので、ここに変更後の氏名を記入します。その際、旧姓の雇用保険被保険者証や新氏名を証明する書類等の添付は不要です。

雇用保険 雇用保険被保険者資格喪失届（資格喪失届と同時に氏名変更）

[提出先] ハローワーク　[提出期限] それぞれの手続きの期限まで

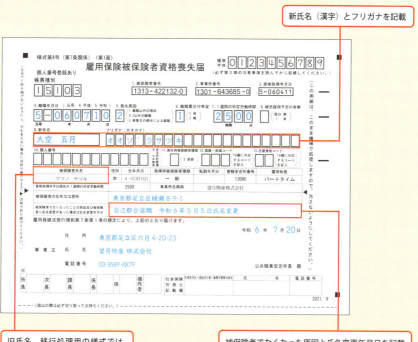

Column

異動事項届出書の活用

ダウンロードデータの「異動事項届出書.xlsx」(P.366参照)は、従業員の住所や扶養者の変更等の情報をまとめることができます。

> **memo** 氏名変更をするのが外国人で、マイナンバーを持っていないか基礎年金番号と紐づけできていない場合は、厚生年金保険の氏名変更届と併せてローマ字表記の新氏名を日本年金機構に届け出る。

雇用保険 育児休業給付金支給申請書（育児休業給付支給申請と同時に氏名変更）

［提出先］ハローワーク　［提出期限］それぞれの手続きの期限まで

健康保険　厚生年金　労災保険　雇用保険

氏名が変わったとき

新氏名（漢字）とフリガナを記載

第101条の30関係（第1面）
育児休業給付受給資格確認票・（初回）育児休業給付金支給申請書
（必ず第2面の注意書きをよく読んでから記入してください。）

- 帳票種別: 14405
- 1. 被保険者番号: 5784-287239-2
- 2. 資格取得年月日: 4-260601
- 3. 被保険者氏名: 三日月子　フリガナ: ミッカ ツキコ
- 4. 事業所番号: 1312-513675-1
- 5. 育児休業開始年月日: 5-050219
- 6. 出生年月日: 5-041224（3 昭和 4 平成 5 令和）
- 8. 過去に同一の子について 出生時育児休業または育児休業取得の有無
- 9. 個人番号
- 7. 出産予定日: 5-041223
- 10. 被保険者の住所（郵便番号）: 130-0001
- 12. 被保険者の電話番号: 03-1111-1111
- 11. 被保険者の住所（漢字）※市・区・郡及び町村名: 墨田区吾妻橋
- 被保険者の住所（漢字）※丁目・番地: 5-4-6
- 被保険者の住所（漢字）※アパート、マンション名等: 吾妻橋テラス501
- 13. 支給単位期間その1（初日）: 5-050219　（末日）: 0318　4 平成 5 令和
- 14. 就業日数: 0
- 15. 就業時間: 0
- 16. 支払われた賃金額: 0
- 17. 支給単位期間その2（初日）: 5-050319　（末日）: 0418
- 18. 就業日数: 0
- 19. 就業時間: 0
- 20. 支払われた賃金額: 0
- 21. 最終支給単位期間（初日）　（末日）
- 22. 就業日数　23. 就業時間　24. 支払われた賃金額
- 25. 職場復帰年月日　26. 支給対象となる期間の延長事由－期間
- 27. 配偶者育児休業取得　28. 配偶者の被保険者番号　29. 育児休業再取得理由（1 出生後休業の回数 2 新生児等の養育 3 子の疾病の事情 4 配偶者等）　31. 休業事由の消滅年月日
- 30. 期間雇用者の継続雇用の見込み　32. 延長等　33. 産後休業表示　34. 賃金月額（区分一括又は総額）　35. 当初の育児休業開始年月日
- 36. 受給資格確認年月日　37. 受給資格否認　38. 支給申請　39. 次回支給申請年月日
- 40. 支払区分　41. 金融機関・店舗コード　口座番号　42. 未支給区分

上記被保険者が育児休業を取得し、上記の記載事実に誤りがないことを証明します。

- 令和 5 年 4 月 20 日　事業所名（所在地・電話番号）: 株式会社 栄又雑貨　東京都葛飾区柴又8-3-1　03-37XX-66XX　代表取締役 常釈 天美
- 上記のとおり育児休業給付の受給資格の確認を申請します。雇用保険法施行規則第101条の30の規定により、上記のとおり育児休業給付金の支給を申請します。
- 令和 5 年 4 月 20 日　墨田 公共職業安定所長 殿　申請者氏名: 三日月子　フリガナ: ミッカ ツキコ

43. 払渡希望金融機関指定届
- 払渡希望金融機関名称: かえで銀行 吾妻橋
- 銀行等 口座番号（普通）: 2828282
- ゆうちょ銀行 記号番号（総合）: －
- 金融機関コード: 9999　店舗コード: 999

備考:
- 賃金締切日: 31日
- 賃金支払日（毎月・翌月）: 5日
- 通勤手当（毎月・3か月・6か月・－）

処理欄: 資格確認の可否　可・否　令和　年　月　日　通知　令和　年　月　日

所長　次長　課長　係長　係　操作者

社会保険労務士記載欄: 作成年月日・提出代行者・事務代理者の表示　氏名　電話番号

(51) 2023. 1

雇用保険

高年齢雇用継続給付支給申請書（高年齢雇用継続給付支給申請と同時に氏名変更）

［提出先］ハローワーク ［提出期限］それぞれの手続きの期限まで

新氏名（漢字）とフリガナを記載

様式第33号の3（第101条の5、第101条の7関係）（第1面）

高年齢雇用継続給付受給資格確認票・（初回）高年齢雇用継続給付支給申請書
（必ず第2面の注意書きをよく読んでから記載してください。）

- 帳票種別：15300
- 1. 個人番号：
- 2. 被保険者番号：5784-287239-1
- 3. 資格取得年月日：4-260601（3 昭和 4 平成 5 令和）
- 4. 被保険者氏名：沙門 巴　フリガナ（カタカナ）：サモン トモエ
- 5. 事業所番号：1312-513675-1
- 6. 給付金の種類：1（1 基本給付金 2 再就職給付金）

＜賃金支払状況＞
- 7. 支給対象年月その1：5-0604
- 8. 7欄の支給対象年月に支払われた賃金額：240000
- 9. 賃金の減額のあった日数：0
- 10. みなし賃金額：
- 11. 支給対象年月その2：5-0605
- 12. 11欄の支給対象年月に支払われた賃金額：236000
- 13. 賃金の減額のあった日数：0
- 14. みなし賃金額：
- 15. 支給対象年月その3：
- 16. 15欄の支給対象年月に支払われた賃金額：
- 17. 賃金の減額のあった日数：
- 18. みなし賃金額：

※公共職業安定所記載欄
- 60歳到達時等賃金登録欄
  - 19. 賃金月額（区分‒日額又は総額）
  - 20. 登録区分（1 日額 2 総額）
  - 21. 基本手当の受給資格
  - 22. 定年等修正賃金登録年月日
- 高年齢雇用継続給付受給資格確認票項目記載欄
  - 23. 受給資格確認年月日
  - 24. 支給申請月（1 奇数月 2 偶数月）
  - 25. 次回（初回）支給申請年月日
  - 26. 支払区分
  - 27. 金融機関・店舗コード　口座番号
  - 28. 未支給区分（空欄 未支給以外／1 未支給）

その他賃金に関する特記事項
- 29.
- 30.
- 31.

上記の記載事実に誤りのないことを証明します。
- 事業所（所在地・電話番号）：株式会社 柴又雑貨　東京都葛飾区柴又 8-3-1　03-37XX-66XX
- 令和 6 年 6 月 10 日
- 事業主氏名：代表取締役 帝釈 天美

上記のとおり高年齢雇用継続給付の受給資格の確認を申請します。
雇用保険法施行規則第101条の5及び第101条の7の規定により、上記のとおり高年齢雇用継続給付の支給を申請します。

- 令和 6 年 6 月 10 日　公共職業安定所長 殿
- 住所：千葉県松戸市北松戸 5-41-9
- フリガナ：サモン トモエ
- 申請者氏名：沙門 巴

払渡希望金融機関指定届

32. 払渡希望金融機関
- フリガナ：フウテンギンコウ　ネコサン
- 名称：風天銀行　根古三　本店（支店）
- 金融機関コード：9999　店舗コード：999
- 銀行等（ゆうちょ以外）　口座番号（普通）：1234567
- ゆうちょ銀行　記号番号（総合）：—

備考
- 賃金締切日：31　賃金支払日：当月・翌月 21 日　賃金形態：月給・日給・時間給 19 日 15 時間
- 所定労働日：
- 通勤手当有無（毎月・3か月・6か月）・無

処理欄
- 資格確認の可否：可・否
- 高年齢受給資格要件：住・免・（　　）
- 資格確認年月日：令和　年　月　日
- 通知年月日：令和　年　月　日

次長／課長／係長／係／操作者

社会保険労務士記載欄：氏名／電話番号

（注）記載内容について、記載した方に直接確認する場合があります。

2024.3

Section 02 | 扶養する家族が増えたとき・減ったとき

- 健康保険の被扶養者の範囲は、被保険者の収入で生計を維持する一定の親族。
- 被扶養者となる家族の収入は、年間130万円(60歳以上または一定の障害者の場合は180万円)未満。
- 健康保険被扶養者や国民年金第3号被保険者の分の保険料は徴収されない。

社会保険の被扶養者と税金の扶養親族は同じじゃないんだよ。

原則として年間130万円未満の家族は被扶養者として扱える

　被保険者の収入で生計を維持している、年間収入130万円（60歳以上または一定の障害がある場合は180万円）未満の家族は健康保険の「被扶養者」にすることができます。「被扶養者」になると、健康保険料の負担なしに、健康保険の給付を受けることができます。

　社会保険の加入基準と健康保険の被扶養者の認定基準は必ずしも一致しません。家族の収入が扶養の基準内であっても、その家族の勤務先で加入基準を満たす場合は勤務先での社会保険加入が優先されます。特定適用事業所では、パートの社会保険加入の収入基準は月額88,000円（年105万円程度）ですので、130万円よりも少ない年収で社会保険に加入することになります。

厚生年金保険や所得税にも扶養がある

　年金にも配偶者に限り扶養のような制度があり、厚生年金保険の被保険者（国民年金第2号被保険者）に扶養される配偶者は、健康保険の被扶養者であると同時に「国民年金第3号被保険者」となります。こちらも、健康保険と同様、配偶者分の保険料の負担はなく、自営業者（第1号被保険者）と同様の年金を将来受給することができます。

　なお、「扶養」には、健康保険の扶養だけでなく、税金の扶養もあります。税金の扶養とは、所得税の「控除対象扶養親族等」にして扶養控除を受けることで従業員本人の税金を安くすることです。社会保険と税金では扶養になる条件が異なるので注意が必要です（→P.296）。

● 健康保険の被扶養者と認められる条件

対象となる家族

- 従業員の収入によって生計を維持していること
- 収入が将来に向かって年間130万円未満（60歳以上または一定の障害者の場合は180万円未満）
- 対象となる家族が勤務先での社会保険加入要件を満たしていないこと
- 同居の場合は原則として家族の収入が被保険者の収入の半分未満であること（保険者が総合的に判断）
  別居の場合は、家族の収入が従業員からの仕送り額よりも少ないこと
- 対象となる家族が後期高齢者医療制度に加入していないこと（75歳未満であること）
- 国内に居住していること（留学、被保険者の海外赴任に同行、観光等の就労以外の目的の一時的な渡航を除く）

● 健康保険の被扶養者の範囲

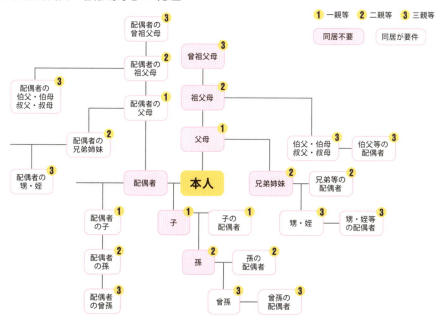

memo 人手不足の中での働き控えを防ぐため、「130万円の壁」対策として、被扶養者の勤務先で一時的な収入増であることを証明すれば引き続き被扶養者でいられるという新ルールができた。今後ルールが変わる可能性もあるので、要注意。

健康保険の扶養と所得税の扶養の違い

「家族を扶養に入れる」というときの「扶養」には、税金の扶養と社会保険の扶養の2つの意味があります。税金の扶養は、所得税の「控除対象扶養親族等」にして扶養控除を受けることで従業員本人の税金を安くすることができます。

2つの扶養は、該当する条件がそれぞれ異なり、しっかり確認しておかないと、保険料や税金を払いすぎたり、不足したりする可能性があります。ここでは簡単に所得税の扶養と健康保険の扶養の違いについてみてみます。

健康保険と所得税の比較

	健康保険	所得税
名称	被扶養者	控除対象扶養親族、源泉控除対象配偶者
収入金額	年130万円未満 (60歳以上または障害者は180万円未満)	・配偶者以外の親族:所得が年48万円以下 　(給与収入の場合年103万円以下) ・配偶者:所得が年95万円以下 　(給与収入の場合年150万円以下)
収入考え方	今の収入が続くと仮定した今後の1年間の目安(月額10万8,333円・日額3,611円以下)	その年の1月〜12月の所得
収入範囲	非課税の収入(通勤手当、雇用保険の失業給付、傷病手当金、労災の給付、遺族年金等)も含める	非課税の収入は含めない。出産手当金、育児休業給付、失業給付受給中でもOK
親族の範囲	配偶者、直系尊属、3親等内の親族	配偶者、6親等以内の血族、3親等以内の姻族
同居	配偶者・直系尊属(父母・祖父母等)・子・孫・兄弟姉妹は同居不要。その他の親族は同居が必要	同居不要
生計	従業員の収入により生計を維持(別居の場合は家族の収入を仕送りが上回ること)	従業員と同一生計 (別居の場合は仕送り等があること)
配偶者の範囲	内縁も含む	内縁は対象外
年齢	75歳未満 ※国民年金第3号被保険者となる配偶者は20歳以上60歳未満(ただし従業員が65歳以上で老齢年金の受給権を満たしている場合を除く)	16歳以上 ※16歳未満は「年少扶養親族」となり、控除対象とならない
子の扶養	両親のうち、収入が高い方の扶養。夫婦のどちらにするかの選択はできない	両親のうち、どちらか一方の扶養。夫婦で選択できる
親族が在職中の場合	親族が勤務先で社会保険の加入義務があるときは、収入が基準未満でも被扶養者にはできない	親族が在職中でも、産休・育休等でその年の所得が基準以下の場合は扶養に入れられる
親族が海外居住	原則被扶養者にはできない (留学生、海外赴任の第2号被保険者の同行者等、就労以外の目的で一時的に渡航する者のうち申出書を提出し認定を受けた場合を除く)	原則30歳以上70歳未満は不可 (留学生、障害者、38万円以上生活費・教育費の送金を受けている者を除く)

> **memo** 厚生年金保険の被保険者のうち、65歳未満の人と65歳以上で老齢年金の受給資格期間を満たしてない人を国民年金第2号被保険者という。

● 収入の計算期間の違い

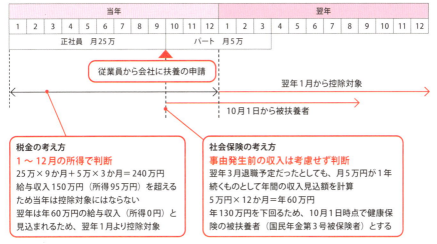

● 配偶者控除・配偶者特別控除が受けられる配偶者の所得

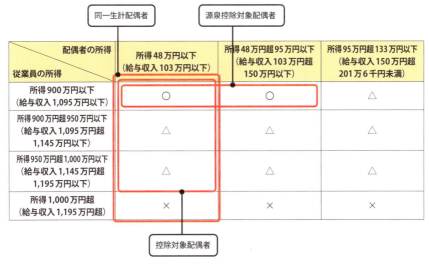

memo　国民年金第2号被保険者に扶養される配偶者で20歳以上60歳未満の人を「国民年金第3号被保険者」という。

業務をくわしく知ろう

Section 02-1 | 扶養する家族が増えたときの手続き

- 「健康保険被扶養者（異動）届」は協会けんぽ加入事業所は年金事務所へ、健康保険組合加入事業所は健康保険組合へ提出。
- 手続きには事由発生日や家族の収入などを証明する書類の添付が必要となる。
- 提出期限は事由発生日から5日以内だが、書類の回収に時間がかかる。

> 家族を扶養にするときの添付書類は個別に提出先に確認したほうがいいよ。

確認事項と集める書類

健康保険の被扶養者には収入などの要件があるため、要件を満たしていることを証明する書類を従業員に提出してもらいます。扶養にする理由が婚姻であれば婚姻届受理証明書、扶養する家族にずっと収入がなければ非課税証明書、パートで収入が少ない場合は家族の直近の給与明細書など、必要な書類は状況により異なります。また、協会けんぽや健康保険組合など、保険者によって提出書類は異なりますので、なるべく早く家族の状況を確認し、どの書類が必要なのかを保険者に問い合わせ、従業員に案内するようにしましょう。

健康保険の被扶養者と国民年金第3号被保険者の届出

健康保険の被扶養者とするには、「健康保険　被扶養者（異動）届」を年金事務所（事務センター）や健康保険組合に提出します。なお、被扶養者（異動）届は国民年金第3号被保険者関係届の用紙を兼ねているので、協会けんぽ加入の事業所であれば1枚の書類で3号の届出もすることができます。

健康保険組合加入の事業所が3号の届出をするときには、健康保険組合に被扶養者届と同時に国民年金第3号被保険者関係届も提出し、3号届に健康保険の被扶養者である旨の証明をもらった上で、3号届を年金事務所に提出します。健保組合によってはこの証明を行わないところもあります。この場合は健保組合の認定印がある扶養認定通知書の写しを添付します。これらによって年金事務所への収入証明などの添付書類が省略できます。

●健康保険（協会けんぽ）の被扶養者にするときの添付書類

書類の種類	状況	書類名
収入確認書類※1 （16歳以上の場合）	退職して無収入になった	退職証明書または雇用保険離職票コピー
	失業給付を受給し終えた	雇用保険受給資格者証コピー
	年金受給中	年金額改定通知書コピー
	自営業で低収入	直近の確定申告書コピー
	パートで低収入	直近3か月間の給与明細コピー
	上記以外	課税証明書　または　非課税証明書
続柄確認書類※2	全員	被保険者との続柄が記載された住民票または戸籍謄(抄)本
生計維持 確認書類※3	被保険者と別居の場合 ※16歳未満または16歳以上の学生は不要	預金通帳コピー等、仕送り額が確認できる書類
同居確認書類	同居が要件の親族	世帯全員の住民票（コピー不可・マイナンバーの記載のないもの）
内縁関係確認書類	未届の妻・未届の夫の場合	被保険者と対象者の戸籍謄(抄)本
		被保険者の世帯全員の住民票（コピー不可・マイナンバーの記載のないもの）

※1 収入確認書類は、認定対象者が所得税法の控除対象配偶者または扶養親族となっている場合に事業主の証明があれば添付書類を省略可能。この場合は事業主確認欄の「確認」を○で囲むこと（ただし、事務センター等での受付日より60日以上遡及して被扶養者にする場合は書類省略不可）。

※2 続柄確認書類は、被保険者と被扶養者のマイナンバーを記載した場合で、事業主が住民票等で続柄を確認した場合は添付書類を省略可能。この場合は備考欄の「続柄確認済み」の□に✓を入れること。その他の被扶養者の場合は、同居であっても住所を記入。

※3 認定対象者が被保険者と別居しているときは、別居に○をした上で住所を記入。さらに備考欄に1回あたりの仕送り額を記入し、仕送り額を証明する書類を添付すること。

健康保険 被扶養者（異動）届 国民年金第3号被保険者届

［提出先］年金事務所または健康保険組合　［提出期限］事由発生日から5日以内

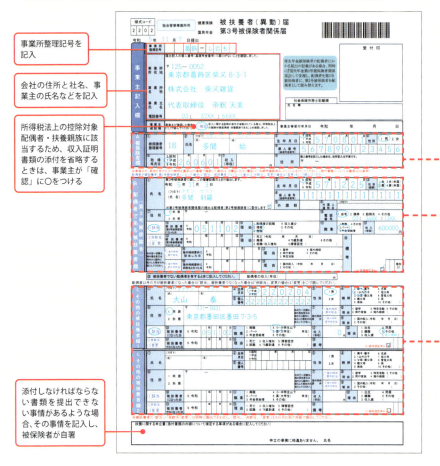

Column

マイナンバーの記入で住民票の添付が不要に

これまでは配偶者や子など、同居を要件としていない親族等については住民票の添付は不要でしたが、続柄の確認書類として、すべての扶養認定対象者について住民票の添付が必要になりました。その代わり、被扶養者（異動）届にマイナンバーを記入した場合に限り、事業主が続柄を住民票等で確認することで住民票等の添付が省略できることになりました。このとき、単にマイナンバーを記入するだけでは足りず備考欄の「続柄確認済み」のところに✓をつける必要があります。この✓を付け忘れると、書類が返戻されてしまいます。

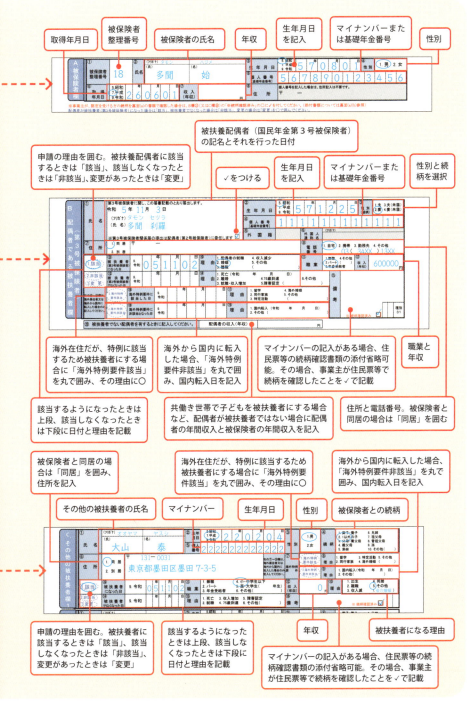

業務をくわしく知ろう

Section 02-2 扶養する家族が減ったときの手続き

- 被扶養者が要件を満たさなくなったときには、扶養から外す手続きが必要。
- 被扶養者（異動）届には、扶養から外れた家族の健康保険証を添付する。
- 健康保険組合加入事業所で配偶者が3号被保険者でなくなったときは、配偶者が厚生年金保険に加入する場合を除き、第3号被保険者関係届の提出が必要。

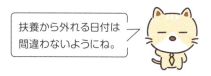

扶養から外れる日付は間違わないようにね。

扶養から外れるとき

被扶養者が就職して、今後の年間収入が130万円（60歳以上または障害者の場合は180万円）以上になると見込まれるときは、扶養削除の手続きを行います。扶養から外れる事由には、就職以外に失業給付の受給開始、75歳到達（後期高齢者医療制度加入）、結婚等によりほかの被保険者に扶養されることとなったこと、同居を扶養の要件とする場合の別居、離婚、死亡などがあります。

被扶養者でなくなったときは、該当する家族の健康保険証を回収し、健康保険被扶養者（異動）届を年金事務所または健康保険組合に提出します。

第3号被保険者でなくなったことの届出

収入増加や離婚等で従業員の配偶者が扶養から外れるとき、平成26年12月までは、会社が行う第3号保険者の手続きはありませんでした。3号から2号になるときは厚生年金保険に加入、3号から1号になるときは市区町村で国民年金に加入することで、自動的に第3号被保険者ではなくなります。ところが現実には3号から1号への変更手続きが行われず、1号となるべき人が年金記録上3号のままになっているケースがあり、問題となっていました。そのため、現在では健康保険組合加入の事業所では、収入増や離婚により配偶者が3号でなくなったときは、国民年金第3号被保険者関係届を年金事務所等に提出しなければならなくなりました。

●「被扶養者でなくなった日」の日付

「被扶養者でなくなった日」の日付を間違うと、医療保険の空白期間ができてしまうことがあるので注意します。

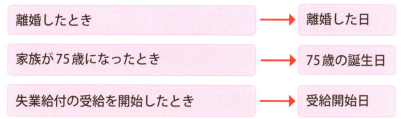

●「国民年金 第3号被保険者関係届」の記入例

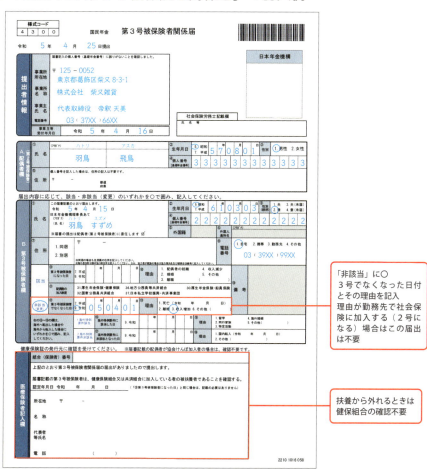

memo　被扶養者でなくなった家族が国保等に加入するには、その日付を証明する書類が必要。「資格喪失証明書（→P.139）」を作成し、従業員に交付。日本年金機構の証明書が必要な場合は「健康保険・厚生年金保険資格取得・資格喪失等確認請求書」を年金事務所に提出。

業務をくわしく知ろう

Section 03 | 国内の別の会社へ出向・転籍するとき

- 在籍出向の労災は実際に働いている事業所で適用、雇用保険は賃金を多く払っている1社のみで加入。
- 在籍出向の場合の社会保険は賃金を労働者に直接払っている事業所で加入。
- 転籍の場合は転籍元で資格喪失、転籍先で資格取得の手続きを行う。

> 労災は労働者が働いている方、雇用保険や社会保険は賃金が払われている方で適用されるのだ。

在籍出向の場合

　在籍のまま他社に出向する場合、労災保険は実際に働いている出向先で適用されます。雇用保険は本人に賃金を支払っている側で加入します。出向元・出向先の両方から直接本人に賃金が払われている場合は、賃金額が大きい方の1社のみで加入することになります。

　健康保険と厚生年金保険は、本人に賃金を支払う会社で加入します。賃金は出向元から全額支給しているものの一定割合を出向先が出向元に支払っているというケースであっても、本人に支給している出向元で適用されます。両方の会社から賃金が払われている場合は、二以上事業所勤務者（→P.78）の手続きが必要になります。

転籍の場合の社会保険

　転籍の場合は、転籍元の会社との雇用関係はなくなりますので、転籍元の保険は喪失させ、転籍先で資格取得の手続きを行います。通常の退職、入社の手続きとほとんど変わりませんが、雇用保険被保険者資格喪失届の喪失原因の欄に、退職金の勤続年数が通算されるような実質的には社内異動に近いようなケースでは「1」、転籍時に退職金が支払われるようなケースは「2」を記入します。

● 在籍出向の場合の各保険料の負担の目安

労災保険	→	出向先の会社で負担
雇用保険	→	・賃金を支払っている会社 ・両方から支払っているときは支払額の大きい会社
健康保険・厚生年金	→	・賃金を支払っている会社 ・両方から支払っているときは二以上事業所勤務者（→P.78）として扱う

在籍出向で月の半分を出向先、残りを出向元で勤務するような場合、両方で勤務をしているため、労災保険は両方の事業所で適用されます。労災保険料は勤務した時間に応じて按分した賃金額により算出し、各事業所で申告・納付します。

● 転籍の場合の各保険の負担の目安

労災保険	→	転籍先の会社で負担 基本的には転籍元の会社を退職、転籍先の会社に入社する形となる
雇用保険	→	
健康保険・厚生年金	→	

実質的には社内移動に近いような転籍の場合には、雇用保険の届出に注意するのだ。

> **memo** 在籍出向で出向先と出向元の両方から賃金支払いがある場合は、合算した金額で労災保険料を算出する。労災事故の休業（補償）等給付の支払いでも、合算した賃金の額で給付額を計算するため、出向の不利益は生じない。

業務をくわしく知ろう

Section 04 海外赴任するとき

- ✓ 健康保険と厚生年金保険は雇用関係が継続していればそのまま加入継続。
- ✓ 雇用保険は雇用関係が継続していればそのまま加入継続。
- ✓ 労災保険は海外では適用除外。海外派遣者の特別加入の制度あり。

日本の会社との雇用関係が継続しているかどうかがポイントなのニャ。

健康保険と厚生年金保険

　健康保険と厚生年金保険は、国内の事業所との雇用関係が継続し、一部でも日本の事業所から賃金が払われているときは、被保険者資格はそのまま継続します。ただし、赴任先の国でも社会保険の加入義務が発生する場合には、社会保険料の二重払いとなってしまうこともあります。赴任期間が5年以内で、日本と相手国との間で社会保障協定が締結されている場合は、事前に日本年金機構より社会保障協定適用証明書の交付を受け、相手国で社会保険に加入しないことができます。社会保障協定は相手国により内容が異なり、公的年金制度だけ対象となっている国と公的医療保険制度も対象となる国とがあります。

雇用保険と労災保険

　雇用保険は国内の事業所と雇用関係が継続している限り、被保険者資格は継続します。労災保険は雇用関係が継続していても適用は受けられなくなります。赴任先にも同様の制度がある可能性はありますが、海外赴任後も日本の労災の対象としたい場合は、海外派遣者として特別加入することができます。

　海外派遣者の特別加入の手続きは、「特別加入申請書（海外派遣者）」（初回のみ。2人目からは「特別加入に関する変更届（海外派遣者）」）を労基署経由で労働局に提出し、承認後に概算保険料の申告・納付を行います。特別加入者が派遣期間終了により日本に帰国したときは「特別加入に関する変更届（様式第34号の12）の提出が必要になります。

●海外赴任時の社会保険適用

	適用条件	発生する可能性のある手続き
健康保険・厚生年金保険	次の両方に該当する場合はそのまま社会保険適用 ・日本の事業所と雇用関係が継続していること ・日本の事業所から一部でも給与が払われていること	**社会保障協定適用証明書交付申請** 社会保障協定の相手国に一時的（5年以内）に赴任するときに利用可能な制度。 社会保険料の二重払いや年金制度の保険料掛け捨てを防ぐため、事前に日本年金機構より「社会保障協定適用証明書」の交付を受けておき、赴任国では社会保険に制度に加入しない。
介護保険	次の両方に該当する場合はそのまま介護保険継続 ・上記の社会保険の適用継続条件に該当すること ・日本に住民票が残っていること	**介護保険適用除外等該当届** 介護保険が継続できない場合に介護保険料を払わなくて済むようにする手続き 住民票を除票した上で、日本年金機構に届出
雇用保険	日本の事業所と雇用関係が継続している限り継続	なし
労災保険	海外赴任者は適用除外	**海外派遣（第3種）特別加入** 海外赴任後も労災の適用を受けるための手続きで、「特別加入申請書（海外派遣者）」を管轄労基署に提出 ※日本の事業所との雇用関係が消滅している場合（転籍）は、特別加入もできない

●社会保障協定の状況（2024年4月現在）

社会保障協定の状況	国
発効している	ドイツ、イギリス、韓国、アメリカ、ベルギー、フランス、カナダ、オーストラリア、オランダ、チェコ、スペイン、アイルランド、ブラジル、スイス、ハンガリー、インド、ルクセンブルク、フィリピン、スロバキア、中国、スウェーデン、フィンランド、イタリア

Chapter 7 従業員の届出内容の変更手続き

キーワード　社会保障協定、海外派遣者

特別加入申請書（海外派遣者）

［提出先］労働局　［提出期限］加入を希望する日の30日前から前日まで

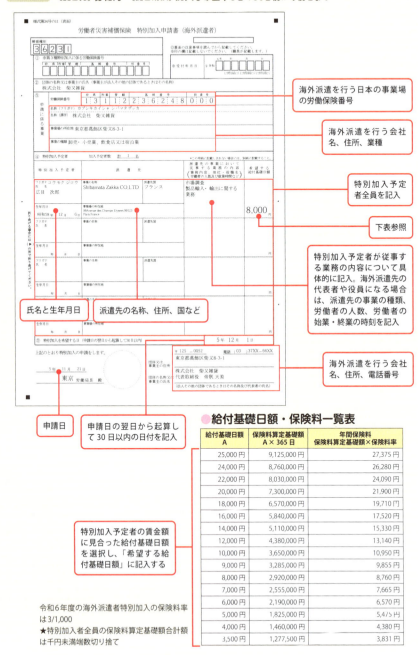

労災保険 特別加入に関する変更届

［提出先］労基署経由労働局　［提出期限］変更決定を希望する日の30日前から前日まで

特別加入者が派遣期間終了により日本に帰国したときは「特別加入に関する変更届（様式第34号の12）の提出が必要になります。

特別加入者に関する事項の変更、脱退（特別加入者全員の脱退を除く）、新規加入があった場合に届け出る書類。

業務をくわしく知ろう

Section 05 健康保険証や年金手帳をなくしたとき

- 健康保険証の再交付は「健康保険被保険者証再交付申請書」を協会けんぽか健康保険組合に提出。
- 年金手帳の紛失の際は「基礎年金番号通知書再交付申請書」を年金事務所へ提出。
- 雇用保険被保険者証は「雇用保険被保険者証再交付申請書」をハローワークへ。

健康保険証を紛失したときは再発行の手続きと同時に警察への届出を指示するニャ。

健康保険証、年金手帳の紛失

従業員が本人や被扶養者の健康保険証や高齢受給者証を紛失したときは、「健康保険被保険者証再交付申請書」や「健康保険高齢受給者証再交付申請書」を協会けんぽや健康保険組合に提出します。健保組合によっては、「健康保険被保険者証滅失届」の提出も必要なところもあります。

年金手帳はすでに廃止されているため、紛失しても再交付は行われません。年金手帳に代わり、基礎年金番号を初めて取得した人には「基礎年金番号通知書」が自宅に送られます。年金手帳紛失のため基礎年金番号通知書が必要な場合は、「基礎年金番号通知書再交付申請書」に基礎年金番号またはマイナンバーを記入の上、年金事務所に提出すれば、自宅郵送により交付されます。

雇用保険関係の書類の紛失

雇用保険被保険者証を紛失したときは、「雇用保険被保険者証再交付申請書」を管轄のハローワークに提出します。

離職票や各種通知書、事業主控を紛失した場合も「雇用保険関係各種届書等再作成・再交付申請書」をハローワークに提出することで、再交付してもらうことができます。

> memo　健康保険証は廃止されマイナ保険証に一本化されるため、令和6年12月2日以降は再交付されない。

健康保険 被保険者証 再交付申請書

健康保険

[提出先] 協会けんぽ、健康保険組合　[提出期限] ―

記入項目の説明

- **被保険者の記名と住所**
- **健康保険証に記載された8桁の記号**
- **健康保険被保険者番号を左詰めで記入**
- **生年月日**

被保険者情報

被保険者証 記号（左づめ）	42291513
番号（左づめ）	16
生年月日	1(昭和) 58年12月06日
氏名（カタカナ）	コウモク ジロウ
氏名	広目 次郎
郵便番号（ハイフン除く）	1310031
電話番号（左づめハイフン除く）	0345XX25XX
住所	東京（都）墨田区墨田6-1-5
対象者	1

対象者の区分

1. 被保険者（本人）分のみ
2. 被扶養者（家族）分のみ
3. 被保険者（本人）および被扶養者（家族）分

再交付の対象を番号で記入
1　被保険者のみ
2　被扶養者のみ
3　被保険者と被扶養者

再交付対象者（被扶養者）

（1）氏名（カタカナ）/生年月日/再交付の原因
（2）氏名（カタカナ）/生年月日/再交付の原因
（3）氏名（カタカナ）/生年月日/再交付の原因

再交付対象者が被扶養者の場合に記入

事業主欄

上記のとおり被保険者から再交付の申請がありましたので届出します。

- 事業所所在地：東京都葛飾区柴又8-3-1
- 事業所名称：株式会社　柴又雑貨
- 事業主氏名：代表取締役　帝釈 天美
- 電話番号：03-37XX-66XX

任意継続被保険者の方は、事業主欄の記入は不要です。

被保険者証の記号・番号が不明の場合は、被保険者本人のマイナンバーをご記入ください。
（記入した場合は、本人確認書類の添付が必要となります。）

社会保険労務士の提出代行者名記入欄

以下は、協会使用欄のため、記入しないでください。

MN確認（被保険者）	1. 記入有（添付あり） 2. 記入有（添付なし） 3. 記入無（添付あり）

21111101

添付書類／その他／枚数

受付日付印

(2022.12)　1/1

全国健康保険協会 協会けんぽ

- **会社の住所と社名、事業主の氏名などを記入**
- **協会けんぽの用紙（健保組合の場合は、健保組合ごとに独自の用紙あり）**
- **健康保険証の記号・番号が不明の場合はマイナンバーを記入。この場合は身元確認書類・個人番号確認書類の両方を添付して申請を行う**

> **memo**　従業員が外出中に健康保険証を紛失・盗難した場合は、悪用を防ぐために、紛失は遺失届、盗難は盗難届を警察に届け出させる。届出の際には受理番号を聞き、控えておくように指示する。

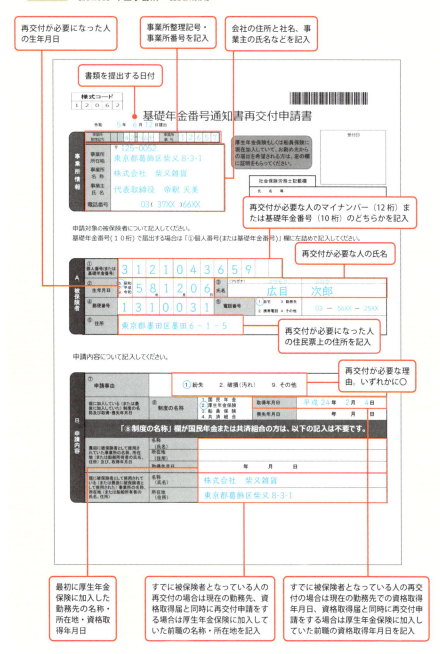

雇用保険

雇用保険被保険者証再交付申請書

［提出先］ハローワーク　［提出期限］—

現在雇用保険に加入している場合は加入している事業所について記入

なくした被保険者証に記載されていた被保険者名を記入

性別と生年月日

住所

様式第8号

	※	所長	次長	課長	係長	係

雇用保険被保険者証再交付申請書

申請者	1. フリガナ	コウモク　ジロウ	2.性別	①男 2女	3.生年月日	大昭平令 58年12月6日
	氏名	広目　次郎				
	4. 住所又は居所	東京都墨田区墨田6-1-5		郵便番号 131-0031		

現に被保険者として雇用されている事業所	5. 名称	株式会社　柴又雑貨	電話番号 03-37XX-66XX
	6. 所在地	東京都葛飾区柴又8-3-1	郵便番号 125-0052

最後に被保険者として雇用されていた事業所	7. 名称		電話番号
	8. 所在地		郵便番号 —

9. 取得年月日	平成24年　2月　4日
10. 被保険者番号	2724-251889-8　※安定所確認印
11. 被保険者証の滅失又は損傷の理由	自宅保管中に紛失

雇用保険法施行規則第10条第3項の規定により上記のとおり雇用保険被保険者証の再交付を申請します。

令和　5年10月9日
公共職業安定所長　殿

申請者氏名　広目　次郎

※再交付年月日	令和　　年　　月　　日	※備考

注意
3　5欄及び6欄には、申請者が現に被保険者として雇用されている者である場合に、その雇用されている事業所の名称及び所在地をそれぞれ記載すること。
4　7欄及び8欄には、申請者が現に被保険者として雇用されている者でない場合に、最後に被保険者として雇用されていた事業所の名称及び所在地をそれぞれ記載すること。
5　9欄には、最後に被保険者となったことの原因となる事実のあった年月日を記載すること。
6　申請者氏名については、記名押印又は署名のいずれかにより記載すること。
7　※印欄には、記載しないこと。
8　なお、本手続は電子申請による届出も可能です。詳しくは公共職業安定所までお問い合わせください。

2019. 5

書類を提出する日付

再交付が必要な理由

被保険者の記名

現在雇用保険に加入していない場合は最後に加入した事業所について記入

取得年月日と被保険者番号

> **memo**　協会けんぽに再交付申請をすると同時に、年金事務所に「資格証明書交付申請書」を提出し、発行された資格証明書を健康保険証が届くまで使用する方法もある。

雇用保険関係各種届出書等再作成・再交付申請書

[提出先] ハローワーク　[提出期限] ―

保険証や年金手帳をなくしたとき

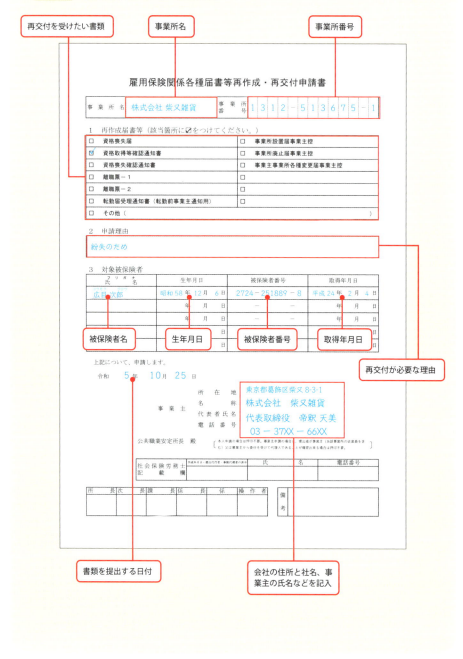

Chapter 8

会社に変更があったときの手続き

Keyword

名称・所在地変更／代表者変更／支店の開設／
支店の移転・廃止

業務をくわしく知ろう

Section 01 | 社名や所在地が変わったとき

- 労働保険は「労働保険名称、所在地等変更届」を移転先管轄の労基署に提出。
- 「雇用保険事業主事業所各種変更届」を移転先管轄のハローワークに提出。
- 社会保険は「健康保険・厚生年金保険　適用事業所　名称／所在地変更届」を健康保険組合や移転前の所在地管轄の年金事務所に提出。

最初に変更登記をしてから、年金事務所や労基署、最後にハローワークに届出をするという流れなのニャ。

労働保険の手続き

会社名や本社の所在地が変わったとき、労基署に「労働保険　名称、所在地等変更届」を提出します。建設業など二元適用事業所の場合は、労基署のほか、雇用保険の分はハローワークに提出します。電話番号が変わったとき、労災保険料率表の事業の種類が変わったときも同じ「労働保険　名称、所在地等変更届」の用紙を使用します。

労基署への届出後、ハローワークに「雇用保険事業主事業所各種変更届」を提出します。移転等で管轄の労基署が変わると労働保険番号も変わるため、労基署での手続き後に新しく付与された労働保険番号を各種変更届に記入します。提出先は、移転後の所在地を管轄する労基署・ハローワークです。

健康保険・厚生年金保険の手続き

会社名や所在地の変更時の社会保険の届出書類は、「健康保険・厚生年金保険　適用事業所　名称／所在地変更届」です。年金事務所や健康保険組合に提出します。管轄外への移転の場合は、移転前の所在地を管轄する年金事務所に届出を行います。協会けんぽ加入の事業所が別の都道府県に移転する場合は新しい健康保険証が送られてくるため、到着後に古い健康保険証を移転前管轄の協会けんぽに返却します。同じ都道府県では、以前の健康保険証をそのまま使用します。

●労働保険・雇用保険の名称、所在地変更

変更する内容	届出書	提出先
会社名 本社の所在地 電話番号 事業の種類	労働保険　名称、所在地等変更届	移転後の所在地を管轄する労基署
	雇用保険事業主事業所各種変更届	移転後の所在地を管轄するハローワーク

> 移転により、労働保険番号が変わることがあるので、最初に労基署に届けを出して付与された新しい番号をハローワークに届け出るのだ。

●健康保険・厚生年金保険の名称、所在地変更

変更する内容	届出書	提出先
会社名 本社の所在地 電話番号	健康保険・厚生年金保険適用事業所　名称／所在地変更届	・（協会けんぽ）移転前の所在地を管轄する年金事務所 ・（健康保険組合）健康保険組合

> 協会けんぽでは、名称変更や県外移転の場合に協会けんぽから健康保険証が送られてきたら、古い健康保険証を移転前の協会けんぽへ返却が必要なのだ。移転の場合で、事業所の都道府県が変わらないときは健康保険証の差し替えはせずに古い健康保険証をそのまま使うんだよ。

Column

届出に必要な添付書類

　上記の届出には、名称、所在地変更後の登記簿謄本（履歴事項全部証明）のコピーを添付するため、通常は登記変更後に手続きを行います。
　登記している所在地と適用事業所の所在地が異なる場合は、移転後の事務所の賃貸借契約書の写し等を添付します。
　ハローワークへの届出は、このほかに、労基署に届け出た書類の控を添えて行います。

労災保険 雇用保険

労働保険 名称、所在地変更届

〔提出先〕労基署　〔提出期限〕変更日の翌日から10日以内

労働保険の適用事業所が名称を変更したとき、所在地、事業の種類が変更になったときに提出する書類。

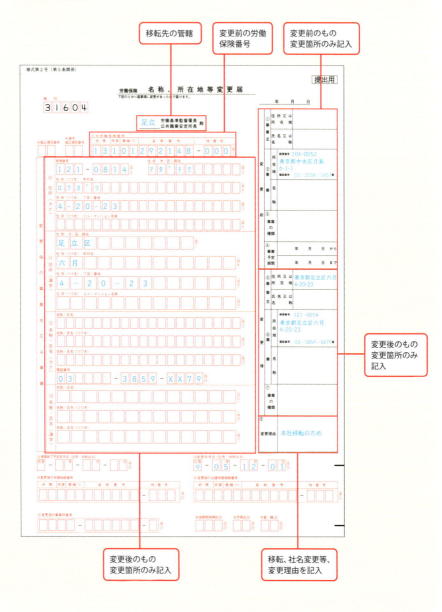

雇用保険	**雇用保険事業主事業所各種変更届**

[提出先] ハローワーク　[提出期限] 変更日の翌日から10日以内

雇用保険適用事業所の名称、所在地、電話番号、法人番号、事業の概要などが変更になったときに提出する書類。

表

変更前の雇用保険事業所番号

変更後のもの　変更箇所のみ記入

帳票種別　13003
1. 変更区分
2. 変更年月日　5-051201（4 平成 5 令和）
3. 事業所番号　1301-643685-2
4. 設置年月日　3-620401（3 昭和 4 平成 5 令和）

●下記の5～11欄については、変更がある事項のみ記載してください。

5. 法人番号（個人事業の場合は記入不要です。）
6. 事業所の名称（カタカナ）
   事業所の名称[続き（カタカナ）]
7. 事業所の名称（漢字）
   事業所の名称[続き（漢字）]
8. 郵便番号
10. 事業所の電話番号（項目ごとにそれぞれ左詰めして記入してください。）
9. 事業所の所在地（漢字）市・区・郡及び町村名　足立区六月
   事業所の所在地（漢字）丁目・番地　4-20-23
   事業所の所在地（漢字）ビル、マンション名等

11. 労働保険番号　13111196570000
12. 設置区分
13. 事業所区分
14. 産業分類

15. 変更事項
   (フリガナ) トウキョウトアダチクムツキ
   住所　東京都足立区六月4-20-23
   (フリガナ)
   名称
   (フリガナ)
   氏名

18. 変更前の事業所の名称
   (フリガナ) トウキョウトチュウオウクツキシマ
19. 変更前の事業所の所在地　東京都中央区月島6-1-1

20. 事業の開始年月日　昭和62年 4月 1日
21. 事業の廃止年月日　令和　年　月　日
22. 常時使用労働者数　963人
23. 雇用保険担当課名　人事総務　総務グループ

24. 社会保険加入状況　健康保険 厚生年金保険 労災保険
25. 雇用保険被保険者数　一般 821人　日雇 0人
26. 賃金支払関係　賃金締切日 末日　賃金支払日（翌）25日

16. 変更後の事業の概要
17. 変更の理由　本社移転のため

備考

（この届出は、変更のあった日の翌日から起算して10日以内に提出してください。）

所在地変更で労基署管轄が変わるなど、労働保険番号が変更になるときは先に左ページの労働保険の名称、所在地変更届を提出。そこで新しく付与された労働保険番号を記入。管轄のハローワークが変更になったときは労働保険番号の変更がなくても記入。

雇用保険

雇用保険事業主事業所各種変更届

［提出先］ハローワーク ［提出期限］変更日の翌日から10日以内

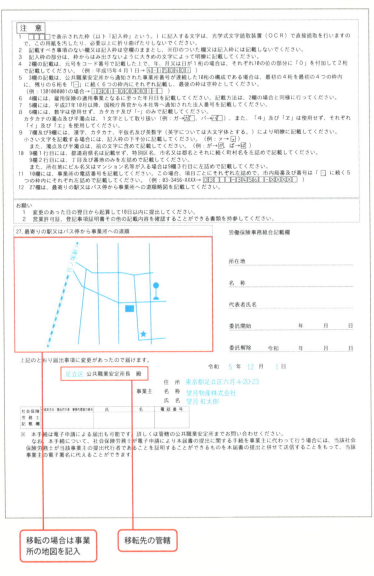

健康保険・厚生年金保険 適用事業所 名称/所在地変更（訂正）届

［提出先］年金事務所、健康保険組合　［提出期限］変更日から5日以内

健康保険、厚生年金保険の適用事業所の名称または所在地が変更になったときに移転前管轄の年金事務所に提出する書類。

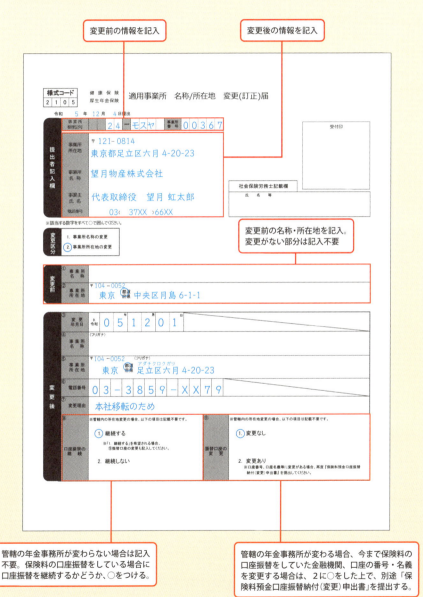

> memo
> 「健康保険・厚生年金保険 適用事業所 名称/所在地変更（訂正）届」の年金事務所提出分は、以前は管轄内の移転と管轄外への移転とで異なる用紙だったが、平成30年3月以降は同じ用紙。

業務をくわしく知ろう

Section 02 代表者が変わったとき

- 代表者の変更時には「事業所関係変更(訂正)届」を年金事務所等に提出。
- 健康保険・厚生年金保険の「事業所関係変更(訂正)届」は代表者変更のほか、代表者の住所の変更や事業所の連絡先電話番号の変更等の場合も提出する。
- 労働保険・雇用保険は手続き不要。

社長が変わっても労働保険・雇用保険の手続きはやらなくていいニャ。

健康保険・厚生年金保険の手続き

事業所の代表者が変わったときは、年金事務所や健康保険組合に「事業所関係変更(訂正)届」を提出します。このとき、代表者の名前だけでなく、変更前・変更後の代表者の自宅住所も記入します。

代表者が転居をした場合には、厚生年金保険の被保険者住所変更届は自動的に行われるようになりましたが、「事業所関係変更(訂正)届」での代表者の住所の変更手続きは行います。

事業所関係変更(訂正)届

健康保険・厚生年金保険の「事業所関係変更(訂正)届」は、代表者の変更だけでなく、以下の場合にも提出します。

- 事業所の連絡先電話番号の変更
- 昇給月、賞与支給月、現物給与の種類の変更
- 算定、賞与支払届の印字した用紙・被保険者情報の入った電子媒体等の送付希望の変更
- 代理人の選任・解任
- 会社法人等番号や法人番号の変更　等

健康保険・厚生年金保険 事業所関係変更（訂正）届

健康保険
厚生年金

［提出先］年金事務所、健康保険組合　［提出期限］変更日から5日以内

次のいずれかに変更があったときの健康保険・厚生年金保険の手続き。

電話番号、事業主、事業主の住所、昇給月、賞与支払月、現物給与種類、代理人有無、代理人の氏名・住所、社会保険労務士の委託・委託解除　ほか。

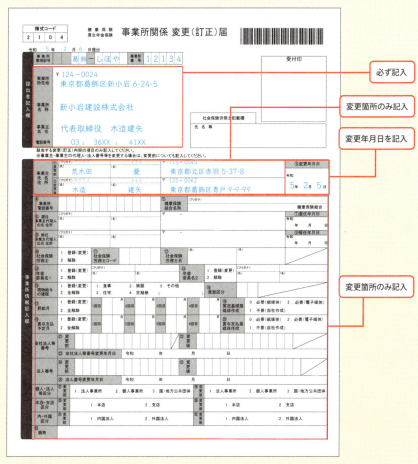

- 必ず記入
- 変更箇所のみ記入
- 変更年月日を記入
- 変更箇所のみ記入

Column

代表者や代理人の変更時に必要な届出

　法人の代表者が変わっても、労基署やハローワークへは届出が不要です。以前は代表者変更に伴い事業主印を変更する場合は、「改印届」が必要でしたが押印省略が拡大し、令和5年に事業主の押印はすべて廃止となったため、「改印届」は不要となりました。

　また、人事部長などを代理人に選任していた場合で、その代理人が変更になるときは、労基署、ハローワークに「労働保険代理人選任・解任届」を提出します。

Section 03 支店等を開設するとき

- 支店を管轄する労基署に労働保険保険関係成立届を提出する。
- 継続事業の一括を行わない場合は、労基署に労働保険概算保険料申告書を提出し、年度末までの労働保険料を前払いする。
- 支店を管轄するハローワークに適用事業所設置届と被保険者資格取得届を提出する。

基本は労基署とハローワークへの届出。健康保険と厚生年金保険は多くの場合手続き不要なのだ。

労基署への届出

労働保険は企業単位ではなく事業所単位で適用されます。新しく支店等を開設したときには、まず、労働保険の成立の手続きが必要です。一元適用事業の場合は、保険関係成立届をその支店等を管轄する労基署に提出します。この届を出すことで、労災保険が適用されます。

新たに開設した支店等の「労災保険料率表」による「事業の種類」がほかの適用事業所と同一であるなど一定の要件を満たす場合は、保険料の申告・納付の手続きをまとめて行うことができます（継続事業の一括。→P.328）。しかし、要件を満たさない場合は、保険関係成立届と一緒に労働保険概算保険料申告書を提出し、その事業所分の3月末までの労働保険料を納付します。

ハローワークへの届出

雇用保険も労働保険と同様に企業単位ではなく事業所単位が原則です。労基署に保険関係成立届を提出し、労働保険番号を付与された後、事業所を管轄するハローワークに適用事業所設置届と被保険者資格取得届（他事業所からの異動は転勤届）を提出します。ただし、事業所の被保険者数が少なく、人事関係の事務処理を本社で一括して行いたい場合は、事前にハローワークに申請をして認められれば雇用保険の手続きを本社でまとめて行えます（非該当承認申請→P.328）。非該当が承認されれば適用事業所設置届は提出しません。

労働保険・雇用保険の支店等の開設の届け

変更する内容	届出書	提出先
支店等の開設	労働保険　保険関係成立届 （継続事業の一括もあり）	開設する支店を管轄する労基署
	適用事業所設置届 被保険者資格取得届 （他事業所からの異動は転勤届）	開設する支店を管轄するハローワーク

手続きの順番は①労働保険保険関係成立届 ②雇用保険適用事業所設置届
本社などでまとめて手続きを行いたいときは、労働保険は成立届を出した後で継続事業の一括の手続き、雇用保険は適用事業所設置届は出さないで非該当承認申請をするよ。

成立届の提出を1年以上出し忘れて労災事故が起きると、保険給付にかかった費用の一部を請求されるペナルティがあるニャ。

Column

支店を開設した時の健康保険と厚生年金保険の処理

　健康保険や厚生年金保険も法律上は事業所単位で成立させるのが原則です。ただし、実務上は、本社で一括して人事管理を行っているような会社は、本社のみが社会保険の適用事業所となり、支店等に所属する従業員の分も本社で社会保険の手続きを行います。
　中小企業の場合は、支店を出す際の年金事務所への届出は特にないのが実態です。

労災保険 雇用保険

労働保険 保険関係成立届

［提出先］支店等管轄の労基署　［提出期限］支店等設置から10日以内

支店や営業所等を設置したときの労働保険の手続きです。一元適用事業所（一般的な業種）の場合は支店を管轄する労基署に提出。二元適用事業所（建設業など）の場合は労基署とハローワークにそれぞれ提出します。

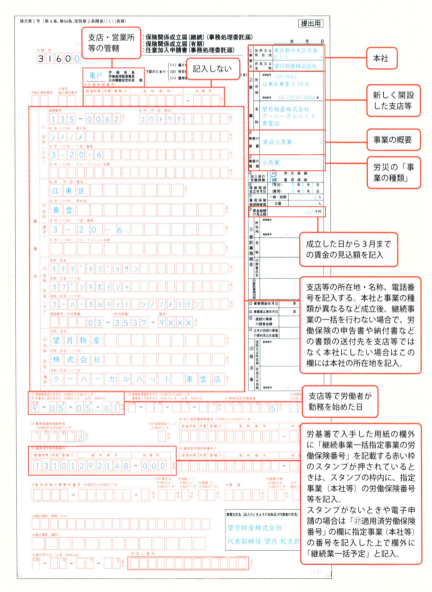

Column
労働保険以外の労基署への届出

労基署への届出には、労働保険の届出のほかに労働基準法の届出もあります。

労基法の適用事業所となったことの届出である「適用事業報告」、法定時間外労働や法定休日労働をさせても法律違反にならなくするための届出である「時間外労働・休日労働に関する協定届（通称36協定）」、10人以上の労働者がいる場合は就業規則の届出等が必要です。

Column
有期事業の一括

建設工事や立木の伐採など、事業の期間が決まっていて、それぞれの現場ごとに労災保険が成立する有期事業の場合は、一定の要件（概算保険料が160万円未満等）を満たせば複数の有期事業をまとめてひとつとみなして労働保険料の申告・納付を行うことができる「有期事業の一括」というしくみがあります。この場合、一括有期事業としての最初の成立届は提出しますが、工事等1件ごとの成立届は不要です。

業務をくわしく知ろう

Section 04 支店等の手続きをひとつにまとめたいとき

- 労働保険料の申告・納付の手続きを本社等でまとめて行うには、継続事業の一括の申請を本社管轄の労基署で行う。
- 雇用保険の手続きを本社等でまとめて行うには事業所非該当承認申請を行う。
- 雇用保険非該当承認申請は支店等を管轄するハローワークで行う。

労働保険料の申告・納付や雇用保険の手続きを本社等でまとめたいなら、事前に手続きするのニャ。

継続事業の一括

労働保険は事業所ごとに成立します。しかし、毎年の労働保険料の集計や申告・納付を事業所ごとに行うのは大変な手間がかかります。そのため、労災保険料率表に記載された「事業の種類」が同一といった一定の要件を満たせば、同じ事業の種類ごとのグループでまとめて保険料の申告・納付を行うことができます。これを「継続事業の一括」といい、本社等のグループを代表として申告・納付を行う事業所を「指定事業」、支店等の指定事業に一括される事業所を「被一括事業」といいます。この取り扱いを行うには、「継続事業一括認可（追加）申請書」を指定事業管轄の労基署に提出して認可を受ける必要があります。

雇用保険の事業所非該当承認申請

雇用保険の適用も事業所単位です。とは言え、事業所ごとに被保険者の手続きを行うのはなかなか大変です。そのため、人事管理等を独立して行っていない小規模の事業所（目安としては50人以下程度）は、あらかじめ雇用保険の適用事業所に該当しないと認めてもらうための申請を行います。これが認定されれば本社でまとめて雇用保険の手続きを行うことができるようになります。申請は「雇用保険事業所非該当承認申請書」に都道府県ごとに用紙が異なる「非該当承認申請調査書」を添付し、支店等を管轄するハローワークに提出します。

継続事業の一括とは

労働保険の成立は事業所単位

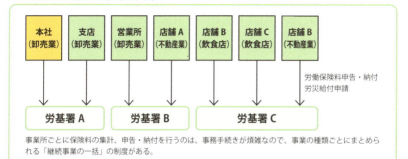

事業所ごとに保険料の集計、申告・納付を行うのは、事務手続きが煩雑なので、事業の種類ごとにまとめられる「継続事業の一括」の制度がある。

継続事業の一括

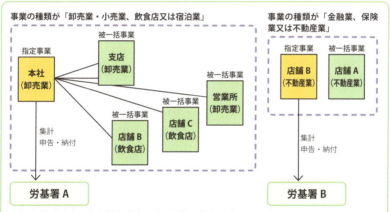

一定の要件に該当すれば、保険料の集計、申告・納付を一括して行うことができる
（労災給付申請は一括できない。労働保険番号は指定事業の番号だが、手続きは事業所ごとに各事業所管轄の労基署へ行う）

継続事業の一括の取り扱いが認められる基準
1. 指定事業と被一括事業の事業主が同一
2. それぞれの事業が継続事業
3. それぞれの事業が下記のいずれかひとつのみに該当（区分が同じ）
   ① 二元適用事業で、労災保険の保険関係のみ成立
   ② 二元適用事業で、雇用保険の保険関係のみ成立
   ③ 一元適用事業で、労災・雇用保険の両保険の保険関係が成立
4. それぞれの事業の「労災保険料率表」による「事業の種類」が同じ
5. 指定事業で被一括事業の労働者数・賃金の把握ができる
6. 労働保険事務を円滑に処理する事務能力がある
7. それぞれの事業で保険料の申告・納付が適正に行われている

> **memo** 継続事業の一括で申告・納付をしている事務所で労災事故が起きたときの給付の手続きや死傷病報告は、事業所ごとに事業所管轄の労基署で行う。労働保険番号は指定事業の労働保険番号を使用する。

労働保険 継続事業一括認可・追加・取消申請書

労災保険 雇用保険

［提出先］指定事業を管轄する労基署または労働局　［提出期限］すみやかに

労働保険料の申告・納付等の手続きを同じ事業の種類ごとに1つの労働保険番号でまとめて処理するための申請です。指定事業（本社等）を管轄する労基署に提出します。

支店等の手続きをひとつにまとめたいとき

- この指定事業（本社等）について継続事業の一括の申請が初めてであれば「新規」、2回目以降であれば「認可の追加」に○
- 指定事業（本社等）
- 一括を受けるためには保険関係成立区分や事業の種類が同じであることが必要。
- 保険関係成立届提出後に付与された仮の労働保険番号を記入。

記入例：
- 整理番号：31640
- 労働保険番号：13101292148-000
- 所在地：東京都中央区月島6-1-1
- 郵便番号：104-0052
- 名称：望月物産株式会社
- 電話：03-353X-1X57
- 事業の種類：卸売業・小売業

申請事業（2）：
- 所在地：東京都江東区東雲3-20-6
- 郵便番号：135-0062
- 名称：望月物産株式会社 クーハーカルハット東雲店
- 電話：03-3537-9XXX
- 整理番号：0001
- 事業の種類：卸売業・小売業

東京労働局長 殿

事業主
住所：東京都中央区月島6-1-1
望月物産株式会社
氏名：代表取締役 望月 虹太郎
（法人のときはその名称及び代表者の氏名）

雇用保険 事業所非該当承認申請書

[提出先] 支店等を管轄するハローワーク　[提出期限] すみやかに

雇用保険の手続きを本社で一括して行うための申請です。支店等の管轄のハローワークに提出します。

支店等

継続事業の一括の認可を受けている場合は、指定事業（本社等）の番号。

雇用保険 事業所非該当承認申請書（安定所用）

1．事業所非該当承認対象施設

①名称	望月物産株式会社 クーハーカルハット東雲店	⑦労働保険料の徴収の取扱	労働保険の徴収等に関する法律施行規則上の事業場とされているか　いる・いない
②所在地	〒135-0062 東京都江東区東雲3-20-6 電話（03）3537-9XXX	⑧労働保険番号	13101-292148-000
③施設の設置年月日	2年 5月 1日	⑨社会保険の取扱い	健康保険法及び厚生年金保険の事業所とされているか　いる・いない
④事業の種類	卸売業・小売業	⑩各種帳簿の備付状況	労働者名簿・賃金台帳・出勤簿
⑤従業員数	5（うち被保険者数 2）	⑪管轄公共職業安定所	木場 公共職業安定所
⑥事業所番号	－ －	⑫雇用保険事務処理能力の有無	有・無
⑬申請理由	人事・経理業務は本社で一括しており、経営単位として独立性がないため		

2．事業所

⑭事業所番号	1301-643685-2	⑱従業員数	1023（うち被保険者数 763）
⑮名称	望月物産株式会社	⑲適用年月日	昭和62年 4月 1日
⑯所在地	〒104-0052 東京都中央区日本橋6-1-1 電話（03）353X-1X57	⑳管轄公共職業安定所	飯田橋 公共職業安定所
⑰事業の種類	卸売業・小売業	㉑備考	

上記 の施設は、一の事業所として認められませんので承認されたく申請します。
令和 5年 5月 1日
木場 公共職業安定所長殿

住所　東京都中央区日本橋6-1-1
事業主（又は代理人）
氏名　望月物産株式会社 代表取締役 望月 虹太郎

本社等

労働者数と雇用保険被保険者数上記1．の⑤の人数は含めない。

雇用保険 事業所非該当承認申請調査書（東京の例）

［提出先］支店等を管轄するハローワーク　［提出期限］すみやかに

雇用保険事業所非該当承認申請書に添付する施設の詳細を説明する書類。都道府県労働局によって書類は異なるため管轄の労働局、ハローワークより用紙は入手する。

事業所非該当承認申請調査書

① 当該施設名	望月物産株式会社　クーハーカルハット東雲店			
② 当該施設代表者 又は担当者名	（役職）店長		（氏名）星崎　美月	
③ 当該施設の事業内容	輸入食品小売業			
	（労働者派遣事業）行っている・**行っていない**　（労働者派遣事業の許可又は届出の有無）している・**していない**　申請中			
④ 当該施設の人事組織	役職・職種等（雇用保険被保険者以外の労働者を含む）			
	店長　　　　　：1名　　　　　：　名			
	販売職（正社員）：1名　　　　　：　名　　　合計　5名			
	販売職（パート）：3名　　　　　：　名　　　（うち常駐役員 0名）			
⑤ 当該施設の人事権	1 当該施設にある・**2 当該施設に一部ある**（常用・パート・臨時・その他）・3 当該施設に無し			
	※「2 当該施設に一部ある」の場合、その内容			
	募集・**面接**・採用・配置・解雇・その他（　　　）・最終決定権（当該施設・**事業所**）			
⑥ 経営の状況	指揮監督権	1 事業所　・**2 当該施設**　・3 その他（　　）		
	業務計画（企画・立案）	**1 事業所**　・2 当該施設　・3 その他（　　）		
	当該施設代表者又は担当者の責任範囲	1 当該施設全体　・**2 当該施設の一部**　・3 その他（　　）		
		※「1 当該施設全体」「2 当該施設の一部」の場合、その内容		
⑦ 経理の状況	賃金計算	**1 事業所**　・2 当該施設　・3 その他（　　）		
	賃金支払	**1 事業所**　・2 当該施設　・3 その他（　　）		
⑧ 労働保険の適用状況（当該施設での適用の有無）	1 あり　2 なし	Ⅰ 施設独自で適用　**Ⅱ 事業所で一括適用**　Ⅲ 継続一括認可済み　Ⅳ 継続一括認可申請中　Ⅴ その他		
⑨ 施設としての持続性	**無期**・有期（自　年　月　日 ～ 至　年　月　日）			
⑩ 他の施設の取扱状況	県（都）内　47ヶ所		県（都）外　6ヶ所	
	（うち既承認数）47ヶ所		（うち既承認数）6ヶ所	
⑪ 備考				
安定所の意見	1 承認可　2 承認不可（理由　　　　　　　　　　　　　　　　　　）			
調査年月日	令和　年　月　日　調査者　　　　　　　　　　　印			

※記入上の注意
①欄　…　非該当承認対象施設の名称を記載すること。
③欄　…　当該施設の事業内容を具体的に記載すること。
④欄　…　職名別に具体的に記載すること（例、所長1名、営業3名、事務2名）
⑤～⑨欄　…　該当項目を○で囲むこと。
⑩欄　…　施設数は他の施設数を記載し、既承認数は非該当承認済みの他の施設数を内数で記載すること。

Column

事業の種類

　労災保険の事業所の手続きにおいて、「事業の種類」の特定は重要です。それぞれの事業所の主たる事業が、労災保険率表に記載の「事業の種類」のどれに該当するのかを特定し、それに基づいて各種届出を行い、労災保険料が決定されることになります。ところがこの判断が意外と難しいのです。

　例えば1つの事業所で行っている事業はひとつとは限りません。ひとつの場所で複数の事業を行っている場合、労働保険番号は1つだけです。事業の種類をどれにするかは、その事業所の主たる業務で決定します。この判断基準は、売上、従事する従業員数などですが、どれを重視するかは管轄の労基署によって判断が異なることもあります。判断に迷ったときは、管轄の労基署に相談しましょう。

　「事業の種類」のどれにあてはめればいいのか、悩むこともあります。例えば倉庫業。単純に預かった貨物を保管しているだけならば「9601 倉庫業」ですが、運搬機器を利用し、貨物の入出庫から荷捌き、トラックへの積込み、積卸し等の作業を一貫して行うようなものは「7201 停車場、倉庫、工場、道路等における貨物取扱いの事業」に該当することがあります。また、倉庫で預かった段ボールを開けて中身を組み立て完成させるような流通加工を行っているようなものは、作業の内容や使用する機械等により「61 その他の製造業」「94 その他の各種事業」「72 貨物取扱事業」などに該当する場合があります。

　倉庫業以外の事業でも、会社の業種から安易に事業の種類を決めると、その判断が間違っていることもあるため、成立届を提出する際には労基署で具体的な作業内容を説明し、相談することをお勧めします。

業務をくわしく知ろう

Section 05 支店等を移転・廃止するとき

- 継続一括の認可済の支店等の名称変更や移転の際は、継続被一括事業名称・所在地変更届を指定事業管轄の労基署に提出。
- 継続一括の認可済の支店等の廃止の際は、継続事業一括取消申請書を提出。
- 非該当承認済の支店等は、雇用保険の名称変更・移転・廃止の手続きは不要。

継続事業の一括認可や雇用保険適用事業所非該当承認を受けているかどうかで、手続きの内容が変わるニャ。

移転するときの労働保険の手続き

継続事業の一括の認可を受けている支店等の支店名や所在地の変更は、本社等の指定事業を管轄する労基署に、「労働保険 継続被一括事業名称・所在地変更届」を提出します。一括の認可を受けていない支店等の場合は、本社の移転と同様の手続きを行います（「労働保険 名称、所在地変更届」→P.318）。

雇用保険の事業所非該当承認がされている支店等の場合は、雇用保険の適用事業所として取り扱われていないため、名称や所在地が変わっても、雇用保険の手続きはありません。適用事業所となっている場合は、本社の移転等と同様の手続きを行います（「雇用保険事業主事業所各種変更届」→P.319）。

支店等を廃止するときの手続き

継続事業の一括の認可を受けている支店等を廃止したときは、労働保険継続事業一括取消申請書を指定事業管轄の労基署に提出します（→P.337）。一括の認可を受けていない場合は、廃止した日までの労働保険料を精算する手続きが必要になります（確定保険料申告→P.340）。

雇用保険の適用事業所となっている支店等では、雇用保険適用事業所廃止届を提出するとともに、同時に退職する被保険者がいるときは被保険者資格喪失届や離職証明書も提出します。ほかの事業所に異動する被保険者がいるときは、被保険者転勤届を転勤先の適用事業所の管轄ハローワークに提出します。

● 労働保険・雇用保険の支店等の移転の届出

変更する内容	届出書	提出先
支店等の移転	・（継続事業の一括認可あり） 　労働保険 継続被一括事業名称・所在地変更届 　（→ P.336）	本社等の指定事業を管轄する労基署
	・（一括の認可なし）本社の移転と同じ（→ P.318）	支店を管轄する労基署
	雇用保険 ・（事業所非該当承認あり）→手続きなし ・（適用事業所）本社の移転と同じ（→ P.318）	支店を管轄するハローワーク

● 労働保険・雇用保険の支店等の廃止の届出

変更する内容	届出書	提出先
支店等の廃止	・（継続事業の一括認可あり） 　労働保険 継続事業一括取消申請書 　（→ P.337）	本社等の指定事業を管轄する労基署
	・（一括の認可なし） 　廃止した日までの労働保険料を精算する手続き（→ P.340）	支店を管轄する労基署
	雇用保険 ・（事業所非該当承認あり）→手続きなし ・（適用事業所） 　→雇用保険適用事業所廃止届（→ P.341）	支店を管轄するハローワーク

同時に退職者が出たり、異動者が出たときはその手続きも忘れずに。

memo 支店等が移転する場合には、労働基準法の届出も行う。支店設置のときと同様、「適用事業報告」「時間外労働・休日労働に関する協定届（通称 36 協定）」「就業規則の届出」等がある。

労働保険 継続被一括事業名称・所在地変更届

［提出先］指定事業を管轄する労基署　［提出期限］変更があった日の翌日から10日以内

継続事業の一括の認可を受けている被一括事業（支店等）の名称・所在地が変わったときに届け出ます。指定事業（本社等）管轄の労基署に提出します。

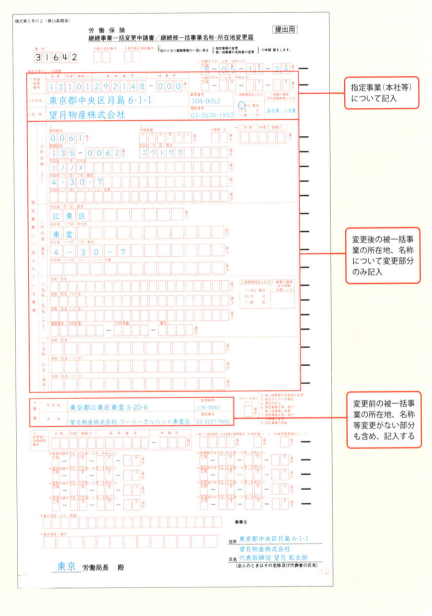

労働保険 継続事業一括認可・追加・取消申請書

労災保険 雇用保険

[提出先] 指定事業を管轄する労基署　[提出期限] すみやかに

継続事業の一括の認可を受けている被一括事業（支店等）を廃止するときに届け出ます。指定事業（本社等）管轄の労基署に提出します。

様式第5号（第10条関係）

労働保険 継続事業一括認可・追加・取消申請書　[提出用]

種別 `31640`

①下記のとおり継続事業の一括に係る 　新規 / 認可の取消 　の申請をします。
認可の追加

→ 認可の取消に○

指定を受けることを希望する事業又は既に指定を受けている事業
- 労働保険番号： `13101292148-000`
- ②申請年月日（元号：令和は9）
- 所在地：東京都中央区月島 6-1-1
- 郵便番号：104-0052
- 保険関係成立区分：労災
- 事業の種類：卸売業・小売業
- 名称：望月物産株式会社
- 電話番号：03-353X-1X57

【1】
- 労働保険番号：（記入しない）
- 整理番号：`0001`
- 所在地：東京都江東区東雲 3-20-6
- 郵便番号：135-0062
- 保険関係成立区分：(イ)労災・雇用 (ロ)労災 (ハ)雇用
- 事業の種類：卸売業・小売業
- 名称：望月物産株式会社 クーハーカルハット東雲店
- 電話番号：03-3537-9XXX

→ 指定事業（本社等）

→ 「整理番号」を記入。整理番号は、継続事業の一括が認可されたときに送られてくる「継続事業一括認可等通知書」に記載されている

【2】【3】【4】（空欄）

⑳認可・取消年月日（元号：令和は9）

㉑データ指示コード
1 新規申請
2 追加の申請
3 認可の取消

修正項目

東京 労働局長　殿

事業主
住所：東京都中央区月島 6-1-1
望月物産株式会社
氏名：代表取締役 望月 虹太郎
（法人のときはその名称及び代表者の氏名）

(5.3)

Section 06 会社が社会保険をやめるとき

ここだけCheck!
- 事業所は自由に労働保険や社会保険をやめることはできない。
- 雇用保険は適用事業所廃止届、社会保険は適用事業所全喪届により脱退の届出をする。このとき、被保険者の資格喪失手続きも同時に行う。
- 労働保険は、廃止日までの前払いした保険料を精算する。

ハローワークには廃止届、年金事務所には全喪届、労基署には確定保険料申告書を提出するニャ。

事業所の脱退

労働保険も社会保険も法人の場合は強制適用であり、自由に脱退することはできません。社会保険は一部の業種や5人未満の個人事業所は任意適用ですが、認可を受けて適用事業所になった後は、被保険者の4分の3以上の同意がないと脱退はできません。

それでも、倒産や廃業、休眠などにより、事業活動を完全に行わず、給与の支払いがなくなったときは、事業所の脱退の手続きを行うことになります。また、労働者が全員退職し、無報酬の取締役だけになったときなど、被保険者がいなくなったような場合も同様です。ただ、それが一時的なことであり、いずれは労働者の雇用や役員報酬の発生が見込まれる場合は、被保険者の喪失手続きのみを行い、適用事業所としては残しておくこともできます。

脱退の手続き

雇用保険を脱退するときは、雇用保険適用事業所廃止届をハローワークに提出します。このとき、雇用保険被保険者資格喪失届や離職証明書も同時に提出します。労働保険の事業所の廃止は、廃止届はなく、労働保険確定保険料申告書を労基署に提出し、廃止日までの労働保険料や一般拠出金の申告・納付（還付請求）を行うことで脱退します。健康保険や厚生年金保険は、健康保険組合や年金事務所に適用事業所全喪届と被保険者の資格喪失届を提出します。

各種保険からの事業所の脱退の届出

届出書	提出先
・雇用保険適用事業所廃止届（→ P.341） ・雇用保険被保険者資格喪失届（→ P.144） ・離職証明書（→ P.146）	管轄するハローワーク
・廃止した日までの労働保険料を精算する手続き（→ P.340）	管轄する労基署
・健康保険・厚生年金保険 適用事業所全喪届 ・健康保険・厚生年金保険 被保険者資格喪失届（→ P.136）	健康保険組合 年金事務所

健康保険・厚生年金 健康保険・厚生年金保険 適用事業所全喪届

〔提出先〕年金事務所、健康保険組合　〔提出期限〕5日以内

健康保険・厚生年金保険の適用事業所が廃止・休業等により適用事業所に該当しなくなったときの届出です。

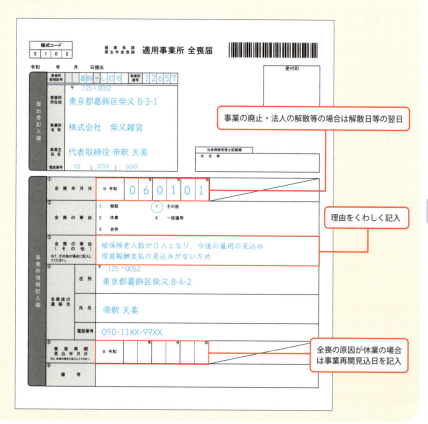

memo　事業実態がなくなったことの証明書類には、解散登記の記載がある法人登記簿謄本、給与支払事務所等の廃止届控（税務署の受付印があるもの）、休業の記載がある異動届出書控（税務署や都・県税事務所等の受付印があるもの）、休業等の確認ができる新聞等のコピーがある。

労働保険 確定保険料申告書

労災保険
雇用保険

[提出先] 労基署または労働局　[提出期限] 保険関係が消滅した日から50日以内

事業の廃止・休業、労働者を雇用しなくなったなど、労働保険の保険関係が消滅したときに消滅した日までの労働保険料を精算する手続きです。

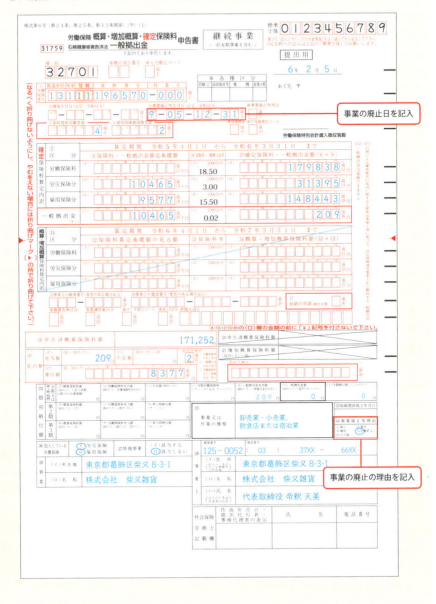

雇用保険	**雇用保険 適用事業所廃止届**

［提出先］ハローワーク　［提出期限］廃止した日の翌日から10日以内

雇用保険の適用事業所が廃止・休業等により適用事業所に該当しなくなったときの届出です。

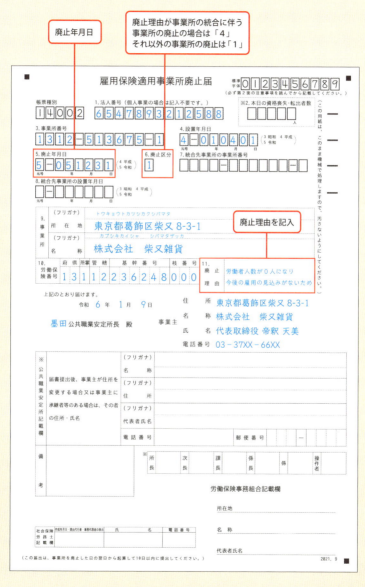

Chapter

届出状況の
確認と訂正手続き

Keyword

届出状況の確認／届出の訂正／基礎年金番号・
雇用保険被保険者番号の重複

業務をくわしく知ろう

Section 01 | 現在の届出状況を確認する方法

- 適用事業所の成立状況はインターネットで確認できる。
- 労働保険の継続一括の状況は労働局に一覧を請求できる。
- 雇用保険の被保険者一覧はハローワーク、厚生年金保険の被保険者・国民年金第3号被保険者の住所一覧は年金事務所に請求できる。

間違った届出を訂正するには、まず届出状況を確認することが大切なのニャ。

過去の届出ミスや届出漏れの確認

届出漏れや間違った届出が絶対に発生しないとは言い切れません。どんなにきちんと手続きしたつもりでも、前任者がミスしていることも有り得ます。定期的に年金事務所やハローワークに届出状況の確認請求を行うことにより、これらのミスを発見し、遡って手続きをしたり、訂正できるようになります。

届出状況を確認する方法

事業所が適用事業所となっているかの確認はインターネットで行うことができます。社会保険は「厚生年金保険・健康保険　適用事業所検索システム」、雇用保険と労災保険は「労働保険適用事業場検索」で確認可能です。支店等の継続一括の手続きの状況は、労働局に「継続事業一括認可等確認照会票（用紙は都道府県により異なる）」を提出して取り寄せます。

被保険者のリストは、雇用保険は「雇用保険適用事業所情報提供請求書」、厚生年金保険は「厚生年金被保険者・国民年金第3号被保険者住所一覧表提供申出書」で請求できます。また、事前に「事業所関係変更届」で登録しておけば、算定基礎届の時期に年金事務所から被保険者の標準報酬月額等の情報が印字された用紙かデータ収納CDが届きます。ただし、CDの送付は令和7年3月に終了予定。その後は「オンライン事業所年金情報サービス」による情報提供が行われます（→P.82）。

● インターネットで届出情報を確認する

● **厚生年金保険・健康保険　適用事業所検索システム**
https://www2.nenkin.go.jp/do/search_section/

● **労働保険適用事業場検索**
https://www.mhlw.go.jp/www2/topics/seido/daijin/hoken/980916_1a.htm

[厚生年金] **厚生年金保険被保険者・国民年金第3号被保険者住所一覧表提供申出書**
［提出先］年金事務所　［提出期限］ー

年金事務所に届出済の厚生年金保険被保険者、国民年金第3号被保険者の住所一覧を取り寄せる手続きの書類です。

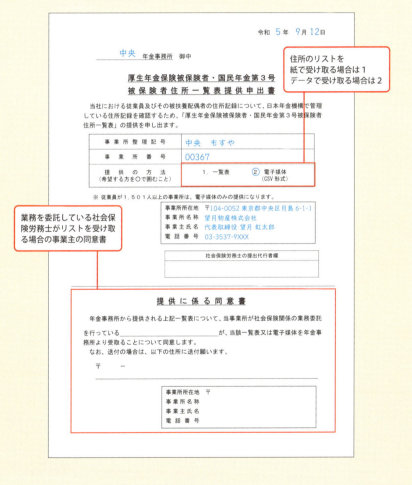

雇用保険適用事業所情報提供請求書

[提出先] ハローワーク　[提出期限] －

雇用保険適用事業所の届出状況、被保険者の一覧をハローワークから取り寄せる手続きの書類です。

（第1面）

雇用保険適用事業所情報提供請求書

取り寄せたい内容に○

事業所名	望月物産株式会社	事業所番号	1301-6436585-2
事業所所在地	東京都中央区月島6-1-1		

依頼する情報
（希望するものに○）

1　適用事業所台帳ヘッダー1
※事業所所在地、設置年月日等適用事業所の基本的な情報を確認できます。
2　適用事業所台帳ヘッダー2
※適用事業所の過去の月別の被保険者数の推移、各月末現在の被保険者数等を確認できます。
（過去3年間）
③　適用事業所台帳ヘッダー3
※適用事業所の現在在職中の被保険者について、氏名、生年月日、被保険者資格の取得年月日等を確認できます。（出力日時点）
（1）照会方法
　　①被保険者番号順　②五十音順　③取得日順　④生年月日順
（2）出力方法
　　①書面　②USB

上記のとおり、適用事業所情報の提供（　閲覧　・　写しの交付　）を請求します。

令和　5　年　11　月　4　日

飯田橋　公共職業安定所長　殿

請求者
（事業主　又は　労働保険事務組合）
所　在　地　：東京都中央区月島6-1-1
名　　　称　：望月物産株式会社
代表者氏名　：代表取締役　望月　虹太郎
電　話　番　号　：03-3537-9XXX

※代理人（社会保険労務士等）に請求を委任する場合には、以下にも記入してください。

下記2の者を代理人として、下記1に規定する権限を委任します。

記

1　権限
　適用事業所情報の提供を請求することについての一切の権限
2　代理人（社会保険労務士の場合は、営む事務所名称（法人の場合は法人名称）を付記してください。）
　住所：

　氏名：

（事業主）
所　在　地　：
名　　　称　：
代表者氏名　：

※1　提出される方の身分を確認できる書類を提示してください（第2面の注意事項をご参照ください）。
※2　提出された内容について、ハローワークから事業主へ直接確認する場合があります。

所長	次長	課長	係長	係

業務を委託している社会保険労務士がリストを受け取る場合に記入

労災保険 雇用保険 労働保険継続事業一括認可等確認照会票

［提出先］指定事業管轄の労働局　［提出期限］－

指定事業ごとに被一括事業のリストを取り寄せる手続きです。労働局ごとに様式は異なります。記入例は東京労働局のもの。

Column

インターネットでの情報の検索がうまくいかないときは

インターネットで事業所検索を行う場合は、利用できるブラウザの種類やバージョンが限定されていることが多いため、動作環境を満たしているかどうか確認をしてから検索します。検索しても結果が表示されないときは、インターネットオプションの設定で、ポップアップブロックが有効になっていないかどうかを確認します。

業務をくわしく知ろう

Section 02 | 届出が遅れたときの手続き

- 年金事務所への扶養追加の届出を60日以上遡及して行うときは収入証明等の添付を省略できない。
- 雇用保険資格取得届を6か月以上遡及して提出するときは、遅延理由書が必要。
- 雇用保険の資格取得は、保険料天引きの証明がないと2年までしか遡れない。

届出が一定期間以上遅れると、提出書類が増えて大変になるニャ。

年金事務所の手続き

年金事務所への届出は、取得、喪失、扶養、賞与支払届は事由発生から5日以内、月変等は「すみやかに」、といった法定期限があります。しかし、実務上は、多少遅れたからといって特にペナルティがあるわけではありません。

しかし、年金事務所への扶養追加の届出を60日以上遡及して行うときは、税法上の扶養親族等であるときの収入証明等の添付省略ができなくなってしまいます。

また、月変等の標準報酬月額関連の届出が遅れると、本来の保険料請求月に間に合わなくなるため翌月の請求分で調整されることになります。「オンライン事業所年金情報サービス」の利用申し込みをしていない場合、請求額は遡及調整額を含めた総額でしか把握ができず、他に何か間違いがあったとしても気付くのは困難です。届出は遅れないよう心がけましょう。

ハローワークの手続き

雇用保険の手続きも取得は翌月10日まで、喪失は10日以内といった法定期限があります。この期限を遅れてもすぐにペナルティはありませんが、6か月以上遡及して資格取得の手続きを行う場合は、遅延理由書の提出が必要になります。

雇用保険　遅延理由書

雇用保険

[提出先] ハローワーク　[提出期限] 資格取得届に添付

雇用保険の手続きが遅れ、6か月以上遡る場合に添付する書類です。

遅延理由書

令和 **5** 年 **11** 月 **6** 日

_____**墨田**_____ 公共職業安定所長　殿

このたび、下記1の雇用保険被保険者資格取得届について、提出が遅れた理由は、下記2のとおりです。以後、届出期限までに提出するよう留意いたします。

記

1　雇用保険被保険者資格取得届の内容

被保険者氏名	生年月日	雇入年月日	資格取得年月日	被保険者番号
青砥　那智	平成9年3月5日	令和5年3月10日	令和5年3月10日	5512-336497-2

2　遅延理由

　　手続きを失念していたため

	名称	新小岩建設　株式会社
事業所	代表者氏名	代表取締役 木造 建矢
	所在地	東京都新小岩 6-24-5

Column

雇用保険の手続き漏れを確認するはがきが届いたら

　毎年3月末にハローワークから雇用保険の手続き漏れを確認するはがき（雇用保険被保険者数お知らせはがき）が全事業所に届きます。

　11月30日までに届出済の雇用保険被保険者数が記載されているので、届出漏れ等がないかどうかの確認ができます。

　もし、会社で把握している人数と記載されている人数が異なる場合はこのはがきをハローワークに提出すれば被保険者のリストを確認することができます。

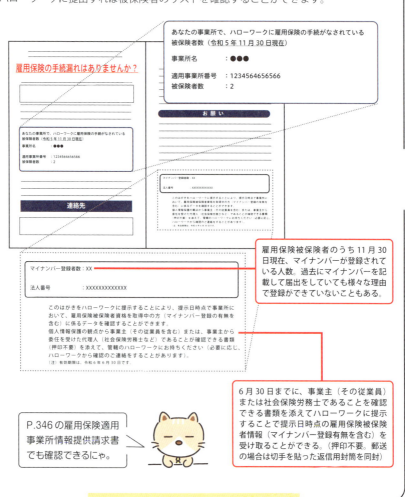

P.346の雇用保険適用事業所情報提供請求書でも確認できるにゃ。

Chapter 9 届出状況の確認と訂正手続き

Column

長期間手続きを忘れやすい雇用保険の手続き

　雇用保険の場合、資格取得の手続きを忘れても健康保険などと違って気づきにくいところがあり、何年も手続きを忘れてしまう場合があります。

　雇用保険料の給与天引きの事実等が賃金台帳で確認できれば入社日等に遡って資格取得をすることができますが、給与天引きもされていなければ、時効のため、2年しか遡ることができません。この場合、不利益を被った従業員から損害賠償請求をされる可能性もあります。

業務をくわしく知ろう

Section 03 | 間違った届出をしたときの訂正方法

- 社会保険の被保険者関係の訂正は、当初届け出た届出と同じ用紙を使用し、間違った箇所を赤、訂正後の箇所を黒で記入し訂正届とする。
- 雇用保険の被保険者関係の訂正は「資格取得・喪失等届 訂正・取消願」で行う。
- 離職票の内容に訂正があるときは「離職票記載内容補正願」で行う。

訂正方法がわからないときは、届出先の行政窓口に問い合わせると教えてもらえるニャ。

健康保険・厚生年金保険の訂正方法

健康保険・厚生年金保険の資格取得届で氏名や生年月日を間違って届出をしたときは、「氏名変更（訂正）届」、「生年月日訂正届」の用紙を使います。資格取得届の報酬月額や資格取得日、被扶養者の氏名・生年月日等は専用の訂正用紙のようなものはありませんので、当初届出を行った資格取得届や被扶養者異動届の用紙を使い、最初に届出を行ったときと同様に記載し、間違った部分を赤字、訂正後の部分を黒字で二段書きにします。このとき、資格取得届等のタイトルの上に赤字で「資格取得時報酬訂正届」など訂正の内容がわかるタイトルを記入、備考欄には訂正の理由を記入します。

労働保険の訂正方法

雇用保険の資格取得届、資格喪失届等の記載内容の誤りや届出そのものを取り消すときは「資格取得・喪失等届 訂正・取消願」を提出します。離職理由や賃金の額など、離職証明書の記載に誤りがあったときは「離職票記載内容補正願」を提出します。これらの訂正・取り消しは、取得や喪失の手続き後に交付された被保険者証、決定通知書、離職票などを被保険者からも回収し、訂正・取り消しの根拠が確認できる書類と一緒に添付して行います。

労働保険料の申告の誤りは、訂正の手続きが労働局によって異なり、現地調査となる労働局もあるため、指定事業の管轄労働局に手順等を確認します。

健康保険・厚生年金保険 資格取得時報酬訂正届

[提出先]年金事務所　[提出期限]―

健康保険・厚生年金保険の資格取得届に記載した内容が間違っていたとき、後日訂正するための書類です。

- 手書き（朱書き）でタイトルを記入
- 届出済のため、マイナンバーについては記入不要
- 間違った理由を記入
- 間違った箇所を赤、訂正後の内容を黒で記入

事業所関係の届出事項に変更・訂正があるときは、「事業所関係変更（訂正）届」（→ P.354）により訂正を行うのだ。

健康保険・厚生年金保険 事業所関係変更(訂正)届

[提出先] 年金事務所　[提出期限] —

健康保険・厚生年金保険の届け出た内容を訂正する手続きです。用紙は変更の手続きと同じものを使用します。

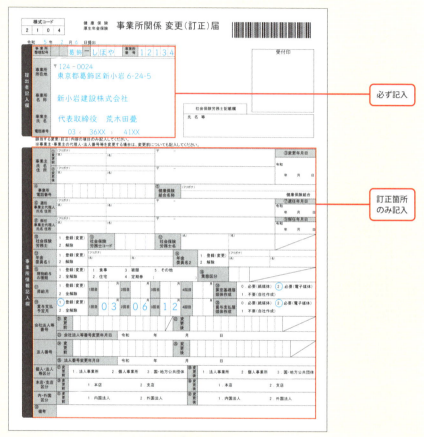

Column

提出前の届出書の訂正

　行政窓口が受理する前の書類に書き損じ等が見つかったときの訂正方法は届出書類により異なります。一般的な書類の訂正方法は訂正箇所を二重線で抹消し、その上に訂正印を押します(年金事務所への届出は訂正印不要)。雇用保険の離職証明書は訂正印ではなく、欄外に捨印として事業主印を押し、欄外に「〇欄〇字抹消・〇字挿入」というように記入します。

健康保険・厚生年金保険 被保険者氏名変更（訂正）届

[提出先] 年金事務所　[提出期限] －

年金事務所に届出済の氏名（漢字・フリガナ）を訂正する手続きです。入社前の誤りの訂正も含みます。用紙は変更の手続きと同じものを使用します。

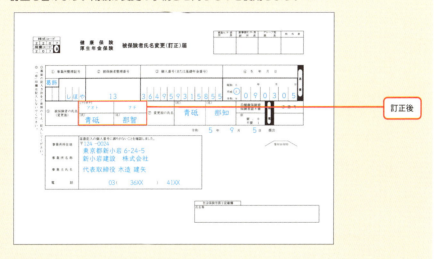

健康保険・厚生年金保険 被保険者生年月日訂正届

[提出先] 年金事務所　[提出期限] －

年金事務所に届出済の生年月日を訂正する手続きです。入社前の誤りの訂正も含みます。

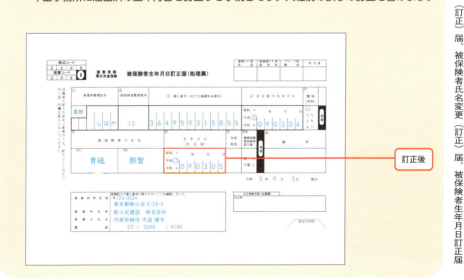

雇用保険 雇用保険被保険者資格取得・喪失等届 訂正・取消願

[提出先] ハローワーク　[提出期限] －

雇用保険の取得や喪失の届出内容の訂正・取り消しを行う手続きです。入社前にすでに登録されていた内容を訂正する場合も含みます。

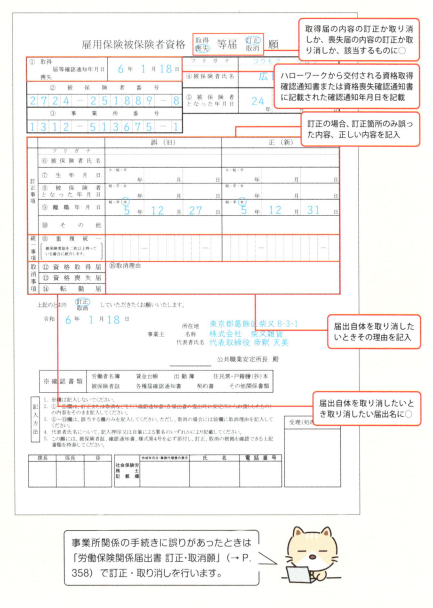

事業所関係の手続きに誤りがあったときは「労働保険関係届出書 訂正・取消願」（→ P.358）で訂正・取り消しを行います。

雇用保険 **雇用保険被保険者離職票記載内容補正願**

［提出先］ハローワーク　［提出期限］期限の定めはないものの性質上できるだけ早く

雇用保険離職票の記載内容に誤りがあったときに訂正する手続きです。

ハローワークから交付された離職証明書（事業主控）に記載された離職票発行年月日と交付番号を転記

訂正する欄を記入

雇用保険被保険者離職票記載内容補正願

被保険者番号	2724-251889-8	フリガナ 被保険者氏名	ヒロメ ジロウ 広目 次郎
離職票発行年月日	令和 6 年 1 月 18 日	事業所番号	1312-513675-1
離職票交付番号	16985 号	取得年月日	2 4 0 2 0 4

訂正欄　⑫欄　Ⓐ

訂正すべき内容	誤	令和5年12月1日～離職日までの賃金　496,560円
	正	同上　　　　　　　　　　　　　　　371,560円

訂正すべき理由：退職時未消化の年次有給休暇買取額 125,000円（賃金非該当）を含めて記載していたため

〔訂正に係るデータ変更〕

変更項目	誤			正		
	年	月	日	年	月	日
取得年月日						
離職年月日						
喪失原因（その他）						

上記のとおり雇用保険被保険者離職票の記載内容について訂正していただきたくお願いします。

令和 6 年 1 月 24 日

事業主（離職者）
所在地：東京都葛飾区柴又 8-3-1
名　称：株式会社 柴又雑貨
代表者氏名：代表取締役 帝釈 天美
電話番号：03-37XX-66XX

公共職業安定所長　殿

取得年月日、離職年月日、喪失原因（1　離職以外の理由　2　3以外の理由　3　事業主の都合による離職）を訂正する場合に記入

労災保険 雇用年金

労働保険関係届出書 訂正・取消願

［提出先］労働基準監督署またはハローワーク　［提出期限］－

労働保険の届出に誤りがあったときに訂正・取り消しを行うための手続きです。

該当する帳票名に✓

労働保険関係届出書　訂正・取消　願

帳票名	
☑ 労働保険関係成立届	☐ 雇用保険適用事業所設置届
☐ 労働保険名称、所在地等変更届	☐ 雇用保険適用事業所廃止届
☐ 労働保険事務処理委託解除届	☐ 雇用保険事業主事業所各種変更届
☐ 労働保険継続一括認可・追加・取消申請書	☐ その他（　　　　　　　　）
☐ 労働保険継続事業一括変更申請書／継続被一括事業名称・所在地変更届	

労働保険番号	13113123456-000	署・所受理日
雇用保険事業所番号	－ －	年　月　日

訂正・取消事項	誤	正
保険関係成立日	令和5年5月1日	令和5年4月17日

《訂正・取消理由》
保険関係成立日の誤り
（労働者の勤務開始日の社内連絡ミス）

上記の通り訂正・取消をお願い致します。
令和　5 年　5 月　23 日

　　　　労　働　局　長
　　　　労働基準監督署長
　亀戸　　公共職業安定所長　殿

　　事　業　主　　名　　称　望月物産株式会社
　　　　又は　　　所　在　地　東京都中央区月島6-1-1
　労働保険の　代　表　者　氏　名　代表取締役 望月 虹太郎
　事　務　組　合　担当者・連絡先　03-353X-1X57

必ず3枚（局用・監督署・安定所用・事務組合用）提出下さい。

訂正・取消箇所と訂正内容

健康保険　厚生年金　労災保険　雇用保険　間違った届出をしたときの訂正方法

労災保険 雇用年金	**労働保険再確定申告理由書**

［提出先］労働局　［提出期限］誤った申告書の提出日の翌日から2年まで

年度更新で申告した確定保険料に誤りがあったときに訂正をする手続きです。この記載例は東京のケースで、都道府県労働局により手続き方法は異なります。

別紙3

（任意様式）

労働保険特別会計 歳入徴収官 殿

労働保険番号	府県	所掌	管轄	基幹番号	枝番号
	13	1	01	292148	000

令和　年　月　日

局号欄

所在地　東京都中央区月島 6-1-1
名　称　望月物産株式会社
代表者名　代表取締役 望月 虹太郎
電話番号　03 - 353X - 1X57
担当者名　天野　五月

労働保険再確定申告理由書

今般、下記理由により労働保険料の □還　付　☑追加納付　が判明しましたので、別添資料を添えて再確定申告いたします。

記

1. 対象となる保険年度　　平成／（令和）　5　年度確定分　※1

2. 再確定理由：（該当する理由をチェックする。（　）内は再確定の対象となる保険等に○をする。）
   - ☑ 雇用保険被保険者遡及適用のため（労災・㊥）　※2
   - □ 雇用保険被保険者遡及取り消しのため（労災・雇用）
   - □ 労働保険適用外労働者（事業主・役員・同居の家族・他）の誤算入のため（労災・雇用）
   - □ 労働保険適用労働者の算入もれ（労災・雇用）
   - □ 賃金集計誤り（労災・雇用）
   - □ その他

   （理由）

3. 添付書類
   (1) 必ず添付するもの
   ・労働保険料申告書（再確定分と誤申告分の写し）
   ・確定保険料算定基礎賃金集計表（再確定分と誤申告分）
   ・誤申告となった者の対象期間の賃金台帳
   ・労働保険料還付請求書（還付が生じる場合）

   (2) 誤申告の原因に応じ必ず添付するもの
   ・雇用保険被保険者資格取得届・喪失確認通知書（写）・・・遡及の事実確認のため
   ・登記簿謄本、定款、役員会議事録　・・・・・・・・・役員の労働者性確認のため
   ・出向契約書、人事辞令、覚書　・・・・・・・・・・・出向労働者の確認のため
   ・その他．、労働者名簿、雇用通知書等

※1 再申告の受付は、誤った申告書を提出した日の翌日から起算して2年までとなります。ただし、法定期限後に申告書を提出している場合の遡付の起算日は6月1日となります。
※2 雇用保険の確認申請は確認日から最大2年間遡及されますが、労働保険徴収法に基づき保険料は2保険年度徴収される場合がありますのでご留意ください。

Chapter 9　届出状況の確認と訂正手続き

書類　労働保険関係届出書訂正・取消願、労働保険再確定申告理由書

業務をくわしく知ろう

Section 04 | 番号が重複しているときの統一方法

- 年金手帳の基礎年金番号も雇用保険の被保険者番号も同じ番号をずっと使う。
- 年金手帳の番号が複数あるときは年金事務所に問い合わせる。
- 雇用保険被保険者番号が複数あるときは、「雇用保険被保険者資格取得等届訂正願」を提出。

基礎年金番号も雇用保険被保険者番号もマイナンバーも、基本的には会社が変わっても同じ番号を使うのニャ。

基礎年金番号

かつては国民年金や厚生年金保険などの年金制度ごとに異なる年金番号が割り振られていました。これが基礎年金番号に一本化されたのは平成9年のことです。しかし、この統合が完全ではなく、「消えた年金記録問題」として社会問題となりました。現在もすべての番号が統合できているわけではありません。

従業員から「基礎年金番号が複数あり、どれが正しいのかわからない」と相談されたときは、年金事務所に電話で相談しましょう。こちらから複数の番号を伝えると、どれが正しい基礎年金番号なのかを知らせてくれます。統合ができていない場合は年金事務所に複数の年金手帳を提出し、統合の手続きを進めることができます。

雇用保険被保険者番号

雇用保険被保険者証は小さな紙片であるため、年金手帳以上に紛失しがちです。資格取得届の手続きでは被保険者番号を記載する代わりに過去の職歴等の情報をハローワークに伝え、番号を検索してもらうことも少なくありません。ところが、前職の履歴が旧姓で登録されていた、雇用保険の事業所名が記憶と違っていた、等の理由で被保険者番号が見つからず、新規に番号が付与されることがあります。番号が複数になってしまったときは、古い被保険者番号が判明した時点で、P.356の「雇用保険被保険者資格取得等届訂正願」の⑪欄「重複統一」の欄に複数の番号を記入し、新しい番号に統一してもらいましょう。

基礎年金番号の確認方法

基礎年金番号

「基礎年金番号に登録済」というスタンプが押されている年金番号は基礎年金番号ではない

基礎年金番号
厚生年金保険（船員である被保険者以外の被保険者）
記号＿＿＿＿＿　番号＿＿＿＿＿＿
初めて上記被保険者となった日　年　月　日

基礎年金番号に登録済
国民年金（第2号被保険者以外の被保険者）
記号＿＿＿＿＿　番号＿＿＿＿＿＿
初めて上記被保険者となった日　年　月　日

厚生年金保険（船員である被保険者）
記号＿＿＿＿＿　番号＿＿＿＿＿＿
初めて上記被保険者となった日　昭和　年　月　日

（注）厚生年金保険の記号番号は、同時に国民年金の第2号被保険者としての記号番号になります。

フリガナ
氏名＿＿＿＿＿＿＿＿＿＿
　　　　　男
　　　　　・　　　年　月　日生
　　　　　女
フリガナ
変更後の氏名＿＿＿＿＿（　年　月　日変更）
フリガナ
変更後の氏名＿＿＿＿＿（　年　月　日変更）

基礎年金番号通知書
基礎年金番号　XXXX－XXXXXX
氏　　名　○○　太郎
生年月日　平成XX年×月×日
性　　別　男
交付年月日　令和X年×月×日

社　会　保　険　庁　**印**

平成8年12月までに公的年金に加入していた人に発行された基礎年金番号通知書（年金手帳サイズ）

基礎年金番号通知書
基礎年金番号
　XXXX－XXXXXX
フリガナ　マルマル　タロウ
氏　名　○○　太郎
生年月日　平成XX年×月×日
　　　　　令和X年×月×日　交付
　　　　　　　　　厚生労働大臣

令和4年4月以降初めて取得手続きを行った人に発行される現在の基礎年金番号通知書（カードサイズ）

Chapter **9** 届出状況の確認と訂正手続き

Column

ねんきん定期便とねんきんネット

日本年金機構は、毎月誕生月に年金記録が書かれた「ねんきん定期便」を個人の自宅に送付しています。「ねんきん定期便」では年齢に応じ、これまでの保険料納付額や年金制度ごとの加入期間等が確認できます。また、ねんきんネットを見るためのアクセスキーも記載されています。ねんきんネットでは過去の年金記録が勤務先も含めて詳しく記載されているため、記録の誤り・漏れが発見しやすくなっています。

Column

マイナンバーに変更があったときは

マイナンバーは原則として一生変わらない番号ですが、マイナンバーカードが盗難に遭ったなど、不正に使われるおそれがある場合は、市区町村窓口でマイナンバーの変更を請求することができます。マイナンバーが変更されたら「個人番号変更届」を年金事務所に、「個人番号登録・変更届」をハローワークに提出します。

キーワード　ねんきん定期便、ねんきんネット

INDEX

数字

40歳以上の従業員	198
60歳以降の標準報酬月額変更	208
65歳以降の失業給付	225
70歳以上の従業員	202
75歳以上の従業員	202

あ・い・う

アルバイトの加入基準	28
育休復帰	156
育児休業	156
育児休業給付金	180
育児休業給付金の延長	190
育児休業中の生活費の給付	180
育児休業等終了時改定	66
遺族が受けられる給付	281
遺族年金	19
遺族（補償）給付	274
一元適用事業	24
一括有期事業	24
一括有期事業の年度更新	96
医療費の立て替え	242
受取代理制度	168

か

海外赴任	306
海外療養費の給付	251
介護休業給付金	286
外国人の入社手続き	124
介護保険	14
介護保険の被保険者	198
介護保険料の徴収	198
会社の住所変更	316
会社の代表者変更	322
会社名の変更	316
家族が死亡したとき	274
家族埋葬料	274
加入義務（事業所）	22
還付請求	102

き

基礎年金番号の重複	360
休業（補償）給付	258
協会けんぽ	16
業務災害	020, 234

け

継続事業	24
…の一括	328
…の年度更新	90
月額変更届（月変）	035, 058
報酬月額	36
健康保険	14
…の任意継続	134
…の被保険者	26
…の扶養	296
健康保険組合	015, 016
健康保険・厚生年金保険の加入	116

健康保険・厚生年金保険の喪失 …	134
限度額適用認定証……………………	254
現物給与………………………………	40

こ

高額療養費…………………………	254
後期高齢者医療制度…………………	202
厚生年金保険…………………	014, 018
厚生年金保険 70 歳以上　被用者 ………………………………	202, 206
厚生年金保険 健康保険 適用 事業所検索システム …………	345
公的医療保険…………………………	16
高年齢求職者給付金…………………	225
高年齢雇用　継続給付………	208, 212
国民健康保険…………………………	16
国民年金………………………	014, 018
固定的賃金の変動の例………………	61
雇用保険………………………………	20
…の喪失　……………	140
…の被保険者　……………	26
…の保険料　……………	86
雇用保険被保険者番号の重複……	360
雇用保険料率表……………………	87

さ

産休中の生活費の給付……………	172
産休復帰………………………………	156
産前産後休業…………………………	156
産前産後休業終了時改定……………	66
算定基礎届…………………	035, 042
…の対象者　…………………	45
…の届出期間　…………………	50

し

資格取得………………………………	106
資格取得時決定………………………	38
事業所の加入義務……………………	22
事業所の脱退………………………	338
「事業の種類」の特定 ………………	333
指定事業……………………………	328
支店等の移転・廃止 ………………	334
支店等の開設………………………	324
支払基礎日数…………………………	46
氏名変更（従業員）………………	290
社会保険（狭義・広義）……………	14
社会保険…………………………	26
…の上限年齢　……………	202
社会保険料	
…の給与天引き……………	70
…の計算式　……………	36
…の決定　……………	34
…の納付　……………	82
社会保険料免除 （出産・育児）…	158
従業員	
…が死亡したとき …………	274
…の加入義務　……………	26
…の氏名変更　……………	290
出向……………………………………	34
出産…………………………………	156
出産育児一時金……………………	178
出産手当金……………………	172, 178
出産費用の給付……………………	168
障害年金………………………………	19
障害（補償）給付…………………	272
傷病手当金…………………………	258
賞与（月額報酬）…………………	40

賞与の社会保険料……………… 72
所得税の扶養……………… 296

す・せ・そ

随時改定……………… 035, 058
全国健康保険協会…………… 015, 016
葬祭料・葬祭給付……………… 274

た・ち

第3号被保険者 ……………… 18
第3号被保険者でなくなった届け出
……………… 302
退社手続きのスケジュール ……… 130
退職時に必要な書類……………… 132
第2号被保険者 ……………… 18
ダブルワーク ……………… 78
短時間労働者……………… 028, 048
単独有期事業……………… 024, 096
直接支払制度……………… 168

つ・て

通勤交通費……………… 38
通勤災害……………… 020, 234
通勤定期券……………… 40
定時決定……………… 035, 042
適用事業所……………… 14
電子申請……………… 104
転籍……………… 304

と

同月得喪……………… 70
同日得喪……………… 220

特定適用事業所……………… 028, 048
特定被保険者……………… 199
特別加入制度（労災保険）………… 30
特掲事業……………… 86
届け出が遅れたとき ……………… 348
届出書の訂正……………… 354
届け出の訂正……………… 352
取締役の産前産後休業と育児休業
……………… 164

に

二以上事業所勤務……………… 78
二元適用事業……………… 24
日本年金機構……………… 15
入社手続きのスケジュール ……… 106
任意継続……………… 134
任意特定適用事業所………… 028, 048

ね

年金制度……………… 18
年金手帳の再交付……………… 310
年4回以上の賞与 ……………… 40
年齢ごとに発生する手続き ……… 196

は

パートタイマーの加入基準 ……… 28
パートタイマーの基礎算定届 ……… 48
ハローワーク……………… 15

ひ

被一括事業……………… 328
被扶養者

...が死亡したとき …………	274
...と認められる条件 ………	295
...の減少 …………………	302
...の増加 …………………	298
被保険者…………………………	15
標準報酬月額……………………	36

ふ・ほ

扶養家族の減少…………………	302
扶養家族の増加…………………	298
報酬月額…………………………	38
保険者……………………………	15
保険者算定………………………	54
保険証の交付……………………	310
保険料額表………………………	36
保険料納入告知書………………	82
保険料率…………………………	36

ま

埋葬料……………………………	274
マイナンバー………………	114, 361

や・ゆ・よ

役員の加入義務…………………	26
有期事業…………………………	024, 096
有期事業の一括変更……………	327
用紙の入手先……………………	32

り・ろ

離職票……………………………	146
療養の給付………………………	234
労災隠し…………………………	282
労災指定医療機関………………	241
労災保険…………………………	20
労災保険特別加入………………	308
労災保険の保険料………………	86
労災保険率表……………………	87
労働基準監督署…………………	15
労働者死傷病報告………………	282
労働保険…………………………	14
...の対象者 ………………	88
...の年度更新 ……………	88
...の納付までのスケジュール ……	84
労働保険適用事業場検索………	345
労働保険料の還付請求…………	102
老齢基礎年金……………………	19
老齢厚生年金………………	019, 212
老齢年金の請求…………………	226
老齢年金……………………	019, 212

ダウンロードデータについて

P.002で解説しているダウンロードデータには、下記のファイルが収録されています。ファイルの用途等については関連ページを参照してください。

ファイル名	概要	関連ページ
算定基礎届チェックリスト.xlsx	2章の算定基礎届を行うときに使用するチェックリストです。	巻頭付録 P.II
月額変更届チェックリスト.xlsx	2章の月額変更届を行うときに使用するチェックリストです。	巻頭付録 P.IV
入社諸事項届書.xlsx	3章の入社の時に必要な各種の情報をひとまとめにしたものです。入社時に必要となる情報を確実に入手することができます。	P.107
退職届.xlsx	3章の退社の時に必要な各種の情報を退職届とひとまとめにしたものです。退社時に必要となる情報を確実に入手することができます。	P.131
出産・育児手続き管理表.xlsx	4章の出産・育児に関して必要となる情報をまとめたものです。下半分は各種の届け出のチェックリストになっています。	巻頭付録 P.VI
名簿(誕生日前日での年齢確認).xlsx	5章の60歳以上の社員の年齢を管理するリストになります。40歳以上、60歳以上、65歳以上、70歳以上、75歳以上の社員がわかるように色付けされています。	P.228
異動事項出書.xlsx	7章の従業員の住所や扶養者の変更等の情報をまとめたものです。	P.291

著者プロフィール

特定社会保険労務士　池田 理恵子（いけだ・りえこ）

社会保険労務士池田事務所代表

生命保険会社で営業と新人教育に携わるうちに社会保険制度に興味を持ち、社会保険労務士の資格を取得。給与計算アウトソーシング会社を経て、2001年に独立開業。
「ミスをしない工夫」、「わかりやすさ」をこころがけ、人事・総務担当者応援をライフワークとする。

ホームページ　https://www.ikedaoffice.jp/

カバー・本文デザイン	坂本 真一郎（クオルデザイン）
DTP	ケイズプロダクション
校正	松尾直子

- ●本書の一部または全部について、個人で使用するほかは、著作権上、著者およびソシム株式会社の承諾を得ずに無断で複写／複製することは禁じられております。
- ●本書の内容の運用によって、いかなる障害が生じても、ソシム株式会社、著者のいずれも責任を負いかねますのであらかじめご了承ください。
- ●本書の内容に関して、ご質問やご意見などがございましたら、下記までFAXにてご連絡ください。なお、電話によるお問い合わせ、本書の内容を超えたご質問には応じられませんのでご了承ください。

増補改訂
社会保険・労働保険の手続きがぜんぶ自分でできる本

2024年 9 月 6 日　初版第 1 刷発行
2024年12月 5 日　初版第 2 刷発行

著者　　池田 理恵子
発行人　片柳 秀夫
編集人　志水 宣晴
発行　　ソシム株式会社
　　　　https://www.socym.co.jp/
　　　　〒101-0064　東京都千代田区神田猿楽町1-5-15 猿楽町SSビル
　　　　TEL：(03)5217-2400（代表）
　　　　FAX：(03)5217-2420

印刷・製本　シナノ印刷株式会社

定価はカバーに表示してあります。
落丁・乱丁本は弊社編集部までお送りください。送料弊社負担にてお取替えいたします。
ISBN978-4-8026-1468-9　©2024 Rieko Ikeda　Printed in Japan

作成書類早見表【労災保険・雇用保険編】

	書類名	参照ページ
保険料の決め方・納め方	労働保険 確定保険料・一般拠出金算定基礎賃金集計表	92
	労働保険 概算・増加概算・確定保険料申告書	94,100
	労働保険 一括有期事業総括表	98
	労働保険 一括有期事業報告書	98
	労働保険 労働保険料 一般拠出金 還付請求書	103
従業員の入社・退社	雇用保険 被保険者資格取得届	123
	外国人雇用状況届出書	129
	雇用保険 被保険者資格喪失届	144
	雇用保険 被保険者離職証明書	150
従業員の変更	労災保険 特別加入申請書（海外派遣者）	308
	労災保険 特別加入に関する変更届	309
	雇用保険 被保険者証再交付申請書	313
	雇用保険関係各種届出書等再作成・再交付申請書	314
出産・育児	雇用保険 育児休業給付受給資格確認票・（初回）育児休業支給申請書	186
	雇用保険 被保険者 休業開始時賃金月額証明書	188
	雇用保険 育児休業給付金支給申請書	191
	記載内容に関する確認書・申請等に関する同意書	194
怪我・病気・死亡	様式第5号 療養補償給付たる療養の給付請求書	236
	様式第6号 療養補償給付たる療養の給付を受ける指定病院等（変更）届	237
	様式第16号の3 療養給付たる療養の給付請求書	238
	様式第16号の4 療養給付たる療養の給付を受ける指定病院等（変更）届	240
	様式第7号（1）療養補償給付たる療養の費用請求書	244
	様式第16号の5（3）療養給付たる療養の費用請求書	246
	様式第8号 休業補償給付支給請求書・休業特別支給金支給申請書	260
	様式第16号の6 休業給付支給請求書・休業特別支給金支給申請書	264